从 化 横 岭

——新石器时代遗址发掘报告

广州市文物考古研究院
从 化 区 博 物 馆 　编著

文物出版社

图书在版编目（CIP）数据

从化横岭：新石器时代遗址发掘报告 / 广州市文物
考古研究院, 从化区博物馆编著. -- 北京：文物出版社,
2024. 10. -- ISBN 978-7-5010-8517-0

Ⅰ. K878.05

中国国家版本馆CIP数据核字第2024H0P355号

从　化　横　岭

——新石器时代遗址发掘报告

编　　著：广州市文物考古研究院
　　　　　从 化 区 博 物 馆

封面题签：李　岩
封面设计：秦　彧
责任编辑：秦　彧
责任印制：王　芳

出版发行：文物出版社
社　　址：北京市东城区东直门内北小街2号楼
邮　　编：100007
网　　址：http://www.wenwu.com
邮　　箱：wenwu1957@126.com
经　　销：新华书店
印　　刷：北京荣宝艺品印刷有限公司
开　　本：889mm × 1194mm　1/16
印　　张：24.5
版　　次：2024年10月第1版
印　　次：2024年10月第1次印刷
书　　号：ISBN 978-7-5010-8517-0
定　　价：380.00元

Excavation Report of the Hengling Neolithic Site in Conghua

by

Guangzhou Municipal Institute of Cultural Heritage and Archaeology

Conghua District Museum

Cultural Relics Press

内容简介

　　横岭位于广东省广州市从化区温泉镇新园村北江支流的流溪河东岸，因山形走势为东西向横亘的小山冈而得名。横岭遗址分布范围原来约有7万平方米，2013年为配合粤境大（庆）—广（州）高速公路的建设，广州市文物考古研究所会同从化区文化广电新闻（出版）局对横岭遗址进行了抢救性发掘，发掘面积共计4790平方米，揭露出来的是新石器时代文化性质较为单纯的遗存，虽然同类遗存在珠江三角洲地区已有不少发现，但此次发掘面积大、出土遗物也比较丰富。本报告分三个发掘区，详尽地介绍了不同区域的地层堆积、遗迹分布和出土遗物。

　　横岭遗址2013年度共发掘清理新石器时代晚期灰坑25个，形状多不规整，分布也比较散乱。也发现一些可能与干栏式建筑有关的柱洞，但看不出分布规律。最重要的发现是东部山顶上的墓地，墓地四至基本明确，49座墓葬大致呈东西向分布，均开挖在风化的岩石中，坑壁明显，排列有序，随葬陶圜底罐、圈足罐、釜、鼎、豆及石锛、斧、凿、环等。

　　由于酸性红壤的埋藏环境下无任何有机物保存下来，横岭遗址出土遗物以陶器和石器为主，有极少量玉器。陶器多残损，以陶片占绝对多数，可复原器很少，多为墓葬随葬品。陶器主要有各类罐、釜、鼎、豆，此外有少量器盖、支座、纺轮等。石器中工具类以石锛数量最多，其次是石镞、斧、刀、凿、杵、锤、球和砺石等，装饰品只有石环一类。有很少量的玉器，器类有玉环、镯、锛等。

　　横岭遗址没有理想的测年数据，主要是依据墓葬出土可复原典型陶器的类型学研究将新石器时代晚期遗存分为前、后两期，年代距今约4600~4300年，起始年代大致与目前认为的石峡文化早期相当，结束年代略早于以石峡遗址M45等为代表的石峡文化晚期遗存，中间没有缺环。经过与周邻地区新石器时代晚期考古学文化比较，可以认为横岭遗存是珠江三角洲北部地区新石器时代晚期晚段特征相对鲜明的一个文化类型，既有珠江三角洲本地的文化因素，又明显融合了粤北石峡文化和粤东虎头埔文化的因素，还间接吸收了源自良渚文化、昙石山文化甚至屈家岭文化的因素，显示出珠江三角洲平原远古文化包容并蓄、融合发展的属性特征。

Abstract

Hengling is located in Xinyuan Village, Wenquan Township, Conghua District, Guangzhou, Guangdong Province, on the eastern bank of the Liuxi River, a tributary of the Beijiang River. The site is named after the east-west trending hill where it is situated. The Hengling site originally covered an area of approximately 70,000 square meters. In 2013, in response to the construction of the Guangdong Province Daqing-Guangzhou Expressway, Guangzhou Municipal Institute of Cultural Heritage and Archaeology, in collaboration with the Conghua District Bureau of Culture, Radio, Television, and Press, conducted a rescue excavation at the Hengling site. The total excavation area amounted to 4,790 square meters. The uncovered Neolithic cultural remains are relatively homogenous. Although similar remains have been discovered in the Pearl River Delta region, this excavation features its large area and the richness of its unearthed artifacts. The report is divided into three excavation sections, providing a detailed account of the stratigraphy, distribution of relics, and artifacts discovered in each section.

In the 2013 excavation season, a total of 25 pits from the late Neolithic period were excavated and cleared. These pits are irregular in shape and scattered in distribution. Additionally, some post holes, possibly related to stilted architecture, were identified, but no clear distribution pattern was discernible. The most significant discovery was the cemetery on the eastern hilltop. The cemetery's boundaries were generally defined, with 49 tombs aligned roughly east-west. These tombs were dug into weathered bedrock, with distinct pit walls and orderly arrangements. Accompanying burial goods included pottery *guan*-jars with flat or ring bases, *fu*-cauldrons, *ding*-tripods, *dou*-stemmed cup, and stone tools such as adzes, axes, chisels, and rings.

Due to the environment of acidic red soil, no organic materials were preserved at the Hengling site. The unearthed artifacts were primarily pottery and stone tools, with a small number of jade objects. The pottery is mostly fragmented, and few complete vessels could be reconstructed, which were largely burial goods. The pottery mainly consists of various types of *guan*-jars, *fu*-cauldrons, *ding*-tripods, *dou*-stemmed cup, along with a small number of lids, stands, and spinning wheel. Among the stone tools, adzes are the most numerous, followed by arrowheads, axes, knives, chisels, pestles, hammers, balls, and grinding stones. Decorative items are limited to stone rings. The jade objects, though rare, include rings, bracelets, and adzes.

The Hengling site lacks ideal chronological data. However, based on typological studies of reconstructable pottery from the tombs, the late Neolithic remains can be divided into two phases, dated to approximately 4,300 to 4,600 years ago. The starting date corresponds roughly to the early phase of the Shixia Culture, while the ending date is slightly earlier than the late phase of the Shixia Culture, represented by tomb No.45 of the Shixia Site, with no chronological gap between them.Comparative studies with late Neolithic archaeological cultures in neighboring regions suggest that the Hengling remains represent a distinct cultural type in the northern Pearl River Delta during the late phase of the Neolithic period. This type incorporates local cultural elements from the Pearl River Delta and exhibits clear influences from the Shixia Culture in northern Guangdong and the Hutoupu Culture in eastern Guangdong. Additionally, it indirectly absorbed influences from the Liangzhu Culture, Tanshishan Culture, and even the Qujialing Culture. This reflects the inclusiveness and syncretism of ancient cultures in the Pearl River Delta plain.

序

从化横岭遗址发现于 2008 年 11 月～2009 年 1 月粤境大（庆）—广（州）高速公路沿线的考古调查勘探。为配合粤境大（庆）—广（州）高速公路建设、保护公路建设用地范围内埋藏的地下文物，在国家文物局审批同意后，2013 年 7～12 月，广州市文物考古研究所会同从化区文化广电新闻（出版）局组成考古队，对横岭遗址进行了抢救性考古发掘。发掘分三个区展开，揭露面积达 4790 平方米，发现并清理了一批新石器时代晚期的遗迹及若干文化层堆积，出土了一批独具特色的陶器和石器，其中以 51 座墓葬价值最突出。这 51 座墓均为狭长方形竖穴土坑墓，大致沿山势呈东西向分布，其中除 II 区南坡 2 座外，III 区山顶墓葬分布相当集中，计 49 座。这次发掘将 III 区山顶平台全面揭露，因此对山顶部分墓地四至有了较明确的了解：墓葬呈东西向分布，排列有序，同时也看到墓地北部的墓葬多数规模较大，而南部的墓葬则墓坑相对小且浅。发掘过程中，我曾应邀到访现场，对风化岩中的墓坑印象非常深刻，墓葬随葬品有陶釜、鼎、豆、罐（圈足或圜底）及石锛、斧、凿、环等。

室内整理及报告编写过程中，在发掘领队张强禄学弟的安排下，我数次到整理工作现场，重点对墓葬出土器物进行了观摩，可以说对这批出土物有些初步的了解和认识。今年 5 月中旬，我又荣幸地接到强禄学弟的电话，邀我为《从化横岭——新石器时代遗址发掘报告》题写书名并作序，我非常愉快地接受了这个任务。之所以如此，原因有三：

首先，横岭遗址的考古发现对于岭南新石器时代考古来说是重要的新资料；其次，作为配合基本建设保护文物的抢救性发掘工作，横岭遗址的发掘从发掘方法到考古报告的编写两个方面都有其自身特色；其三，正如强禄学弟在后记中所言，我们两人在对横岭新石器时代晚期以墓葬为代表的遗存的年代认识上有不同意见。借此序言之表，可引起大家对相关问题的注意，并展开更多的研究与讨论。所以，这篇序言就围绕横岭遗址发掘所见墓葬资料的学术价值等问题谈谈个人浅见，简述一二。

目前，广东考古界正在进行早期岭南探源工程，涉及新石器时代晚期的部分是探索岭南文明的历史进程，认识其在中国文明进程的历史地位与作用。为了达成上述学术目标，不仅要关注史前社会复杂化的相关资料，也需要进一步完善文化谱系，而就目前的研究现状而言，在某些时段还有显著缺环；有了较为完备的基础研究，我们才能建立起更为清晰的时空框架，进而史前史的那些较为高级的研究目标才有更为坚实的基础。从目前来看，横岭遗存的价值更多地体现在广东地区新石器时代遗存年代序列及谱系两个方面。

（1）年代序列方面

鼎为特色的器物组合与几何印纹是岭南新石器时代晚期新出现的文化因素，也是更大空间的文化交流的结果。更具体地说，是继古椰文化及其代表的时期之后新出现的器形、组合与纹饰。发掘表明，横岭遗址出土品中，特别是可复原陶器占比大的墓葬材料中的以鼎、罐（圈足或圜底）、釜、豆等为代表的器形及组合为之前所不见。鼎作为三足器在广东已知的新石器时代考古学文化遗存中基本不见，尤其是横岭遗址墓葬所见的高领扁腹鼎的器身及扁宽或边缘内折的足都非常有特色。在横岭墓葬随葬陶器被发现之前，横岭的釜形鼎及相关器物的组合及器物形制在一些遗址中有类似且零星的发现。例如广东珠海宝镜湾遗址、连平黄潭寺遗址等，都有类似的鼎足及豆类器物发现。发掘时间晚于横岭的佛冈大旺田遗址的墓葬材料，也出土了与横岭墓葬随葬品组合一致的鼎、釜，但因发掘面积有限，仅见1例。而横岭遗址墓葬的发现，让我们较为清楚且完整地了解了这一组器物的基本性质以及组合。而在这之前，包含横岭的鼎足及豆乃至圈足罐一类的器物，基本都被归入了与石峡文化或三水银洲一期基本同时的范畴内。当我们将横岭遗址的鼎及鼎足与石峡文化同类器物对比时，不难发现两者之间明显的差别，与银洲一期的鼎及鼎足同样如此。正如本报告第六章"文化属性"的讨论中所指出的，横岭类型中的一些鼎足与更早的崧泽文化中的鼎足（南河浜遗址）可见到相似者。同时，笔者也注意到临近江西的陆墩遗址良渚早期时段墓葬中，随葬陶鼎器身与足也十分相似于横岭者。故此，笔者认为，横岭类型的鼎与石峡文化的鼎存在着时间上的差异，而古椰文化阶段，在岭南地区尚未见三足器。横岭类型的鼎所代表的陶器组合，在相对年代序列中的位置应当处于古椰文化与石峡文化之间。

（2）几何印纹纹样方面

在确定了横岭类型在广东地区新石器时代晚期年代序列之后，另一个比较重要的问题就是几何印纹陶的时间。横岭类型的陶器中，曲折纹与附加堆纹的组合具有一定的数量，由于其年代序列所处位置，可以认为该类型所见的曲折纹类是广东地区最早的几何印纹。如此判断无误的话，关于珠三角贝丘遗址（银洲一期等）、粤东虎头埔文化以及石峡文化中所见的几何印纹与横岭类型几何印纹之间的相互关系的研探，将会有诸多新课题摆在本地同仁面前。

综上所述，横岭遗址的发现填补并完善了古椰文化至石峡文化（粤北）、银洲一期（珠三角）之间考古学遗存的相对年代序列的缺环。笔者也在相关文章中将其命名为横岭类型。正如《从化横岭——新石器时代遗址发掘报告》中所指出的那样，未来的研究重点之一是与墓葬同时期的生活遗存面貌，两者相加方能构成横岭类型更加完整、生动的考古学物质文化图景。

另外，谈谈横岭类型的来龙去脉及与相关考古学文化的关系。

作为一个考古学文化或类型，其来龙去脉是非常重要的基础性问题，横岭类型也不例外。根据目前的资料，横岭类型的陶器群，特别是鼎、豆类器物显然是更大的时空范围内文化传播交流的结果。该类型另一本地传统为较高温陶器烧造技术。古椰文化阶段一些胎较薄的陶器烧成温度已达千度，陶片掷地有金属声者并不鲜见，根据笔者亲自观摩，横岭类型陶器中高温烧造者并非少数，可视为对本地陶器烧造技术的传承。而该类型的石器中也明显可见本地文化传统，这一传统即来自古椰文化的双肩石器，此类石器在横岭类型中还占不小比例，而且，有些双肩石器的石料亦为凝灰岩。这些凝灰岩双肩石器的原料当产自佛山市南海区西樵山，可视为本地区（珠三角）原有文化因素的承袭与融合。

关于横岭类型的流，正如前述所言，以相对年代的视角观之，几何印纹中最具代表性的曲折纹出现之初的样貌是否属于横岭类型的首创？我个人认为答案是肯定的，至少说，在岭南乃至华南地区，此阶段就较为普遍地使用拍印曲折纹者，非横岭类型莫属。因此，曲折纹不仅于珠三角地区珠江口区域流行，随着时间推移，它还向东传播，不仅虎头埔文化后来有繁盛的曲折纹，还向东进入福建，笔者认为昙石山文化的几何印纹源头亦可追溯到横岭类型。当然，石峡文化之曲折纹如溯源亦然。换句话说，根据目前的资料与认识，横岭类型是几何印纹的源头或源头之一。

　　之所以有如此看法，还与一件事密切相关，即曲折纹或者说几何印纹陶器传播的缘由、动力。为什么在早于石峡文化晚于古椰文化的时段内，在没有玉器或史前农业等通常被认为强势文化背景或技术加持的条件下，广东自横岭类型至石峡文化阶段几何印纹陶（可能是华南地区最早的几何印纹陶）能广泛地传播出去呢？个中原因是什么？笔者认为这与横岭类型及其后的考古学文化（或类型）继承的本地高温陶器技术传统有关。古椰文化的陶器经检测，陶土中铝含量较高，这一情况在广东地区一直延续至汉代，很显然是本地陶土资源的特色。笔者也专门请教过本省及广州从事科技考古的年轻同仁，以了解陶土铝含量较高与高温技术之间的关系。得到的简要原则性的答复是：铝含量较高的陶土，可以以器壁较薄的方式制成陶器坯，而烧制时则需要较高的温度才能将器物烧透，所以有些器物就被烧变形或烧流了。而较高温烧成的陶器，在同样体积下显然要轻一些，而且器壁也更坚硬牢固些。虽然这样的一些推论和观点，尚未经实验考古等方式验证，但从资源特征到技术实现的各主要环节有其内在逻辑。未来关于几何印纹陶的起源与传播研究，就不仅仅是传统的考古学文化因素的源流问题了，更需要在考古学视角的统一引领和设计之下，更多地尝试不同的科技手段，从更多的角度加以证实，而这个过程，横岭类型作为目前最早普遍使用的曲折纹，在未来的几何印纹陶起源发展研究中的地位无可取代。

　　以上是对横岭遗址出土资料重要性的基本认识，下面就考古报告的内容发表些浅见。

　　首先，《从化横岭——新石器时代遗址发掘报告》以较为传统的方式，全面系统地报道了考古工作的收获。关于这一点，笔者以为要先从田野发掘说起。广州市所的同仁在城市考古田野发掘阶段，不仅要面临钢筋水泥、砖头瓦砾堆积的城区发掘，也有郊区沙质红壤土及风化岩的堆积，他们为了更好地把握灰坑、墓葬等遗迹的发掘，普遍采取了解剖一半的做法。而笔者所见同类例子，就是在横岭遗址发掘现场。这种做法最大的好处就是给自己可能出现的错误操作，留一些纠正、"后悔"的机会，横岭遗址的墓葬基本上都是用这种方法发掘清理的，有效和得当的田野方法，使得考古队员们对墓葬的认识也更为清晰且更有把握。值得一提的是，至不久前，广州黄埔陂头岭考古发掘工地采用相同的方法，成功确认了战国至西汉早期墓葬的封土。

　　其次，说到《从化横岭——新石器时代遗址发掘报告》阅读的感受，有两点印象深刻。

　　其一是关于报告材料的全面客观。特别是文化层中遗物的全面介绍，使遗物资料更全面，同时还让发掘者们注意到了一个现象，即墓葬中的陶器与文化层同期的陶器存在着比较明显的差别，从而作出了相关的推论：墓葬的陶器有一些可能为明器而非实用器皿。

　　其二为按发掘区之下的遗迹单位（含文化层）介绍遗迹和遗物，叙述完遗迹部分，紧接着就是遗物的介绍，这种体例极大地方便了读者，特别是方便了读者以出土遗迹为单位收集和认识器物的需求。关于这一点，笔者在进行有关研究研读考古发掘报告时颇有感受。

　　在报告阅读过程当中，同时也感受到了一些不足之处。

　　例如，遗址文化层部分的陶器与墓葬等的陶器描述之间的分类缺乏统一标准。再者，缺乏陶器尤其是印纹硬陶检测分析和科技考古的成果，测年数据也偏少，等等。我在与发掘领队及报告编写者强禄学弟谈及一些不足时，他表示包括陶器理化检测等在内的一系列工作都在进行中。希望在不久的将来，我们都能够看到相关的检测结果，为研究者提供更加完备更加系统的考古资料。

　　无论如何，从化横岭遗址从发现、发掘到报告出版，一个看似普通的配合基本建设的抢救性考古项目，经历了十余年的时间成果最终面世刊出，实属难能可贵，为其他配合基本建设而进行的考古发掘资料整理出版作出了表率。同时，特别是在目前广东地区进行早期岭南文化探研重大课题研究的背景下，《从化横岭——新石器时代遗址发掘报告》的出版在配合基建开展抢救性发掘工作中贯彻课题意识方面将起到重要的示范作用。

李岩

2024 年 6 月 20 日于北京柳芳南里

目　录

插图目录

插表目录

彩版目录

第一章　前言

一　地理位置与历史沿革

从化位于广州市东北部，地处广东省中部珠江三角洲北缘的流溪河中上游（图一）。东与龙门县、增城区接壤，南跟白云区毗邻，西和清远市、花都区交界，北同佛冈、新丰县相连。地理坐标为北纬 23°22′～23°56′，东经 113°17′～114°04′，区政府驻街口镇。

从化原属番禺县地，明弘治二年（1489 年）分置从化县，县城在今花都横潭，后迁街口，县名"从化"是"盖取远氓归化之义也"，明、清属广州府。1949 年 5 月成立县人民政府，1949 年 10 月 13 日全县解放，属粤北地区，1958 年 12 月与佛冈合并，县名从化，属佛山地区。1961 年 4 月又与佛冈县分开，县名不变，属广州市。1994 年 3 月 26 日，经国务院批准，撤销从化县，设立从化市。2014 年 2 月 12 日，撤销县级从化市，设立从化区。

从化处于珠江三角洲到粤北山区的过渡地带，地势从东北向西南倾斜，东北高，西南低，中、低山地约占总面积 45%，高低丘陵约占 30%，山间盆地与平原约占 25%。以温泉、灌村一线为界分南北两部分，北部属中低山区，南部是丘陵台地和河谷平原。千米以上山峰有 8 座，东北部与龙门县交界的山峰天堂顶海拔 1210 米，为境内最高峰。气候属热带季风气候，北回归线横

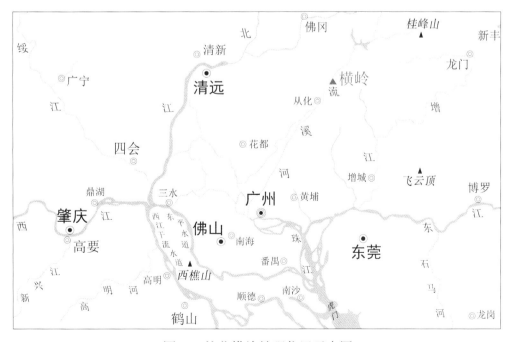

图一　从化横岭地理位置示意图

　　跨境内南端的太平镇，年平均温度 21.4℃，年平均降水量 1914 毫米。自然土壤以红壤为主。

　　境内河流主要是流溪河，因由众多溪流涧水汇集而成得名，属珠江水系北江支流。源于境内东北吕田镇与龙门县交界的桂峰山至大岭头一带，全长 157 千米，从化境内长 113 千米，向西南流经广州市花都区、白云区，在白云区石井镇鸦岗附近三江口与白坭河相汇合，注入珠江。流溪河在良口镇以上约 10 千米的上游河道穿越于深山峡谷之中，河床平均坡降为 1/1250，水流湍急。中下游在良口镇以下约 100 千米，河床平均坡降减至 1/2500，水流较为平缓。

　　从化自北而南大致可划分为三个地理单元：东北部的九连山中山谷地区，有石灰岩溶蚀所成的吕田盆地和鞍山盆地，盆地内可见两级阶地。增城和从化之间的增从山丘，为花岗岩上升地体，地表起伏明显，小型的山间盆地、谷地穿插在丘陵之间，谷地和盆地底部为良好的垌田。风化红土是区内的主要土类，山丘分布地区亦可见粗骨红壤发育。以街口镇为中心的从化盆地，四周有花岗岩所成 200～300 米高丘分布，构成盆地的边缘。盆地地势自东北、西北向盆地中心倾斜，东、南、北三面皆为丘陵和台地分布，西部鳌头镇附近以 80～130 米的缓低丘与潖江河谷平原分界[1]。横岭遗址所在的温泉镇就地处从化盆地的北部（图二）。

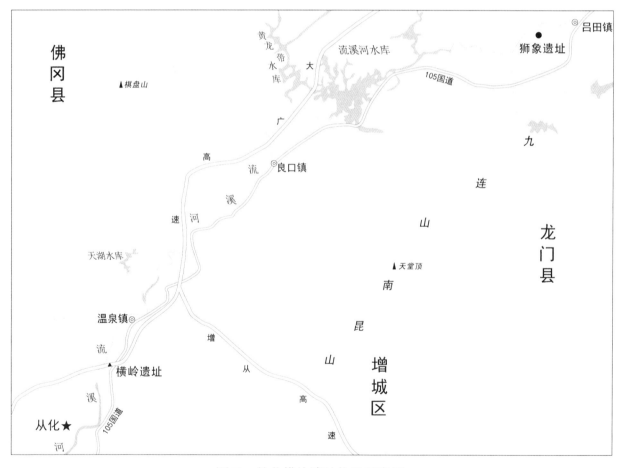

图二　从化横岭遗址位置示意图

[1]　广州市地方志编纂委员会：《广州市志》，广州出版社，1998 年，第 40 页。

二　工作概况

　　横岭位于温泉镇新园村南边的流溪河东岸，西南与鸡心岭相连，东北隔105国道与佛子凹、云台山相连。平面不太规则，东西长约800、南北宽约200米，自西向东大致由三个小山包组成，海拔最高处为西部山顶，高程84.5米，东部山顶高程78.7米，最东端小山包高程69.9米（图三）。西南坡被20世纪90年代兴建厂房所破坏。北坡较为陡峭，长满杂草杂树（彩版一，1）。南坡较缓，自西向东自然形成两个山坳，局部开垦为梯田，考古发掘前已丢荒多年，杂草、杂树茂盛。坡脚现为阶梯状缓平台地，土质肥沃，遍植荔枝树。东部山顶地势平缓，相对开阔，东端隔105国道与云台山相望，原地貌当以两山之间的谷地连为一片。

　　2008年11月～2009年1月，配合粤境大（庆）—广（州）高速公路的建设，广州市文物考古研究所会同从化市文化局对高速公路从化段拟定施工沿路进行了考古调查勘探。由于地表植被茂密，且征地手续尚未完成，只能通过地表踏查和洛阳铲钻探的方式进行，确认横岭南坡和东南麓分布有新石器时代晚期的文化遗存，须在建设施工前进行抢救性考古发掘。2013年7～12月，随着高速公路建设的启动，在报请国家文物局审批同意后，广州市文物考古研究所会同从化区文化广电新闻（出版）局有序展开了横岭遗址的抢救性考古发掘。

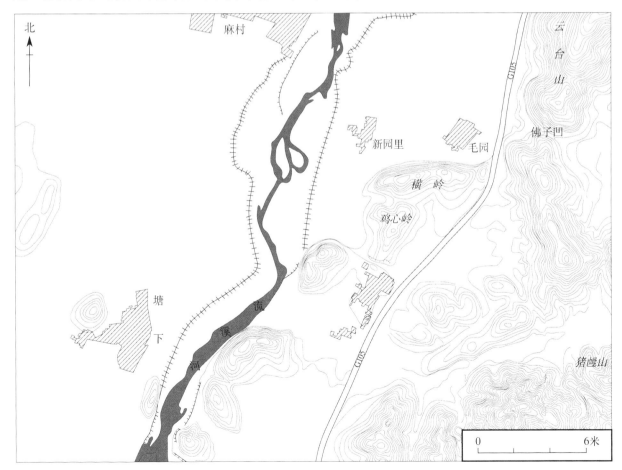

图三　横岭地形图

考古工作队进场后，对拟定发掘区域先进行了历时一个多月的人工清表（彩版一，2），然后对整个横岭的地形和地貌及周边的环境进行了航拍，使用全站仪测量并以象限法统一布方（彩版二，1、2），并将遗址所定的总基点坐标与建设单位提供的大地坐标产生关联。发掘严格按照《田野考古操作规程》执行，发掘起始根据调查勘探结果分为Ⅰ区（西区）、Ⅱ区（中区）和Ⅲ区（东区）三个发掘区进行（图四；彩版三），随着文化层和遗迹揭露的具体情况，逐渐扩大发掘范围。其中，Ⅰ区发掘10米×10米的探方5个，5米×10米的探沟3条，面积共650平方米。Ⅱ区发掘10米×10米的探方8个，4米×10米的探沟6条，面积共1040平方米。Ⅲ区发掘10米×10米的探方28个，4米×10米的探沟6条，3米×10米的探沟2条，面积共3100平方米（图五；彩版四，1）。本次考古发掘面积共计4790平方米。

最终经勘探发掘确认的新石器时代晚期文化遗存遍布横岭东段岗顶、中段山脊和横岭南麓，西段基本不见早期的文化堆积。根据调查勘探及发掘的总体情况来看，横岭遗址新石器时代晚期文化遗存分布范围东西长近500、南北宽约150米，面积超过7万平方米，横岭东南麓缓坡地带的荔枝林都见有文化层堆积，可能是远古先民生活居住的主要场所。

遗迹的清理均采用1/2解剖法，便于观察堆积剖面（彩版四，2）。探方四壁剖面和遗迹平剖图采用平面近景摄影测量和手工测量相结合的方式进行（彩版五，1）。出土脆弱陶器的提取采用现场石膏加固整取的方式，确保资料的完整性（彩版五，2）。发掘过程全程采用全站仪测绘记录（彩版六，1、2），并与广州网文三维数字技术有限公司合作，分阶段对发掘现场进行三维数据采集，对后续的研究和展示提供技术保障。同时邀请广东省博物馆文物保护中心开展土样浮选孢粉分析、石器残留物植硅石淀粉颗粒采样等研究，以期尽可能地提取信息适度复原当时的自然环境。但由于埋藏环境不佳，后期的室内检测分析研究中未提取到足够充分的有效样品，环境考

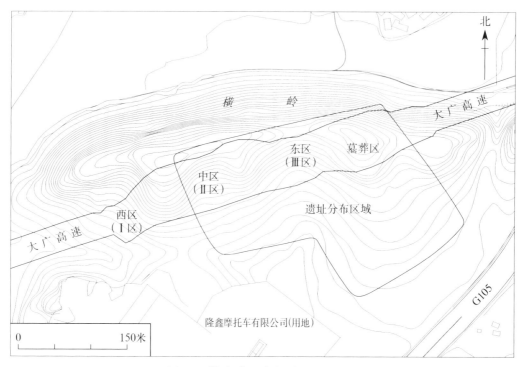

图四　横岭遗址发掘分区示意图

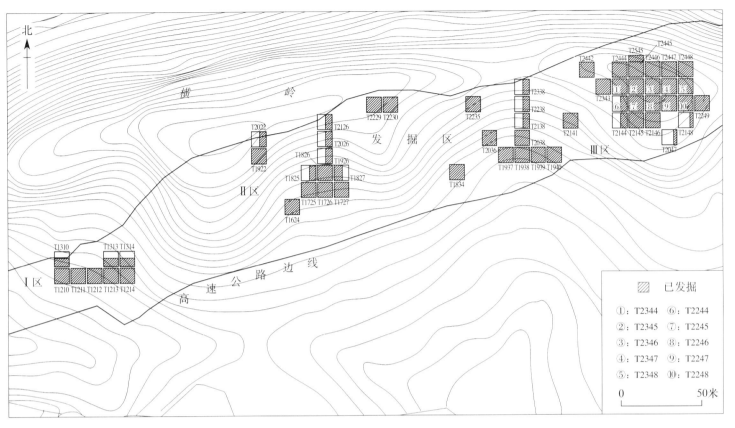

图五　横岭遗址发掘探方分布图

古的成果未达到预期目标。现场发掘后期和整理阶段两次邀请中国科学院广州地理研究所谭惠忠先生对大部分石制品做了岩性分析（彩版七，1），报告中对做过岩性鉴定的石制品均予以说明。

此次考古发掘加强制度化管理，规范田野操作规程和安全保卫措施，确保考古工作科学有序地开展。广州市政府和从化区政府各级领导也多次视察考古发掘现场（彩版八，1），观摩出土文物，聆听考古工作人员的介绍，对横岭遗址考古发掘的重要收获倍感振奋，并对一直以来大力支持和配合考古发掘工作的建设单位给予了高度赞扬。

此次发掘项目领队为广州市文物考古研究所张强禄，参与发掘的工作人员有广州市文物考古研究所的关舜甫、吕良波、朱家振、范德刚、雷义勇，中山大学人类学系周诗卉、魏玲玲、卢荣俊、朱柯、马伟、沈江、冯茹晴、李晖、徐新宇、雍杰荃，南开大学博物馆系李龙，以及陕西文物保护专修学校曲文晶、陈向娟、马苗青、寸晓青、孙海南、刘凯丽等实习学生。考古发掘过程中得到建设单位——广州大广高速公路有限公司，以及施工单位——中铁十二局大广高速公路30标项目部的大力支持（彩版八，2）。

资料整理人员有张强禄、朱家振、刘展宏、范德刚，器物修复人员有董锋、蒋礼凤、曲文晶、陈向娟等（彩版七，2）。遗迹线图清绘由刘展宏、胡丽华完成，器物图由刘展宏、龚海珍绘制，器物照片由关舜甫、郑立华、龚泰等拍摄。广东省文物考古研究院李岩先生长期关注横岭遗址发掘资料的整理，并给予了重要的指导意见。中山大学人类学系金志伟老师和原广东省文物考古研究所吴海贵先生对陶器的类型学研究提出了中肯的建议。北京大学考古文博学院赵辉教授也曾亲临整理现场，观摩出土器物，并提出指导意见。英文提要由浙大城市学院黄义军教授翻译。

报告编写第一章、第五章、第六章由张强禄完成，第二章、第三章、第四章由张强禄、朱家振、刘展宏完成，全文由张强禄统稿，广州市文物考古研究院王为全程负责本报告的编校出版。

三　地层与遗迹综述

横岭遗址文化层堆积较为简单，多为北高南低斜坡状堆积，越往坡脚文化层堆积越厚。整个发掘区地层大致可以统一，但分布不均匀，总体可分为五层：第①层为表土层。第②层为明清文化层。第③层大致为新石器时代晚期文化层，质地较硬，包含小石子或粗砂。陶片纹饰以条纹为大宗，曲折纹次之，少量叶脉纹和涡纹，不少陶片上可见附加堆纹。第④层为新石器时代晚期文化层，包含较多碎石子和小石块。陶片纹饰以曲折纹为主，其次是条纹、叶脉纹、附加堆纹等。第⑤层为新石器时代晚期文化层，黏性灰红土，含少量碎石子和粗砂，仅分布于横岭山腰以下部分探方，包含物不多，主要是一些曲折纹和条纹陶片。

本次发掘中共清理新石器时代晚期的灰坑25个，但形状多不规整，分布也比较散乱。在Ⅱ区和Ⅲ区横岭坡脚位置发现一些柱洞，但因揭露面积小，看不出分布规律。墓葬共发现51座，均为狭长方形竖穴土坑墓，大致顺山势呈东西向分布。其中Ⅱ区南坡2座，埋藏很浅，墓坑不明显。Ⅲ区山顶上较为集中，共49座，均开挖在风化的岩石中，坑壁明显，东西向成排分布，排列有序，随葬陶圜底罐、圈足罐、釜、鼎、豆及石锛、斧、凿、环等器物。考古发掘将Ⅲ区山顶平台全面揭露，墓地四至基本明确，墓地北部墓葬多数规模较大，墓坑较深，南部排列墓葬墓坑相对小且浅。

本次发掘除Ⅰ区外，Ⅱ区和Ⅲ区出土文化遗物都比较多，尤其是Ⅱ区和Ⅲ区山下。出土遗物均为陶器和石玉器，酸性红壤的埋藏环境下无任何有机物保存下来，应该还有竹木器和骨角蚌器等。出土陶器均残损，以陶片占绝对多数，可复原器很少，多为墓葬随葬品。陶器器类主要有各类陶罐、釜、鼎、豆，此外有少量器盖、支座、纺轮等。石器中工具类以石锛数量最多，其次是石镞、斧、刀、凿、杵、锤、球和砺石等，装饰品只有环一类。有很少量的玉器，器类有环、镯、锛等。

对比地层和墓葬出土陶器的整体特征，存在一定的差别：地层和灰坑、灰沟出土的陶器，尤其釜罐类，多数质地好、器形大、类型多，胎普遍较硬较厚，且不少属硬陶，叩之有声。而墓葬虽说可复原器多，但完整器并不多，多为残器复原或残片不可复原，且不见大型的釜、罐等可复原器，多数胎质较差、胎较薄、易碎，不似实用器。但也有不少的圜底釜罐器身有烟炱痕，又似使用过，且以泥质和夹细砂为主。这种差别大致说明地层出土实用器与墓葬随葬明器的不同，也不排除部分作为随葬品的泥质或夹细砂圜底釜罐，器底的烟炱痕是在埋葬仪式过程中形成的。

通过墓葬出土的可复原器或可辨形器来看，横岭遗址的陶器以圈足罐、圜底罐、圜底釜、豆最常见，有少量的鼎。陶质以泥质及夹细砂为主，二者不易截然区分，所有的圈足罐、豆以及多半的圜底罐釜、鼎均属此类。夹粗砂陶器所占比重不大，主要是圜底釜和鼎。釜、罐、鼎等器物制法以贴片泥筑为主，口沿普遍使用慢轮修整，烧制变形不规整的釜、罐比较多。豆则为轮制，器形规整。口沿、圈足及多数罐釜的腹、肩都是分制粘接而成（彩版九、一〇）。除了豆器身素面外，其他类器物器表均拍印纹饰，以斜向条纹最常见，其次是交错条纹、曲折纹和附加堆纹，有少量长方格纹（又称梯格纹）和涡纹（又称圆圈纹）。附加堆纹基本都是施于泥质圈足罐上，多以条纹为底纹，有多种样式，有的扁条状附加堆纹上戳印圆点纹（图六～九；彩版一一～一四）。不少罐、釜口沿内外壁有刻划符号，以内壁多见（图一〇；彩版一五，1）。还有一些圈足罐的器身表面和口沿内壁有黑彩线绘（彩版一五，2、3）。

由于可复原陶器甚至可辨形者陶器总体较少，而且不少陶器口沿还烧制变形，用统一标准来对地层和墓葬中出土的所有陶器进行分型分式有相当难度，也不易找出型式变化的早晚轨迹。为了尽可能全面客观地公布材料，本报告对出土遗物的介绍采取墓葬出土遗物随墓葬形制一并介绍，重要灰坑、灰沟等遗迹选择标本一并介绍，地层出土遗物则尽可能多地选择典型标本予以介绍。最后再选择典型器物进行型式划分，为分期断代提供依据。

横岭遗址新石器时代文化性质较为单纯，虽然同类遗存在珠江三角洲地区已有不少发现，但本次考古发掘揭露面积大，除Ⅰ区外，Ⅱ、Ⅲ区出土遗物均比较丰富，以下尽可能详尽地分区介绍地层堆积、遗迹分布和出土遗物。由于多为坡状堆积，部分地层或灰坑中的包含物并不单纯，尤其是Ⅱ区和Ⅲ区山下探方，本报告遵循尽可能全面客观公布材料、应上尽上的原则刊布遗物标本，包括少量地表采集或第①、②层出土的器物标本，甚至仅是疑似新石器时代晚期的遗物也一并介绍，宁错勿漏，不刻意剔除主观认为的混入晚期堆积中的早期遗物。

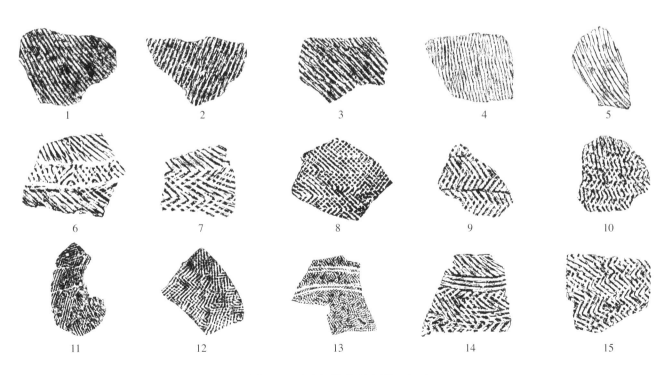

图六　Ⅱ区陶器纹饰拓片（一）

1～5. 斜条纹 T1926④：37、T1926④：43、T2026④：10、T1727④、T1922④　6. 斜条纹加附加堆纹 T1926④：1　7. 斜条纹加曲折纹 T2022②　8、11. 交错条纹 T1926②：3、T1922④　9. 叶脉纹 T1826⑤　10、12、15. 曲折纹 T1825⑤：34、T1826⑤：62、T1926④：42　13. 凌乱曲折纹加附加堆纹 T1825④：32　14. 斜条纹、曲折纹加横条纹 T1926⑤

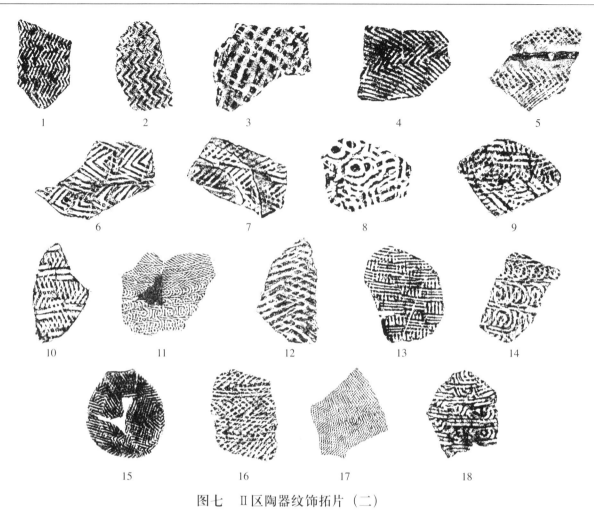

图七　Ⅱ区陶器纹饰拓片（二）

1、2、4、6.曲折纹T1926④：38、T1926④：36、T1926④：39、T1922④　3、12.交错条纹T2229⑤：9、T2230④　5.曲折纹、交错条纹加附加堆纹T1922③　7、13.梯格纹T1922④、T1825④：35　8.涡纹T2026④：1　9、10、16.交错条纹加横条纹T1922④、T1922④、T2026②　11.斜条纹、交错条纹、涡纹加横条纹T1826⑤：68　14、18.涡纹加横条纹T1726④、T1926④：45　15.凌乱曲折纹T1826⑤　17.曲折纹加斜条纹T1922④

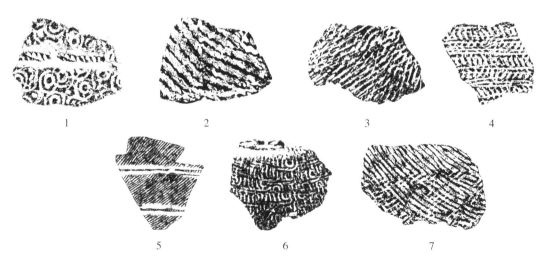

图八　Ⅲ区山下陶器纹饰拓片

1.涡纹加附加堆纹T2038③　2.绳纹T2235④：4　3.斜条纹Ⅲ区采　4.曲折纹加横条纹Ⅲ区采　5.斜条纹加附加堆纹Ⅲ区采　6.涡纹加横条纹T2036③：5　7.斜条纹加曲折纹T2141③b

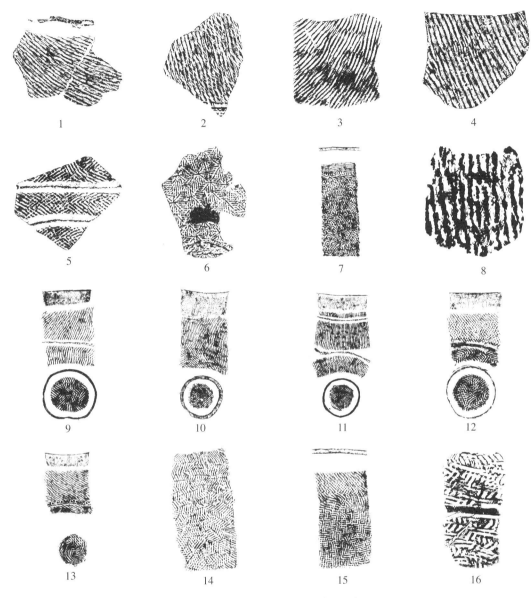

图九　Ⅲ区山顶陶器纹饰拓片

1、3、4.斜条纹T2343③：10、M12：4、T2348① 2.交错条纹T2144⑤ 5.曲折纹加附加堆纹T2144① 6.席纹或米字纹T2248⑤：22 7.横条纹加涡纹M36：1 8.绳纹T2144③ 9.斜条纹、附加堆纹加交错条纹M50：1 10.斜条纹、横条纹加交错条纹M45：1 11.竖条纹、附加堆纹加交错条纹M41：1 12.斜条纹、曲折纹、附加堆纹加交错条纹M2：1 13.斜条纹、附加堆纹、涡纹加交错条纹M24：1 14.叶脉纹M18：2 15.斜条纹加曲折纹M27：3 16.梯格纹M16：2

图一○　陶器刻划符号拓片

1.T1826⑤ 2.M6：3 3.M13：2 4.M11：1 5.T1926④

第二章　Ⅰ、Ⅱ区

第一节　Ⅰ区

一　地层堆积

Ⅰ区是最先发掘的区域（彩版一六），位于横岭西南坡，地势较为平缓，地表植被不多。布设探方5个、探沟3条（图一一；彩版一七，1），地层堆积简单，自东北往西南坡脚倾斜，均为坡状堆积，包含物极少，整体可分4层。

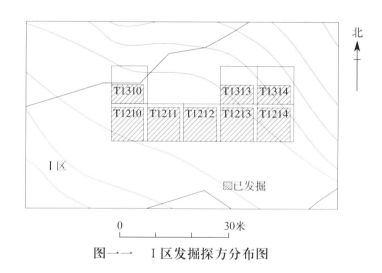

图一一　Ⅰ区发掘探方分布图

T1211 北壁

以T1211北壁为例（图一二；彩版一七，2）介绍如下。

第①层：表土层，分2小层。

第①a层：灰色杂土。厚0～0.64米。结构杂乱，质地疏松，内含大量的植物根系以及石块和现代生活垃圾等。

第①b层：灰黄色砂土。距地表深0～0.05、厚0.06～0.39米。质地稍硬，较致密且单纯，内含植物根系及小石子等。

第②层：明清文化层，局部分布。距地表深0～0.65、厚0～0.38米。灰褐色砂黏土，质地疏松，自北而南呈缓坡状堆积，主要包含物是碎小的砖瓦片，偶见青花瓷片。

第③层：分3小层。

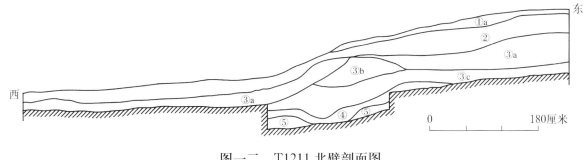

图一二　T1211 北壁剖面图

第③a 层：红褐色砂黏土。距地表深 0.05～0.49、厚 0.04～0.53 米。质地较硬，结构致密，含有石块、石子及河卵石等。

第③b 层：灰黄色粗砂土。距地表深 0.22～0.6、厚 0～0.44 米。以粗砂和小石子为主，夹杂黄色土斑和石块，质地稍硬，结构不太密集。

第③c 层：灰红色砂黏土。距地表深 0.30～0.9、厚 0～0.49 米。质地稍硬且密，结构单纯，内含少许石块和小石子，出土零星碎陶片。

第④层：未见文化遗物，在探方中部开挖一条 3 米宽解剖沟，向下发掘了第④层和第⑤层，均为自然冲积的生土层。

二　Ⅰ区遗迹和遗物

Ⅰ区第④层下开口的遗迹有 H23、H24，但填土均纯净，不见文化遗物，当为自然坑，在此不作赘述。Ⅰ区出土的早期遗物也很少，且多非原生堆积所出，个别重要的石器小件归入Ⅱ区一并介绍。

第二节　Ⅱ区

一　地层堆积

Ⅱ区位于横岭南麓中部山坳，布设 8 个探方和 6 条探沟（图一三；彩版一八～二〇）。地层堆积较为单纯，均为坡状堆积，多是自然冲积而成，主要分为 4 层，个别探方有第 5 层。近山顶探方地层堆积较薄，近山下探方地层堆积较厚，遗迹遗物较丰富。以下按不同方位选取具有代表性的探方介绍地层堆积情况。

1. T2022 探沟西壁

以 T2022 探沟西壁为例，介绍该区域地层堆积（图一四，1；彩版二一，1、2）。T2022 无统编的第②层，第③层只有③a 层。

第①层：地表层，分 2 小层。

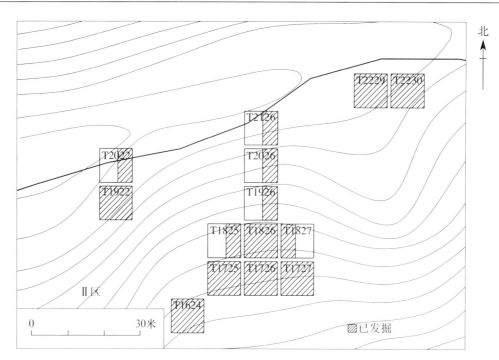

图一三　Ⅱ区发掘探方分布图

第①a层：灰土夹黄色土斑。厚 0～0.45 米。含有石块、陶瓦片、植物根系等，质地疏松。

第①b层：灰黄砂土。距地表深 0.05～0.25、厚 0～0.25 米。包含石块、植物根系等，质地较疏松，分布于探方中北部。

第③a层：红褐色砂黏土。距地表深 0.08～0.4、厚 0～0.33 米。质地较硬且致密，含有石块、河卵石、陶片、植物根系等，主要分布于探方北部。时代推测为新石器时代晚期。

第④层：黄砂土夹杂大量石块或石子。距地表深 0.07～0.45、厚 0.03～0.5 米。质地较硬，出土有较多陶片，纹饰多为泥质条纹、叶脉纹、曲折纹等，以及 1 件石斧。推测为新石器时代晚期。第④层下开口的遗迹有 H27。

第④层下为生土。

2. T2126 探沟西壁

以 T2126 探沟西壁为例，介绍该区域地层堆积情况（图一四，2；彩版二二，1）。T2126 无统编的第②层，第③层只有③a 层。

第①层：地表层，分 2 小层。

第①a层：灰土夹黄色土斑。厚 0～0.24 米。含有石块、陶片、植物根系等，质地疏松。

第①b层：灰黄砂土。距地表深 0.05～0.24、厚 0～0.25 米。内含石块、陶片、植物根系等，质地较疏松，探方大部分区域都有分布。

第③a层：红褐色土。距地表深 0.07～0.25、厚 0～0.3 米。含有植物根系、石块、陶片等，陶片纹饰主要为泥质附加堆纹、曲折纹等，主要分布于探方东南部，质地较致密。时代推测为新石器时代晚期。

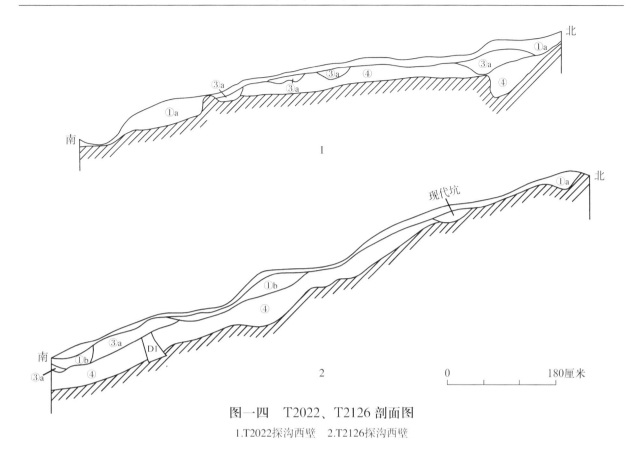

图一四　T2022、T2126 剖面图
1.T2022探沟西壁　2.T2126探沟西壁

第④层：红褐色土泛灰。距地表深 0.07～0.36、厚 0～0.48 米。质地疏松，含有较多石块、河卵石等。出土较多陶片，纹饰多为泥质条纹、附加堆纹等，还有 1 件残石环和 1 件石锛，分布于探方除中南部以外的大部分区域，随地势起伏。时代推测为新石器时代晚期。

第④层下为生土。

3. T2230 东壁

以 T2230 东壁为例，介绍该区域地层堆积情况（图一五；彩版二二，2）。T2230 无统编的第②层，第③层只有③a 层。

第①层：地表层，分 2 小层。

第①a 层：灰土夹黄色土斑。厚 0.05～0.1 米。内含石块、陶片、植物根系等，质地疏松。

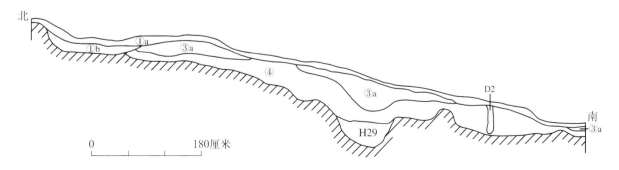

图一五　T2230 东壁剖面图

第①b层：灰黄砂土。距地表深 0.07～0.1、厚 0～0.17 米。内含石块、植物根系、陶片等，质地较疏松，分布在探方的大部分区域，西北部含有较多石块，且石块较大。

第③a层：红褐色土。距地表深 0.04～0.2、厚 0～0.48 米。含有石块、植物根系、陶片和石器等，质地较疏松，主要分布于探方北部。陶片纹饰有泥质条纹、附加堆纹等，石器有锛、环等。时代推测为新石器时代晚期。

第④层：黄砂土夹杂大量石块或石子。距地表深 0～0.48、厚 0～0.47 米。质地较疏松，分布于探方南部。出土陶片较少，纹饰为条纹、曲折纹。时代推测为新石器时代晚期。第④层下开口的遗迹有 H29。

第④层下为生土。

4. T1826 西壁

T1826 四壁地层都比较典型（彩版二三、二四），以 T1826 西壁为例，介绍该区域地层堆积情况（图一六；彩版二四，2）。

第①层：表土层，分 2 小层。

第①a层：灰土夹黄色土斑层。厚 0～0.35 米。内含石块、陶片、植物根系等，质地疏松。

第①b层：灰黄砂土。距地表深 0～0.35、厚 0～0.26 米。内含石块、植物根系、陶片等，质地较疏松，分布在探方大部分区域。

第②层：灰褐色砂黏土。距地表深 0.03～0.56、厚 0～0.31 米。质软较细腻，从高往低倾斜局部分布，薄厚不均。包含物不多。

第③层：分 2 小层，随地势从高往低堆积增厚。

第③a层：黄红色砂黏土。距地表深 0.08～0.86、厚 0～0.38 米。质地较硬、较密，内含单纯，夹杂有石块、石子及河卵石等，出土遗物相对丰富，有较多碎陶片。

第③b层：红褐色砂黏土。距地表深 0.6～0.69、厚 0～0.25 米。质硬且密，内含单纯，包含物有石块和石子及少量河卵石，层表以小石子为主，近底层时大石块增多，出土较少碎陶片。

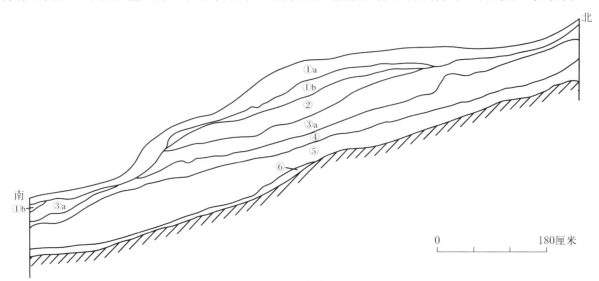

图一六　T1826 西壁剖面图

第③层出土陶片纹饰以条纹为大宗，曲折纹次之，叶脉纹和涡纹较少，多数陶片上可见附加堆纹。时代推测为新石器时代晚期。

第④层：以碎石子和小石块为主，夹杂有灰黄色或红黄色砂土。距地表深0.11～1.12、厚0.06～0.48米。质地稍硬，分布不匀。出土陶片纹饰以曲折纹为主，条纹次之，涡纹较少，多数陶片上有附加堆纹。时代推测为新石器时代晚期。第④层下开口的遗迹有H18、H19、H28、H30和M2。

第⑤层：灰红土层。距地表深0.21～1.2、厚0.17～0.66米。微有黏性，质地较硬，结构密集，仅分布在Ⅱ区山腰以下部分探方，自北向南倾斜堆积。内含少量的泥质硬陶和夹砂陶片，常见曲折纹和条纹。时代推测为新石器时代晚期。第⑤层下开口的遗迹有H32。

第⑥层：粗砂生土层，距地表深0.3～1.56、厚0～0.35米。仅分布在近山脚的部分探方。局部解剖，以颗粒状较为匀称的小石子为主，间夹极少量的大石头和细卵石，质地较硬且细密，无遗物出土，应为生土。

5. T1624北壁和东壁

以T1624北壁和东壁为例，介绍该区域地层堆积情况（图一七，1、2；彩版二五，1、2）。第③层只有第③a层。

第①层：地表层，分2小层。

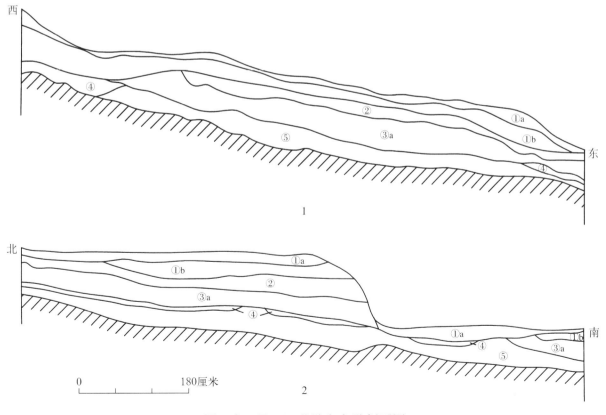

图一七　T1624北壁和东壁剖面图

1.T1624北壁　2.T1624东壁

第①a层：灰土夹黄土斑和灰烬层。厚0～0.24米。内含石块和植物根系、少量陶片，质地疏松。

第①b层：灰黄砂土。距地表深0.05～0.24、厚0～0.53米。内含小石子、河卵石、植物根系、陶片等，质地稍硬且致密，主要分布于探方东北部，自西北向东南倾斜。开口于此层下的遗迹有1座近代魂瓶墓（编号W1）。

第②层：灰褐砂黏土。距地表深0.08～0.52、厚0～0.28米。质地较软且有黏性，含有植物根系，少量炭灰、石块、河卵石和极少陶瓷片。除探方东南角外都有分布，自西北向东南倾斜。

第③a层：红褐黏土。距地表深0.11～0.64、厚0～0.45米。质地较软且疏松，含有不少石块等，随山势倾斜坡状堆积，几乎遍布探方。出土有较多的陶片，主要是泥质陶，纹饰有条纹、曲折纹等。时代推测为新石器时代晚期。

第④层：以石子或小石块堆积为主，夹杂少量红褐色砂土，局部小石子十分密集。距地表深0.12～0.99、厚0～0.92米。质地较硬，随山势倾斜堆积，除探方东南部外均有分布。出土物较为丰富，有陶片和石器等，陶片纹饰以条纹、曲折纹为主，多数陶片上有附加堆纹，涡纹较少，有极少素面软陶。时代推测为新石器时代晚期。

第⑤层：灰红色砂土。距地表深0.08～1.03、厚0～0.47米。夹杂有紫色风化土块、褐色黏土斑及少量炭灰等，质地较软且疏松，含有大量石块和小石子，随山势倾斜堆积，除探方西北部外都有分布。出土遗物较为丰富，有陶片和石器等，陶片多为泥质硬陶，纹饰以曲折纹和条纹为主，多数陶片上有附加堆纹，涡纹较少。时代推测为新石器时代晚期。

第⑤层下为粗砂生土层，大量小石子和石块夹杂黄褐色风化土的混合堆积。局部解剖，层表多为小石子，越往下石块越大且多，质地较硬且密集，基本不见河卵石。

二　遗迹及出土遗物

Ⅱ区经发掘揭露的新石器时代晚期的遗迹有墓葬、灰坑和柱洞等（图一八），主要有墓葬2座、灰坑13个，还发现极少的柱洞，但分布零乱，没有规律。

（一）墓葬

2座，编号M2和M3。为长方形浅竖穴土坑墓，坑边不太明显，填土为微带黏性疏松红褐土，夹杂小石子和自然石块，及零星碎陶片。均位于山腰下，M2走向与山体等高线基本垂直，M3走向与等高线基本平行。

1. M2

位于T1826的东南部，开口于第④层下，打破第⑤层（图一九；彩版二六，1～4）。

墓口不太明显，坑壁也不规整，墓底呈西北高东南低倾斜状。墓口距地表深0.95米，长2.33、宽0.64～0.72、深0.14～0.22米。填土分为两层：第①层为红褐色土，微黏性，质地较软，结构疏松。内含小石子、自然石块，偶见零星碎陶片。厚0.14～0.18米；第②层为红褐色土，质地较密且纯净。分布在墓底西北端，厚0～0.06米。

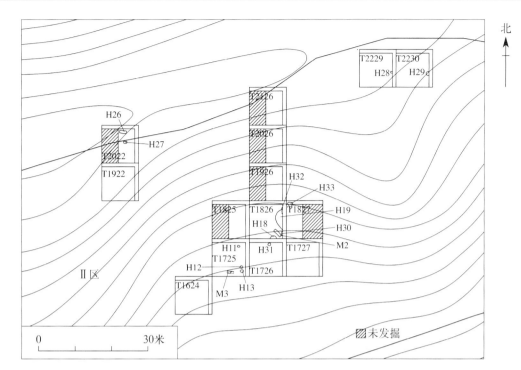

图一八 Ⅱ区遗迹分布平面图

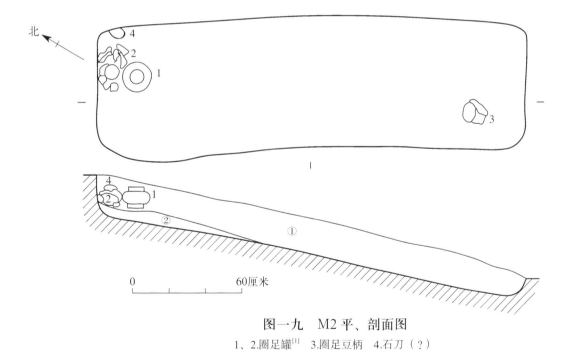

图一九 M2平、剖面图

1、2.圈足罐[1] 3.圈足豆柄 4.石刀（？）

墓室随葬完整圈足罐、可复原陶圈足罐、残陶豆柄及疑似石刀各1件。

圈足罐 2件。

标本M2：1，泥质浅灰胎硬陶。胎壁较薄且匀称，制作规整完整。尖圆唇、直口微敞、立领、扁圆腹，浅圜底附低矮小圈足。器身饰斜条纹、曲折纹，较细且清晰，下腹饰一周泥条状附加堆纹，器

[1] 未注明质地者均为陶器，下同。

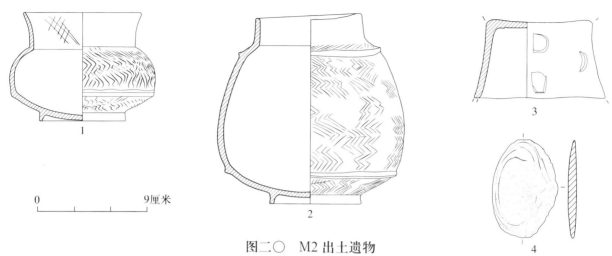

图二○　M2 出土遗物

1、2.圈足罐M2：1、2　3.圈足豆柄M2：3　4.石刀（？）M2：4

底饰交错条纹，口沿内壁有网格状划纹。口径9.2、足径7、通高8.5厘米（图二○，1；彩版二七，1）。

标本 M2：2，夹细砂褐胎灰褐陶。口、腹变形，腹残，缺1/5，可复原。尖圆唇，直口微敞，大口、矮立领、广肩，领、肩分界明显，深弧腹下垂。器身饰曲折纹，纹饰细浅，局部模糊不清，肩、腹部各饰一周凸棱状附加堆纹。口径7.1～8.8、足径7、通高15.2厘米（图二○，2；彩版二七，2）。

圈足豆柄　1件。

标本 M2：3，豆盘残缺无存，仅有豆柄，泥质浅灰胎黑皮陶。底为圜底近平，喇叭状圈足，柄身分别饰一组前后相对、上下依次排列的"D"形镂孔和一组新月形镂孔。残高6、壁厚0.6厘米（图二○，3；彩版二七，3）。

石刀（？）　1件。

标本 M2：4，从卵石上打制下的石片，一侧边锋利，似为刃部，有崩损使用痕，疑似石刀。长7.8、宽5.2、厚0.6厘米（图二○，4；彩版二七，4）。

2. M3

位于 T1725 的南部，开口于第⑤层下，打破生土（图二一；彩版二八，1～4）。

东西向。墓口明显，墓壁较直但不规整，墓底较平。墓口距地表深1.05米，长1.77、宽0.52～0.53、深0.03～0.2米。填土为红褐土，微黏性，质地较软，结构疏松。内含小石子和自然石块，偶见零星碎陶片。

墓底随葬残陶鼎、可复原陶豆及完整石锛各1件。

陶鼎　1件。

标本 M3：1，泥质黄褐软陶。口沿残（疑为随葬时人为敲碎所致），足跟残，不可复原，缺1/3。直口微敞，立领、扁鼓腹、圜平底，下腹贴筑三个上宽下窄的外撇大扁足，足面内弧，两边有浅槽。器身上腹饰斜条纹，下腹和底饰交错条纹，纹饰轻浅，局部模糊不清。腹部最大径上饰两圈凸棱状附加堆纹。口径不确、残高10.4厘米（图二二，1；彩版二九，1）。

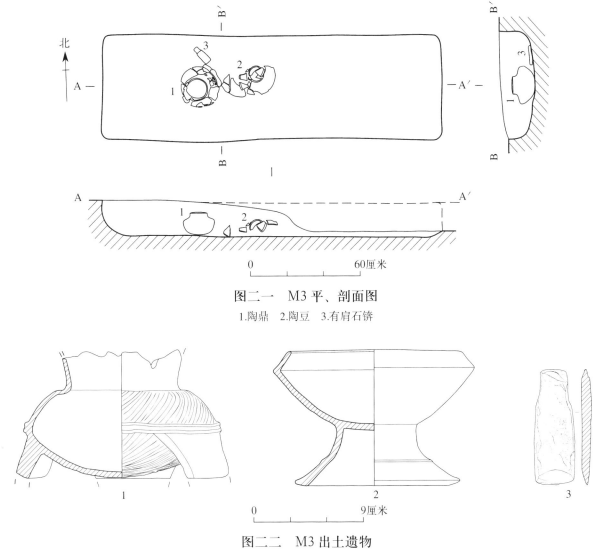

图二一　M3平、剖面图

1.陶鼎　2.陶豆　3.有肩石锛

图二二　M3出土遗物

1.陶鼎M3：1　2.陶豆M3：2　3.有肩石锛M3：3

陶豆　1件。

标本M3：2，泥质浅灰胎黑皮陶。口残，缺1/3，可复原。尖圆唇，敛口，子母口，深斜腹，圈足细且矮，其上饰一圈凸棱。口径14.1、足径11.9、通高11厘米（图二二，2；彩版二九，2）。

有肩石锛　1件。

标本M3：3，中型，扁平条形，双肩较明显，近器身上部。通体磨光，柄端微残，刃部锋利。长9.2、刃宽3.3、厚0.8厘米（图二二，3；彩版二九，3）。

（二）灰坑

13个，编号H11～H13、H18、H19、H26～H33等。其中H11～H13开口于第③层下，打破第④层。H18、H19、H26～H31、H33开口于第④层下，打破第⑤层或生土层。H32开口于第⑤层下，打破生土。这些灰坑均不规整，深度较浅，内含多少不一的石块和陶片等，大部分坑底发现似人为的石块堆积，不排除部分浅坑只是坑状堆积，而非真正意义上的灰坑。

1. H11

位于 T1725 东北部，开口于第③层下，打破第④层（图二三；彩版三〇，1、2）。

坑口形状为椭圆形，斜壁，圜平底。坑口距地表深约 0.65 米，长径 1.2、短径 0.66、深 0.12～0.2 米。填土为灰红色砂土，质地疏松，坑底有石块堆积，均为自然石块。

2. H12

位于 T1725 东南部，开口于第③层下，打破第④层（图二四）。

坑口形状近圆形，斜壁，圜平底。坑口距地表深约 0.55 米，长径 0.8、短径 0.74、深 0.2 米。坑内填土为灰红色砂土，质地松散不均，含杂有大量石头，特别是近坑底部时石块明显较多，多为有棱角的自然小石块，大石块不多，分布散乱，无规律。

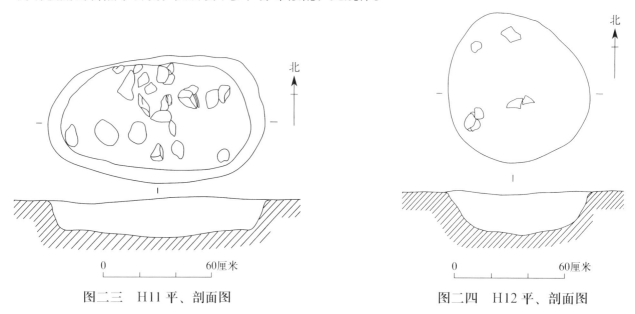

图二三　H11 平、剖面图　　　　　　　图二四　H12 平、剖面图

3. H13

位于 T1725 东南部，开口于第③层下，打破第④层（图二五；彩版三一，1）。

坑口形状为不规则椭圆形，内斜壁，坑口距地表深约 0.66 米，长径 0.98、短径 0.76、深 0.12～0.16 米。填土为灰红色黏砂土，质软且松散，含有石块，近坑底的填土内石块增多，但分布散乱，无规律，多是自然石头，未见加工或使用痕迹。

4. H18

位于 T1826 南壁东部，开口于第④层下，打破第⑤层（图二六；彩版三〇，3）。

坑口形状为近圆角长方形，斜壁，圜平底。坑口距地表深约 0.65 米，长 1.7、宽 1.4、深 0.2～0.4 米。填土为灰褐色黏土，质地较软，内含小石子和石块、少量陶片，以及 1 件罐口沿和 1 件釜口沿。

小口卷沿罐　1 件。

标本 H18：2，夹细砂浅灰陶，内壁施褐色陶衣。卷沿，唇内侧凹，矮立领，口沿下饰从左

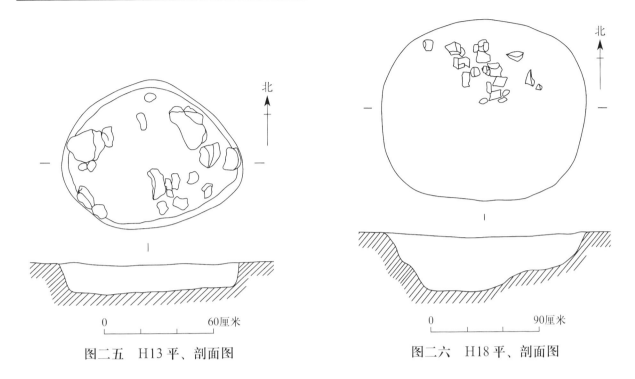

图二五　H13平、剖面图　　　　图二六　H18平、剖面图

向右粗斜条纹，内面有轮旋槽和竖条黑彩。口径约16、残高5.1厘米（图二七，1）。

侈口釜　1件。

标本H18：1，夹细砂黄胎灰陶。卷沿，外方唇，唇内侧不凹。口径约14.4、残高3.9厘米（图二七，2）。

5. H19

位于T1826东壁中部，开口于第④层下，打破第⑤层（图二八；彩版三一，2）。

坑口形状为不规则长椭圆形，斜壁，圜平底。坑口距地表深约0.85米，长径5.2、短径1.1～2.6、深0.2～0.4米。填土为红灰土，质地疏松，内含石子、自然石块以及较多碎陶片等，有小口直领罐口沿、圈足、釜、鼎足等残片，不少可与第④层陶片拼接。

小口直领罐　3件。

标本H19：5，泥质浅灰硬陶。口沿稍变形。直口微敞，外宽方唇，内侧微凹，立领。口沿下饰从左向右斜条纹。口径15.3、残高4.1厘米（图二七，3）。

标本H19：4，泥质浅灰陶。口沿稍变形。侈口，外方唇，内侧微凹，立领。口沿下饰从左向右粗斜条纹，内壁有刻划符号。口径约16、残高4.1厘米（图二七，4）。

标本H19：6，夹细砂浅灰白陶。方唇，直口微敞，内壁有轮旋痕。口径10、残高4厘米（图二七，5）。

罐圈足　1件。

标本H19：3，泥质浅灰陶。圈足略高，外较直，内外撇。器底饰交错条纹。足径约8、残高1.5厘米（图二七，10）。

侈口釜　1件。

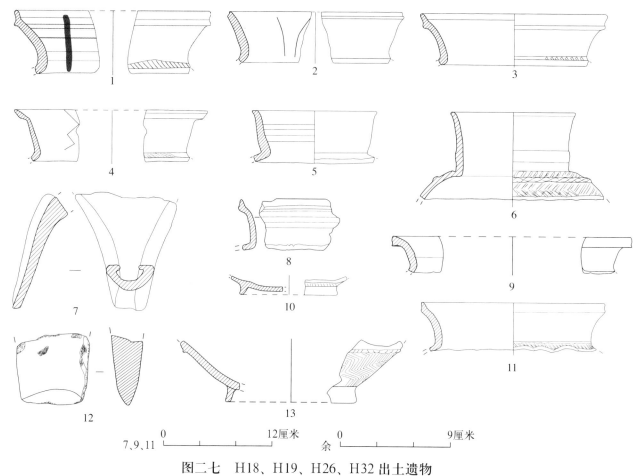

图二七　H18、H19、H26、H32 出土遗物

1.小口卷沿罐H18：2　2、9、11.侈口釜H18：1、H19：2、H26：1　3～6.小口直领罐H19：5、4、6、H26：3　7.鼎足H19：1
8.敞口罐H32：2　10.罐圈足H19：3　12.石锛H32：1　13.罐圈足H32：3

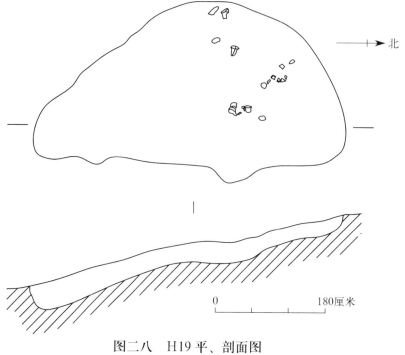

图二八　H19 平、剖面图

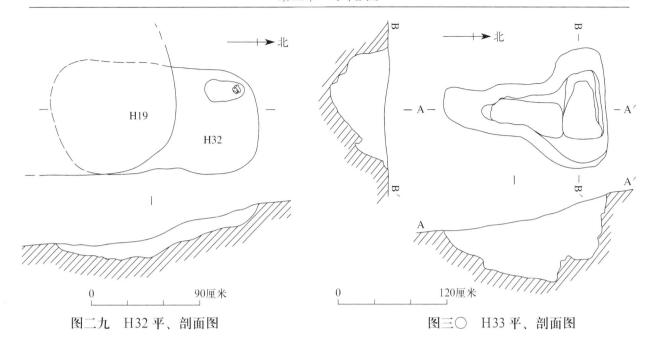

图二九　H32 平、剖面图　　　　　　　图三〇　H33 平、剖面图

标本 H19：2，夹细砂灰褐陶。卷沿，外方唇，唇内侧不凹。口沿下饰从右向左粗斜条纹。口径约 26、残高 3.8 厘米（图二七，9）。

鼎足　1 件。

标本 H19：1，与 T1826④层残片可拼接。夹砂黑胎褐陶。足跟残，上大下小略呈三角形，外立面内凹，两侧边内卷。残高 12.6、残宽 11、厚 0.8～2.7 厘米（图二七，7；彩版三一，3）。

6. H32

位于 T1826 东壁北部，开口于第⑤层下，打破生土层，南部被 H19 打破（图二九）。

坑口形状为不规则长椭圆形，坑底不平，略呈北高南低圜底状。坑口距地表深约 0.6 米，长径 1.7、短径 0.8～0.9、深 0.09～0.13 米。填土为灰红色砂土，质地稍硬，内含大量小石子、风化岩块和少量陶片，以及罐口沿、罐圈足和残石锛各 1 件。

石锛　1 件。

标本 H32：1，石锛下部残件，长方形。厚身，磨制较为精细，两侧边留有打制疤痕，刃口有使用崩缺疤痕。残长 5.6、刃宽 5.1、厚 2.4 厘米（图二七，12；彩版三一，4）。

敞口罐　1 件。

标本 H32：2，泥质灰陶，内外施浅褐色陶衣。外斜方唇，唇内侧微凹，敞口，斜立领，广肩，口沿下饰从左向右斜条纹。口径不确、残高 4 厘米（图二七，8）。

罐圈足　1 件。

标本 H32：3，泥质浅灰白陶，内壁浅褐色。可见明显泥片贴筑制法。矮圈足，近直，下腹近底部饰曲折纹，较凌乱，其上加绳索状附加堆纹。足径约 10.8、残高 4.8 厘米（图二七，13）。

7. H33

位于 T1827 西北角，开口于第④层下，打破生土层（图三〇）。

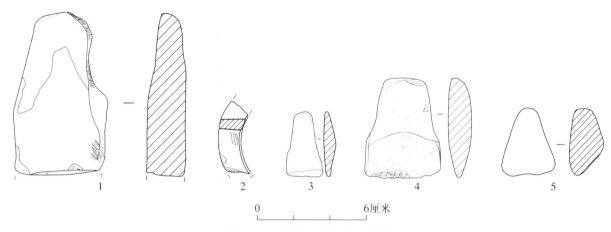

图三一　H33、H27 出土遗物

1.双肩石锛打制坯H33∶3　2.石环H27∶2　3.玉锛H33∶1　4.有肩石锛H27∶1　5.陶泥块H33∶2

坑口呈不规则状，坑壁自上而下向内倾斜，底部不平，略呈东高西低倾斜状。坑口距地表深0.45米，长1.8、宽0.41～1.2、深0.48～0.68米。填土为灰红砂土，质地松软，内含风化岩块、小石块和一些碎陶片，还有小玉锛、石锛坯和陶泥块各1件。

陶泥块　1件。

标本H33∶2，浅灰色夹砂陶。略呈三角形。用途不明。长3.6、宽2.9厘米（图三一，5；彩版三一，5、6）。

双肩石锛打制坯　1件。

标本H33∶3，下端残。打制基本成形，但未经深磨，或为制作过程中失败后废弃。残长8.9、刃宽4.7、厚1.2～2厘米（图三一，1；彩版三二，1）。

玉锛　1件。

标本H33∶1，微型梯形锛，双肩较明显，玉质松脆。长3.6、刃宽2、厚0.7厘米（图三一，3；彩版三二，2）。

8. H26

位于T2022北部，开口于第④层下，打破生土层（图三二；彩版三二，3）。

坑口呈圆角长方形。坑口距地表深0.45米，长1.63、宽0.69、深0.54米。填土为红褐色泛灰土，质地较疏松。包含物多为长圆条形或扁圆形的灰黑色河卵石，有1件残断石器，其另一半在T2022第④层出现，可以拼接。包含物还有1件罐口沿和1件釜口沿。

小口直领单唇罐　1件。

标本H26∶3，夹细砂灰胎浅灰陶。直口微敞，高领较直，唇内侧微凹，圆肩，口沿下饰从右向左粗斜条纹，肩部饰交错条纹上加一道绳索状附加堆纹。口径10.2、残高6.9厘米（图二七，6）。

侈口釜　1件。

标本H26∶1，夹细砂黄褐陶。斜方唇外起凸棱，侈口，折沿或微折沿，广肩或圆肩。口沿

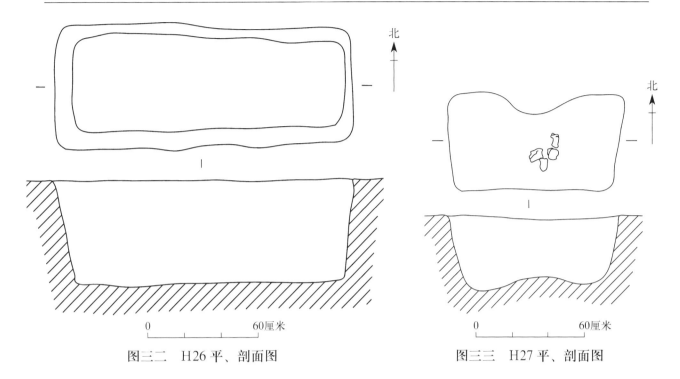

图三二　H26 平、剖面图　　　　　　　　　图三三　H27 平、剖面图

下饰从左向右斜条纹。口径 20、残高 5.2 厘米（图二七，11）。

9. H27

位于 T2022 中部，开口于④层下，打破生土层（图三三）。

坑口呈不规则长方形。坑口距地表深约 0.5 米，长 0.95、宽 0.4～0.5、深 0.35～0.4 米。坑壁、坑底均不规整，填土为灰黄色砂质土，质地疏松。包含大量石块和少许陶片，以及 1 件石锛和 1 件残石环。

有肩石锛　1 件。

标本 H27:1，中型，硅质岩，硬度为 6，未风化。双肩较明显，肩近器身中部。通体磨光，刃部有崩损。长 5.4、刃宽 4.2、厚 1.3 厘米（图三一，4；彩版三二，4）。

石环　1 件。

标本 H27:2，硅质岩，硬度为 6，未风化。截面为扁平长方形，孔为对钻，外缘无凹槽。直径约 8、宽 1.2、厚 0.6 厘米（图三一，2；彩版三二，5）。

（三）柱洞

柱洞极少，仅分布于Ⅱ区中部探方，多开口于第②层下，打破第③层。均为圆形或椭圆形直壁、平底，填土内无遗物，有的洞口边界不明显，与周边遗迹没有联系。

三　地层出土遗物

地层出土人工制品有陶器、石器和少量红烧土块。

（一）陶器

931 件。陶器器形大致可分为罐、釜、鼎、豆、器盖、杯、纺轮等几类，以罐、釜、豆、鼎数量最多，为常见器形。质地以泥质和夹细砂为主，夹粗砂者数量相对较少，主要是部分的鼎和釜。

陶罐　561 件。数量最多，均为泥质和夹细砂，以泥质为主。仅凭口沿特征很难明确区分罐和釜来，只是根据质地、器形相对大小以及口、领基本特征等大致区分出罐和釜。罐类器物按口沿形状的差异大致分为小口立领罐、小口卷沿罐、大口立领罐、大口卷沿罐、大口折沿罐、盘口罐和敛口罐七大类。

1. 小口立领罐

323 件。数量多、样式丰富，可按领部相对高矮分为高领和矮领两种，高领者口领较直，矮领者口领稍卷。

（1）高领罐

313 件。口沿唇部主要有单唇和外方唇两大类，单唇指口沿外侧唇下不起凸棱，外方唇指口沿外侧唇下又多起一周外棱，唇尖与棱间内凹或平直，外棱或凸或平。其中外方唇有少量为宽方唇、唇面有旋槽。参照可复原器，器形有矮圈足和圜底两种，以矮圈足为主。

1）单唇罐

106 件，直口，直领。其中 98 件为圆唇，8 件为平方唇。几乎均为泥质，陶色以浅灰、灰、浅褐、浅黄等为主。肩部多饰斜向条纹，不少又饰附加堆纹，部分口沿内壁可见刻划符号和"乂"形等黑彩。从可复原器看应为圈足罐，有 68 件可辨肩部，广肩或圆肩者 40 件，溜肩者 28 件。

标本 T1825④：15，灰褐胎灰白陶。平方唇，圆肩，领外壁有轮旋痕，口沿下饰从右向左粗斜条纹，上加两道绳索状附加堆纹。口径 13、残高 8 厘米（图三四，1；彩版三三，1）。

标本 T1825④：7，硬灰陶。圆唇，口沿下饰从左向右斜条纹，内面有刻划符号。口径 12、残高 4.5 厘米（图三四，2）。

标本 T1624④：11，硬灰陶。圆唇，圆肩，口沿下饰从右向左斜条纹，口沿稍变形。口径 9、残高 4.6 厘米（图三四，17）。

标本 T1826④：25，泥质灰胎浅灰陶。广肩，口沿下饰曲折纹加绳索状附加堆纹。口径 10、残高 6.1 厘米（图三四，4；彩版三三，2）。

标本 T1926⑤：51，泥质灰胎，内外施褐色陶衣。领外壁有轮旋痕，口沿下饰从右向左细斜条纹，肩部加扁泥条附加堆纹，其上有戳印短线纹。口径 11、残高 5.6 厘米（图三四，7）。

标本 T1727①：9，夹细砂浅灰白陶。口沿内面有刻划符号。口径 8、残高 4.3 厘米（图三四，14）。

标本 T1727④：8，夹细砂灰褐陶。领外壁有轮旋痕，口沿下饰从左向右粗斜条纹。口径 8、残高 5.5 厘米（图三四，15）。

标本 T1826④：48，夹细砂浅灰陶，内壁施红褐色陶衣。圆唇，广肩，口沿下饰从左向右斜

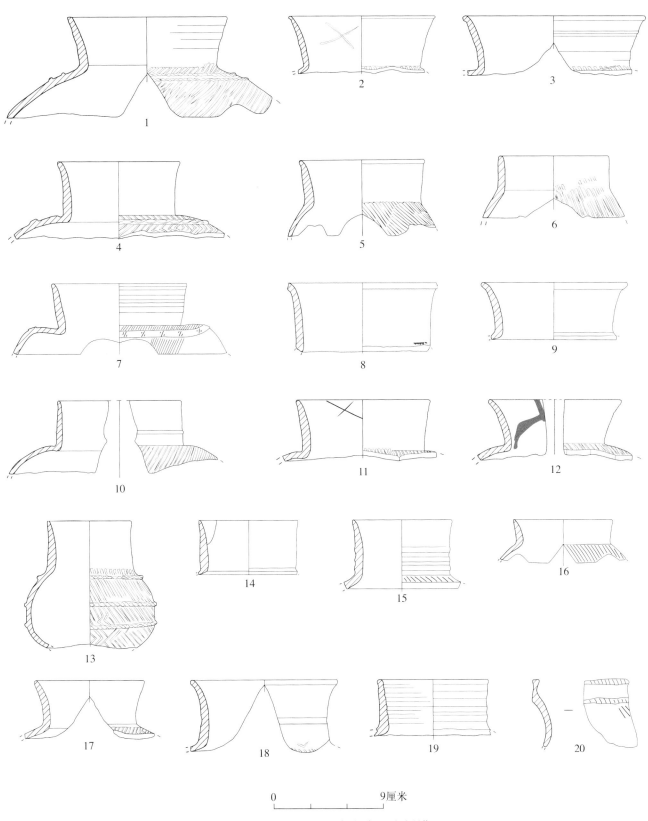

图三四　Ⅱ区地层出土小口立领罐

1~20.小口立领罐T1825④：15、T1825④：7、T1826④：53、T1826④：25、T1826④：56、T2026④：5、T1926⑤：51、T1826④：10、T1826④：72、T1624③a：12、T1826④：48、T1826④：26、T1922④：16、T1727①：9、T1727④：8、Ⅱ采：5、T1624④：11、T1725③a：10、T1725④：15、T1624③a：19

条纹，内壁有刻划符号。口径 10.8、残高 4.8 厘米（图三四，11）。

标本 II 采：5，泥质浅灰硬陶。圆唇，微侈口，领较矮，圆肩。口沿下饰从左向右粗斜条纹。口径 8、残高 3.3 厘米（图三四，16）。

标本 T1826④：26，泥质浅灰硬陶。圆唇，直口微敞，广肩，口沿下饰从左向右粗斜条纹，内有不规则黑彩。口径约 11、残高 4.8 厘米（图三四，12；彩版三三，3）。

标本 T1826④：53，夹细砂灰陶，内外施褐色陶衣。圆唇微外卷，口沿下饰从左向右粗斜条纹。口径 15、残高 4.7 厘米（图三四，3）。

标本 T1624③a：12，泥质灰胎浅灰色硬陶。圆唇，圆肩，肩部饰从右向左斜条纹。口径约 10.2、残高 5.8 厘米（图三四，10）。

标本 T1725③a：10，泥质黄胎浅黄陶。圆唇，口沿下饰从左向右斜条纹。口径 12、残高 5.8 厘米（图三四，18）。

标本 T1826④：72，夹细砂浅黄陶。圆唇微卷。口径 12、残高 4.5 厘米（图三四，9）。

标本 T1826④：10，泥质浅黄陶，内外施浅灰色陶衣。方唇，微侈口。口径 12、残高 5.5 厘米（图三四，8）。

标本 T1725④：15，夹细砂灰陶。方圆唇，领内外壁有轮旋痕。口径 9.2、残高 4.4 厘米（图三四，19）。

标本 T1826④：56，泥质浅红褐陶。圆唇，垂腹。口沿下饰从左向右细斜条纹。口径 10.2、残高 6 厘米（图三四，5；彩版三三，4）。

标本 T2026④：5，泥质浅灰陶，内外施褐色陶衣。圆唇，垂腹，口沿下饰从左向右斜条纹。口径 9.2、残高 4.9 厘米（图三四，6）。

标本 T1922④：16，夹细砂灰陶，内外施褐色陶衣。圆唇，垂腹。肩腹部饰从左向右粗斜条纹上加绳索状附加堆纹，下腹局部饰交错条纹。口径 7、残高 10.1 厘米（图三四，13；彩版三三，5）。

标本 T1624③a：19，泥质灰胎灰褐陶。口沿下饰从左向右粗斜条纹，其上多道绳索状附加堆纹。口径不确、残高 5.3 厘米（图三四，20）。

2）外方唇罐

207 件。口领略敞，少量外方唇规整平直。其中外宽方唇唇面有轮旋痕者 12 件。质地以夹细砂为主，细泥质次之。口径和器形相对单唇罐略大，参照可复原器细泥质硬陶者绝大多数为圈足罐，夹细砂者多为圜底罐。

标本 T1825④：16，夹细砂灰陶。唇内凹明显，形似小盘口，口沿下饰从左向右粗斜条纹，内面有刻划符号。口径 10、残高 6.3 厘米（图三五，3）。

标本 T1926④：19，泥质灰陶。唇内凹明显，形似小盘口，领外壁有轮旋痕。口径约 19、残高 4.5 厘米（图三五，13）。

标本 T1926②：12，泥质灰胎黄陶。唇内凹明显，形似小盘口，广肩，领外壁有轮旋痕，口沿下饰从左向右斜条纹，内面有刻划符号。口径 12、残高 6 厘米（图三五，1）。

标本 T2026②：11，夹细砂灰陶，内壁施褐色陶衣。唇内凹明显，形似小盘口，广肩，领外

0   9厘米

图三五　Ⅱ区地层出土小口立领罐

1～18.小口立领罐T1926②：12、T1826④：98、T1825④：16、T2026②：11、T1826④：21、T1826④：30、T1825⑤：17、
T1727④：3、Ⅱ采：9、T1825④：20、T1826④：22、T1922④：14、T1926④：19、T1825④：24、T1826④：19、
T1826④：82、T1826④：20、T1826④：17

壁有轮旋痕，口沿下饰从左向右粗斜条纹。口径15.2、残高6.2厘米（图三五，4；彩版三三，6）。

标本T1826④：21，夹细砂灰胎灰褐陶。唇内凹明显，形似小盘口，广肩，口沿下饰从左向右斜条纹，内面有刻划符号。口径14、残高5.5厘米（图三五，5）。

标本T1826④：30，夹细砂灰黑胎灰褐陶。唇内凹明显，形似小盘口，广肩，口沿下饰曲折纹。口径13.8、残高6.8厘米（图三五，6）。

标本T1825⑤：17，夹细砂深灰胎灰陶。唇内侧微凹，口沿下饰从左向右粗斜条纹，内面有刻划符号。口径15、残高5.5厘米（图三五，7）。

标本T1727④：3，夹细砂灰胎灰陶，内外施浅褐色陶衣。唇内凹，微呈小盘口。口径12、残高3.9厘米（图三五，8）。

标本Ⅱ采：9，夹细砂灰陶，内外施浅褐色陶衣。唇内侧微凹，广肩。口沿下饰从左向右粗条纹，内面有刻划符号。口径15.2、残高6厘米（图三五，9）。

标本T1825④：20，夹细砂灰胎浅灰陶。唇内侧微凹，口沿下饰从左向右粗斜条纹，内面有刻划符号。口径13、残高4厘米（图三五，10）。

标本T1825④：24，泥质黄胎浅黄陶。唇内侧微凹，广肩，口沿下饰从右向左粗斜条纹。口径14、残高4.9厘米（图三五，14）。

标本T1922④：14，夹细砂灰黄胎黄陶，内外施浅褐色陶衣。唇内侧微凹，口沿下饰从左向右粗斜条纹，内面有刻划符号。口径16、残高5.5厘米（图三五，12）。

标本T1826④：98，夹细砂灰陶。唇内侧微凹，广肩，口沿下饰从左向右斜条纹，内面有刻划符号。口径11、残高5.4厘米（图三五，2）。

标本T1826④：22，夹细砂灰胎浅灰陶。口较敞，唇内侧微凹，口沿下饰从左向右斜条纹。口径14.6、残高5.7厘米（图三五，11）。

标本T1826④：19，夹细砂灰陶。口较敞，唇内侧微凹，领外壁有轮旋痕。口径15.9、残高5.6厘米（图三五，15）。

标本T1826④：82，夹细砂灰黄陶。矮领。内面有刻划符号。口径16.8、残高4.4厘米（图三五，16）。

标本T1826④：17，夹细砂灰胎褐陶。口较敞，唇内侧不凹，高斜立领，口沿下饰从左向右斜条纹。口径15、残高6.4厘米（图三五，18）。

标本T1826④：20，夹细砂灰胎灰褐陶。口较敞，唇内侧微凹，口沿下饰从左向右粗斜条纹。口径13.4、残高5.3厘米（图三五，17）。

标本T1727④：6，夹细砂灰黑胎灰陶。口较敞，唇内侧微凹，圆肩，口沿下饰从左向右斜条纹，内面有刻划符号。口径13.8、残高6.1厘米（图三六，1；彩版三四，1）。

标本T1825④：30，夹细砂深灰胎深灰褐陶。口沿下饰从左向右斜条纹，口沿内面有刻划符号。口径14、残高4.7厘米（图三六，2；彩版三四，2）。

标本T1825⑤：21，夹细砂红褐陶。口微敞，唇内侧不凹，领外壁有轮旋痕，口沿下饰从左向右粗斜条纹。口径13、残高5.3厘米（图三六，3）。

标本T1926⑤：17，夹细砂灰胎灰褐陶。高立领，唇内侧不凹，广肩，口沿下饰从左向右斜

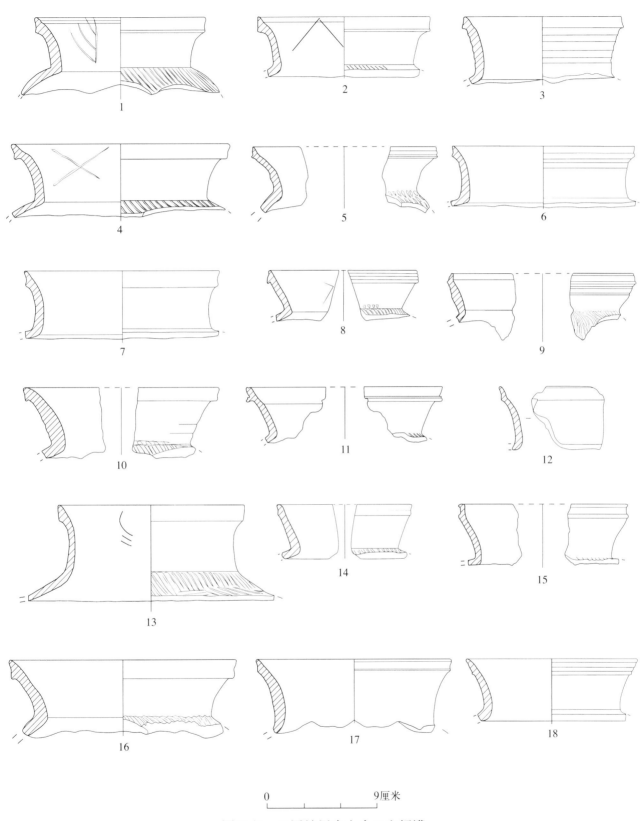

0 ⊢——————⊣ 9厘米

图三六 Ⅱ区地层出土小口立领罐

1~18.小口立领罐T1727④:6、T1825④:30、T1825⑤:21、T1926⑤:17、T1922④:21、T1926⑤:53、T1826④:84、T1826④:49、T1922④:20、T1922③a:13、T1926⑤:20、T1826⑤:83、T2230③a:13、T1826④:38、T1922④:24、T1922④:11、T1624④:14、T1926⑤:21

条纹，内壁有"×"形刻划符号。口径 18、残高 5.8 厘米（图三六，4）。

标本 T1922④：21，泥质浅黄陶，内外施浅黄褐色陶衣，局部脱落。直口微敞，唇内侧内凹明显，广肩，口沿下饰从左向右斜条纹。口径约 15、残高 5 厘米（图三六，5）。

标本 T1926⑤：53，泥质红褐陶。口沿下有一圈凸棱。口径 15、残高 4.5 厘米（图三六，6）。

标本 T1826④：84，夹细砂浅褐陶。高领。口径 16、残高 5 厘米（图三六，7）。

标本 T1826④：49，泥质浅黄陶，内外施浅褐色陶衣。口沿稍变形。口领较敞，外唇面有轮旋痕，口沿下饰从左向右斜条纹，内面有残半的"×"形刻划符号。口径约 12.2、残高 4 厘米（图三六，8）。

标本 T1922④：20，泥质浅黄陶，内外施浅黄褐色陶衣，局部脱落。近直口，唇内侧微凹，溜肩，领外壁有轮旋痕，口沿下饰从左向右斜条纹。口径约 15、残高 5.3 厘米（图三六，9）。

标本 T1926⑤：20，夹细砂灰陶，内外施不均匀褐色陶衣。唇内凹外起凸棱，微呈小盘口，立领，口沿下饰从左向右粗斜条纹。口径约 16、残高 4.4 厘米（图三六，11）。

标本 T1826⑤：83，夹细砂浅褐胎浅灰陶。薄外方唇，唇内侧微凹，直口微敞。口径不确、残高 5.1 厘米（图三六，12）。

标本 T1922④：24，泥质灰胎浅灰陶，内外施浅褐色陶衣。口领较直，唇内侧微凹，广肩，口沿下饰从左向右斜条纹。口径约 14、残高 4.8 厘米（图三六，15）。

标本 T1826④：38，泥质浅灰陶，器表施褐色陶衣。直口微敞，斜立领，广肩，口沿下饰从左向右粗斜条纹。口径约 11、残高 4.3 厘米（图三六，14）。

标本 T2230③a：13，夹细砂浅褐陶。器形较大较厚重，领较高，规整外方唇，直口微敞，口沿下饰从左向右粗斜条纹，内面有刻划符号。口径 15.2、残高 7.6 厘米（图三六，13；彩版三四，3）。

标本 T1922④：11，泥质白胎浅黄陶。器形较大较厚重，领较高，直口微敞，唇内侧不凹，斜立领，口沿下饰从左向右粗斜条纹。口径 18.4、残高 6.2 厘米（图三六，16；彩版三四，4）。

标本 T1624④：14，夹细砂灰黄胎浅灰陶，内外施浅褐色陶衣。器形较大较厚重，领较高，唇内侧不凹。口径 16、残高 5.5 厘米（图三六，17）。

标本 T1922③a：13，泥质红褐陶。器形较大较厚重，微敞口，直领，折沿，口沿下饰从左向右粗斜条纹。口径约 16.2、残高 5.6 厘米（图三六，10）。

标本 T1926⑤：21，泥质浅黄陶，内外施浅黄褐色陶衣。敞口，高领，唇内侧不凹，外宽方唇，唇面有轮旋痕，广肩。口径 14、残高 4.9 厘米（图三六，18）。

标本 T1827⑤：1，泥质灰陶，内外有烟炱痕。唇内侧凹，形似小盘口，外宽方唇，唇面有轮旋痕，领稍卷，广肩，口沿下饰从左向右斜条纹。口径 14、残高 6.6 厘米（图三七，1；彩版三四，5）。

标本 T1825⑤：23，泥质灰陶，内外施褐色陶衣。唇内侧凹，形似小盘口，外宽方唇，唇面有轮旋痕，领稍卷，口沿下饰从左向右斜条纹。口径不确、残高 4.7 厘米（图三七，2）。

标本 T1826⑤：86，泥质白陶。唇内侧微凹，形似小盘口，外宽方唇，唇面有轮旋痕。口径

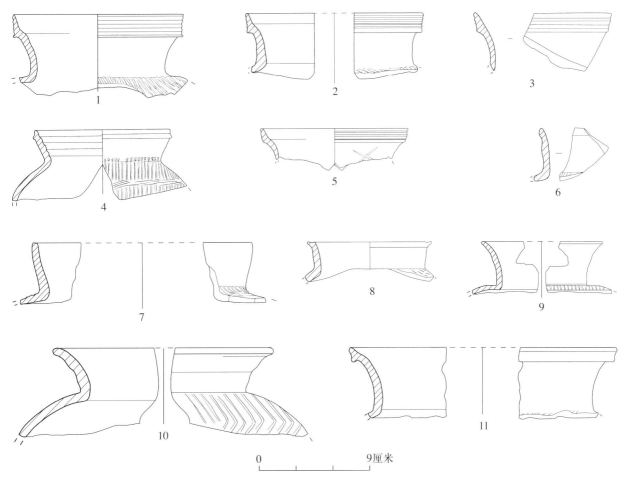

图三七　Ⅱ区地层出土小口立领罐、大口立领罐

1~9.小口立领罐T1827⑤：1、T1825⑤：23、T1826⑤：86、T1825④：4、T1624①b：10、T1826⑤：95、T1826④：51、T1727④：7、T1825④：29　10、11.大口立领罐T1727④：1、T1825④：19

不确、残高 4.6 厘米（图三七，3）。

标本 T1624①b：10，泥质浅灰陶。唇内侧微凹，外宽方唇，唇面有轮旋痕，口较敞，领外壁有刻划符号。口径 12、残高 3.3 厘米（图三七，5）。

（2）**矮领罐**

10 件。领略矮，较直，口较大，其中 4 件为圆唇，6 件为方唇。

标本 T1825④：29，泥质灰胎浅灰陶，内外施褐色陶衣，局部脱落。圆唇侈口，立领，广肩，口沿下饰从左向右斜条纹。口径 10~12、残高 4.2 厘米（图三七，9）。

标本 T1826④：51，泥质浅灰陶，内外施浅褐色陶衣。方唇，直口微敞，口沿内面微内弧，口沿下饰从左向右粗斜条纹。口径约 18、残高 4.8 厘米（图三七，7）。

标本 T1727④：7，泥质浅灰白陶。方唇，直口微敞，矮立领，口沿下饰从左向右粗斜条纹。口径 10、残高 3.2 厘米（图三七，8）。

标本 T1825④：4，夹细砂灰胎灰褐陶。直口微敞，斜立领，圆肩，口沿下至肩部饰竖向条纹上加横条纹，内面有轮旋痕。口径 11.2、残高 5.6 厘米（图三七，4；彩版三四，6）。

标本 T1826⑤：95，泥质橙黄陶。窄斜方唇，直口，直领，口沿下饰从右向左粗斜条纹。口径不确、残高 4.2 厘米（图三七，6）。

2. 大口立领罐

2 件。口径大，领较高，沿较卷。

标本 T1727④：1，泥质灰胎浅灰陶，内外施浅褐色陶衣。圆唇，广肩，领外壁有轮旋痕，口沿下饰从左向右粗斜条纹，肩部为粗曲折纹。口径 18～20、残高 7 厘米（图三七，10）。

标本 T1825④：19，泥质黄胎浅灰陶。外方唇，唇内侧微凹，高领，口沿下饰从右向左斜条纹。口径 22～24、残高约 6 厘米（图三七，11）。

3. 小口卷沿罐

136 件。均外方唇，夹细砂居多，直领或斜立领，直口或微敞口。其中夹细砂者多为圜底罐，细泥质者绝大多数为圈足罐，以圜底居多。大体可按领部相对高矮分为两种，高领者口领稍斜直，矮领者口领较外卷。

（1）高领罐

72 件。几乎都是夹细砂陶，当以圜底罐为主，有的领内壁或外壁有粗细不等的轮旋槽或轮旋痕。

标本 T1825⑤：27，夹细砂灰陶。领内壁有轮旋痕。口径 14、残高 4 厘米（图三八，8）。

标本 T1826⑤：67，夹细砂红褐陶，器表施浅灰陶衣。唇内侧微凹，口沿下饰从左向右粗斜条纹，内面有轮旋槽和刻划符号。口径 12.9、残高 5.6 厘米（图三八，2）。

标本 T1926⑤：55，夹细砂褐黄陶。领内壁有轮旋槽。口径 14、残高 3.6 厘米（图三八，3）。

标本 T1926④：54，夹细砂黄陶。领内壁有轮旋痕。口径 18、残高 4.4 厘米（图三八，10）。

标本 T2026④：4，夹砂灰褐陶。敞口，唇内侧不凹，斜领，圆肩，口沿下饰从左向右粗斜条纹，内壁有轮旋槽。口径 12、残高 5.3 厘米（图三八，5）。

标本 T1926⑤：56，夹细砂浅灰陶。唇内侧微凹，口沿下饰从左向右斜条纹。口径 12、残高 3.5 厘米（图三八，6）。

标本 T1826④：28，夹细砂灰陶。微卷沿，唇内侧微凹，口沿下饰从左向右斜条纹，内有刻划符号，外壁有轮旋痕。口径 15、残高 5.7 厘米（图三八，7；彩版三五，1、2）。

标本 T1826④：80，夹细砂黄褐陶。领外壁有轮旋痕，口沿下饰从左向右斜条纹，内有刻划符号。口径 16、残高 5 厘米（图三八，1）。

标本 T1926⑤：52，夹细砂橙黄陶。领外壁有轮旋痕。口径 14、残高 5.1 厘米（图三八，4）。

标本 T1926④：14，夹砂浅灰陶，内外施灰褐陶衣。唇内侧微凹，口沿下饰从左向右粗斜条纹，内面有轮旋槽。口径 17.8、残高 6 厘米（图三八，13）。

标本 T1826⑤：54，夹细砂褐胎灰褐陶。口沿下饰从左向右粗斜条纹。口径约 12、残高 4.8 厘米（图三八，11）。

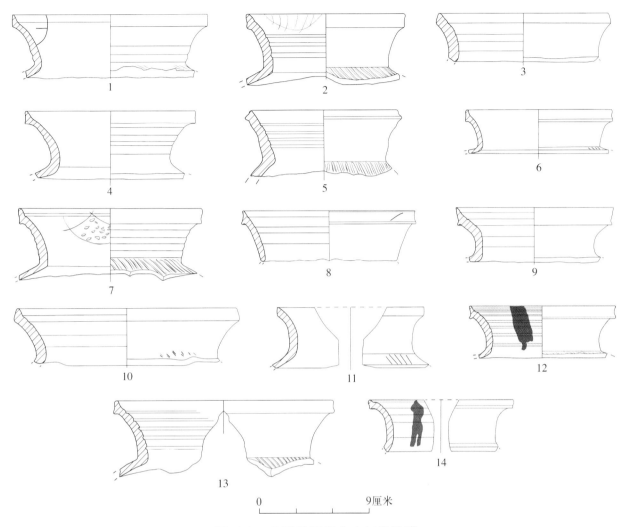

图三八　Ⅱ区地层出土小口卷沿罐

1～14.小口卷沿罐T1826④：80、T1826⑤：67、T1926⑤：55、T1926⑤：52、T2026④：4、T1926⑤：56、T1826④：28、T1825⑤：27、T1826④：81、T1926④：54、T1826⑤：54、T1624③a：8、T1926④：14、T1926⑤：45

标本T1624③a：8，夹细砂深灰胎深灰陶。领略矮，敞口。口沿下饰从左向右斜条纹，内壁有细轮旋槽和斜条黑彩。口径12、残高4.5厘米（图三八，12）。

标本T1826④：81，夹细砂内褐外白陶。领略矮，敞口。内壁有细轮旋槽。口径13、残高4.3厘米（图三八，9）。

标本T1926⑤：45，夹细砂褐胎灰陶。领略矮，敞口。内壁有细轮旋槽和竖条黑彩。口径约12、残高4.1厘米（图三八，14）。

（2）矮领罐

64件。外斜方唇，外唇面凸棱多不明显，有的外唇面有粗细不等轮旋痕，斜立领，敞口或直口微敞。泥质陶占绝对多数，推测多为圈足罐。

标本T1826④：27，泥质灰胎浅灰硬陶。口领较直，唇内侧不凹，领内外壁有轮旋痕，广肩，口沿下饰从左向右细斜条纹。口径12、残高4厘米（图三九，13）。

标本T1826④：47，泥质浅灰陶。微敞口，唇内侧微凹，外唇面有细轮旋痕。口径13、残高

4.5厘米（图三九，1）。

　　标本T1826⑤：32，夹细砂灰陶。唇内侧微凹，口沿下饰从左向右粗斜条纹。口径不确、残高5.6厘米（图三九，2）。

　　标本T1725③a：16，夹细砂灰黄胎灰褐陶。直口微敞，斜立领，广肩，口沿下饰从左向右斜条纹。口径约14、残高4厘米（图三九，3）。

　　标本T1926④：23，夹细砂浅灰陶。口较敞，唇内侧微凹，圆肩，口沿下饰从左向右粗斜条纹，内壁有轮旋槽。口径14、残高5.2厘米（图三九，4）。

　　标本T1922④：19，泥质浅灰胎浅灰陶，内外施红褐色陶衣。口沿变形。敞口，唇内侧不凹，口沿下饰从左向右斜条纹加曲折纹，领外壁有轮旋痕。口径15、残高9厘米（图三九，5；彩版三五，3）。

　　标本T2229③a：6，泥质浅灰硬陶，内外施不均匀褐色陶衣。肩部残片不可与口沿拼接。唇内侧不凹，束颈，广肩，口沿下饰从左向右斜条纹，口沿内壁有刻划符号。口径13、残高4.2厘米（图三九，6）。

　　标本T1725④：14，夹细砂深灰胎深灰褐陶。微敞口，唇内侧不凹，束颈，圆肩，口沿下饰从左向右斜条纹。口径约13、残高3.5厘米（图三九，8）。

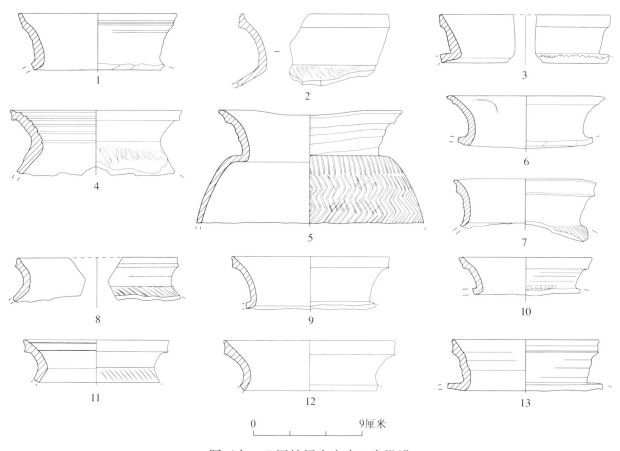

图三九　Ⅱ区地层出土小口卷沿罐

1～13.小口卷沿罐T1826④：47、T1826⑤：32、T1725③a：16、T1926④：23、T1922④：19、T2229③a：6、T2229④：3、T1725④：14、T1826⑤：85、T2026④：9、T1826④：79、T1727④：2、T1826④：27

标本T1826⑤：85，泥质红陶。口径13、残高3.9厘米（图三九，9）。

标本T2229④：3，泥质黄陶。质较脆，口沿稍有变形，圜底罐。直口微敞，矮立领，束颈，广肩，圆腹，肩腹饰从左向右斜条纹，下腹至底饰交错条纹。口径11.6、残高5厘米（图三九，7；彩版三五，5）。

标本T1826④：79，夹细砂浅灰胎黄褐陶。矮领，卷沿，束颈，口沿下饰从左向右粗斜条纹，内壁有轮旋槽，口径12、残高3.2厘米（图三九，11）。

标本T1727④：2，泥质浅黄陶，内外施浅灰色陶衣。敞口，唇内侧不凹，卷沿，矮领。口径14、残高4厘米（图三九，12）。

标本T2026④：9，泥质红褐陶。敞口，唇内侧不凹，卷沿，矮领。口沿下饰从左向右粗斜条纹。口径10.8、残高3厘米（图三九，10）。

4. 大口卷沿罐

67件。均为矮领，外方唇，敞口，卷沿或斜领，夹细砂略占多数。器形推测以圜底罐为主。根据外唇面有无旋槽分为两类。

（1）外唇面无轮旋槽

57件。

标本T1826④：87，泥质白陶。口沿稍变形，唇内侧微凹。口径22.8、残高4.2厘米（图四〇，1）。

标本T1825④：22，夹细砂浅黄胎浅灰陶。口沿稍变形，唇内侧微凹，口沿下饰从右向左粗斜条纹。口径约24、残高4.3厘米（图四〇，2）。

标本T2026④：2，泥质灰胎黄陶。斜领，唇内凹明显，形似小盘口，口沿下饰从左向右斜条纹。口径22、残高4厘米（图四〇，3）。

标本T2026②：1，夹细砂浅黄陶，内外施浅褐色陶衣。口沿稍变形。领较直，唇内侧微凹，广肩。口径约22、残高4.2厘米（图四〇，4）。

标本T1926④：18，泥质黄褐胎浅灰陶。口沿稍变形，唇内侧不凹，广肩，口沿下饰从左向右斜条纹，内面有刻划符号。口径约18、残高2.7厘米（图四〇，10）。

标本T1922④：22，夹细砂红褐陶。陶质较松脆，唇内凹明显，口沿下饰竖曲折纹。口径约22、残高4.9厘米（图四〇，6；彩版三五，4）。

标本T1922④：15，夹细砂灰黑胎灰陶，内外施褐色陶衣。斜立领，口沿下饰从右向左粗斜条纹，内面有刻划符号。口径18、残高4.5厘米（图四〇，8）。

标本T1725③a：9，泥质灰胎浅灰色硬陶，内外施不均匀褐色陶衣。口沿稍变形，唇内侧微凹，束颈。口沿下饰从左向右斜条纹。口径约21、残高3.5厘米（图四〇，7）。

标本T1825④：19，泥质黄胎浅灰陶。高领，口沿下饰从右向左斜条纹。口径约22、残高5厘米（图四〇，9）。

标本T1827⑤：9，夹细砂灰陶，内外施不均匀红褐色陶衣。口沿变形。斜领，唇内侧不凹，口沿下饰从左向右斜条纹。口径约20、残高4.6厘米（图四〇，5）。

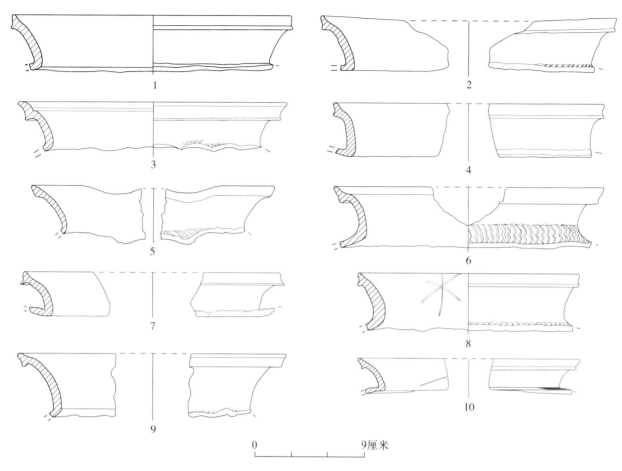

图四〇　Ⅱ区地层出土大口卷沿罐

1～10.大口卷沿罐T1826④：87、T1825④：22、T2026④：2、T2026②：1、T1827⑤：9、T1922④：22、T1725③a：9、
T1922④：15、T1825④：19、T1926④：18

标本T2026②：6，泥质深灰胎浅灰硬陶，内外施褐色陶衣。口沿变形。简化外方唇，唇内侧微凹，广肩，口沿下饰从左向右斜条纹，内有"×"形刻划符号。口径约18、残高3.6厘米（图四一，3）。

标本T2230③a：18，泥质浅灰胎硬陶，器表施褐色陶衣。口沿变形。敞口，简化外方唇，唇内侧微凹，斜领，口沿下饰从左向右斜条纹。口径不确、残高4.5厘米（图四一，1）。

（2）外唇面有轮旋槽

10件。均泥质硬陶。

标本T1624③a：4，泥质硬白陶，器表施不均匀浅褐色陶衣。外宽方唇，内凹明显，略呈小盘口，矮领，束颈，口沿下饰从左向右斜条纹。口径约22、残高6.6厘米（图四一，4）。

标本T1825③a：31，泥质灰褐胎深灰色硬陶。外宽方唇，内凹明显，略呈小盘口，矮立领，束颈，口沿下饰从左向右斜条纹。口径约22、残高6厘米（图四一，5）。

标本Ⅱ采：3，泥质浅灰硬陶。外宽方唇，唇内侧微凹，斜立领，口沿下饰从左向右斜条纹。口径约17.2、残高5.3厘米（图四一，2）。

标本T1826④：70，泥质浅黄陶。口沿稍变形，唇内侧不凹，广肩。口径20、残高3.7厘米

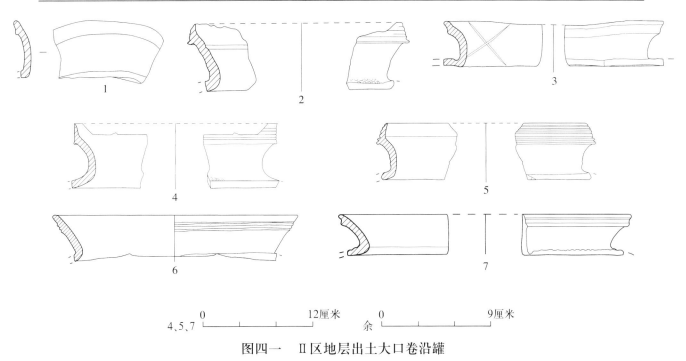

图四一　Ⅱ区地层出土大口卷沿罐

1~7.大口卷沿罐T2230③a：18、Ⅱ采：3、T2026②：6、T1624③a：4、T1825③a：31、T1826④：70、T1725④：12

（图四一，6）。

标本 T1725④：12，泥质浅黄陶，内外施浅褐色陶衣。斜领，唇内侧不凹。口沿下饰从左向右粗斜条纹。口径约 32、残高 4.2 厘米（图四一，7）。

5. 大口折沿罐

27件。斜领，大敞口，多为泥质，陶色以白色、灰白、黄白色为主。圜底器为主，少量圈足器。以方唇或外方唇为主，共24件，另有3件为简化外方唇。

标本 T1826⑤：68，泥质浅灰白陶。口沿变形。圆肩，圆弧腹，口沿下饰从左向右斜条纹，肩饰交错条纹，上腹饰不规则半重圈纹加横条纹，口沿内有刻划符号。口径34.8、残高13.8厘米（图四二，13；彩版三六，1）。

标本 T1825⑤：26，泥质浅黄胎灰白陶。唇面有浅凹槽，圆肩，圆鼓腹，口沿下饰从右向左粗斜条纹。口径约 25、残高 5.3 厘米（图四二，8）。

标本 T1825④：36，泥质浅褐胎浅灰白陶。口沿下饰从左向右粗斜条纹。口径约 21.8、残高 3.2 厘米（图四二，2）。

标本 T1825⑤：18，夹细砂浅灰硬陶。口沿稍变形，内壁有粗轮旋槽，口沿下饰从左向右粗斜条纹。口径 22、残高 4.4 厘米（图四二，11）。

标本 T2026④：7，夹细砂灰陶。唇面有凹槽，口沿内壁有粗轮旋槽，口沿下饰从左向右斜条纹。口径 22、残高 3.6 厘米（图四二，12）。

标本 T1624③a：17，泥质灰胎浅灰硬陶。口沿稍有变形。唇内侧有凹槽，口沿下饰从左向右粗斜条纹。口径 20、残高 3.8 厘米（图四二，9）。

标本 T1825④：10，泥质浅灰陶。唇面微凹，圆肩，圆鼓腹，口沿下饰从左向右斜条纹。口径17、残高5.5厘米（图四二，1；彩版三六，2）。

标本 T1624③a：13，泥质浅黄陶。唇面有凹槽，口沿下饰横条纹。口径约22.5、残高3.4厘米（图四二，4）。

标本 T1827⑤：8，泥质黄褐胎浅褐陶。唇面有凹槽，圆肩，口沿下饰竖条纹，内壁有轮旋痕。口径约22、残高5厘米（图四二，5）。

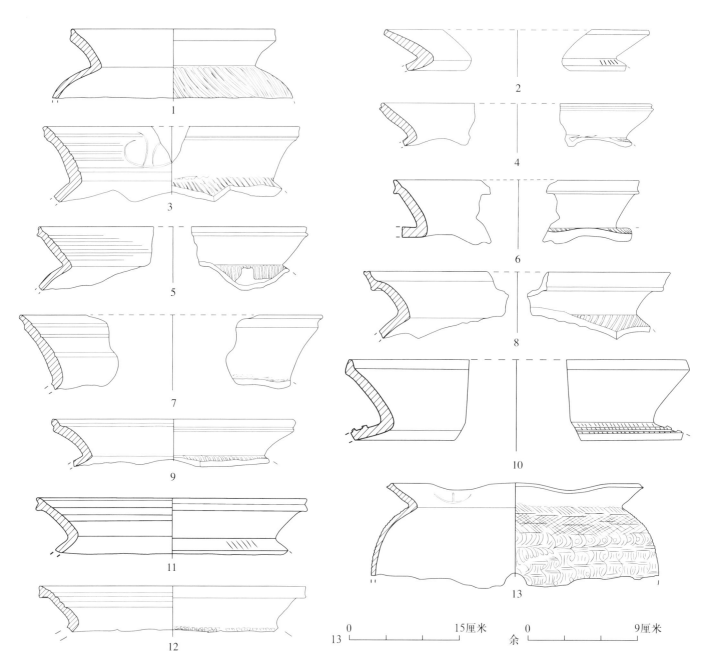

图四二　Ⅱ区地层出土大口折沿罐

1～13.大口折沿罐T1825④：10、T1825④：36、T1726③a：5、T1624③a：13、T1827⑤：8、T2126④：1、T1826④：45、T1825⑤：26、T1624③a：17、T1926④：40、T1825⑤：18、T2026④：7、T1826⑤：68

标本 T2126④：1，夹细砂浅黄陶。外方唇，口沿下饰从左向右斜条纹。口径约 20、残高 5 厘米（图四二，6）。

标本 T1726③a：5，泥质灰胎灰褐陶。器形较大、较厚重。简化外方唇，口沿下饰从左向右粗斜条纹，内壁有轮旋槽和刻划符号。口径约 21、残高 6 厘米（图四二，3）。

标本 T1826④：45，泥质灰陶。器形较大、较厚重。简化外方唇，质色、器形、器表纹饰均与标本 T1726③a：5 接近，唇部稍有差别。领内壁有轮旋槽。口径 25～30、残高 5.9 厘米（图四二，7）。

标本 T1926④：40，泥质浅灰硬陶。器形较大、较厚重。简化外方唇，唇内侧微凹，广肩。肩部饰从左向右斜条纹，其上饰绳索状附加堆纹。当属圈足罐。口径约 28、残高 6.4 厘米（图四二，10）。

6. 盘口罐

5 件。

标本 T1926⑤：30，泥质浅灰陶。圆唇内凹，小盘口，口沿变形，口沿下饰从左向右斜条纹。口径不确、残高 3.5 厘米（图四三，1）。

标本 T1826④：63，夹细砂浅黄陶，内外施褐色陶衣。外方唇内凹，略呈小盘口，内沿面有轮旋槽和刻划符号，口沿下饰从右向左斜条纹。口径 13、残高 2.1 厘米（图四三，2）。

标本 T1922④：25，泥质浅灰陶，内外施浅褐色陶衣。圆唇，微盘口，斜领，口沿下饰从左向右斜条纹，内沿面有刻划符号。口径 15、残高 3.5 厘米（图四三，3）。

标本 T1725③a：11，泥质灰胎灰褐陶。圆唇，外唇面有轮旋凹槽，微盘口，斜领，折沿。口径约 15.3、残高 4.4 厘米（图四三，4）。

标本 T1826④：65，泥质浅灰陶。断面可见明显泥片贴筑制法，口沿稍变形。外方唇内凹，盘口，斜领，口沿下饰从左向右斜条纹。口径约 19.2、残高 3.6 厘米（图四三，5）。

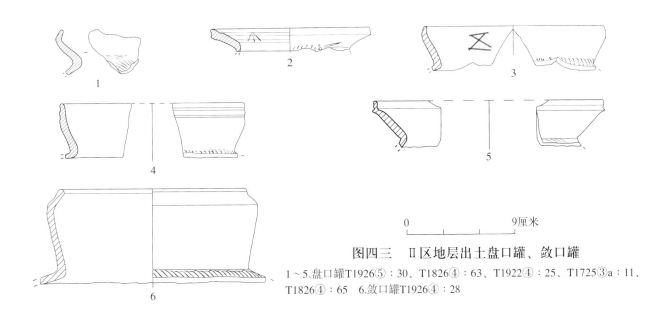

图四三　Ⅱ区地层出土盘口罐、敛口罐

1～5.盘口罐T1926⑤：30、T1826④：63、T1922④：25、T1725③a：11、T1826④：65　6.敛口罐T1926④：28

7. 敛口罐

1 件。

标本 T1926④：28，泥质黄陶，内外施浅褐色陶衣。器形大。圆唇，敛口较大，直领，广肩。口沿下饰从左向右粗斜条纹。口径约 15、残高 7.5 厘米（图四三，6；彩版三六，3）。

8. 罐圈足

161 件。其中泥质 118 件，夹细砂 42 件，夹砂 1 件。根据圈足形态和质地差异分为五式。

Ⅰ式　矮圈足，内外均外撇。37 件。其中泥质 27 件，夹细砂 10 件。

标本 T1825④：28，夹细砂灰陶。下腹至底饰交错条纹。足径 12、残高 1.5 厘米（图四四，1）。

标本 T1926⑤：49，泥质浅黄陶。下腹至底饰交错条纹。足径约 11.4、残高 2.8 厘米（图四四，2）。

标本 T1826④：73，夹细砂褐陶。下腹至底饰交错条纹。足径 12、残高 1.6 厘米（图四四，3）。

标本 T1926④：58，夹细砂白陶。下腹饰交错条纹。足径 7.4、残高 2.7 厘米（图四四，4）。

Ⅱ式　圈足略高，外较直，内外撇。20 件。其中泥质 16 件，夹细砂 4 件。

标本 T1826④：74，夹细砂褐陶。下腹至底饰交错条纹。足径 11、残高 2.3 厘米（图四四，5）。

标本 T1825④：37，泥质浅灰陶。足径约 13、残高 2.1 厘米（图四四，6）。

标本 T1726④：8，泥质灰硬陶。足径 13、残高 2.1 厘米（图四四，8）。

标本 T1922③a：27，泥质灰硬陶。足径 15、残高 1.7 厘米（图四四，9）。

标本 T1826④：60，泥质浅灰陶。下腹至底饰交错条纹。足径约 11.2、残高 4.1 厘米（图四四，10）。

标本 T1926④：59，泥质浅灰陶。下腹至底饰交错条纹。足径约 8、残高 2.7 厘米（图

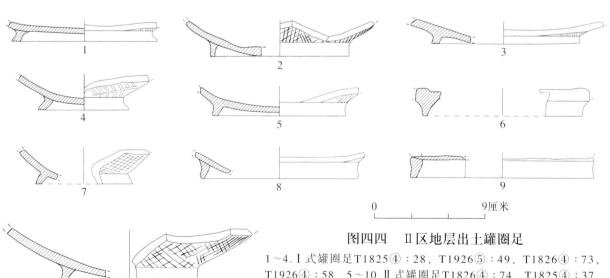

0　　　　　　　9厘米

图四四　Ⅱ区地层出土罐圈足

1～4.Ⅰ式罐圈足 T1825④：28、T1926⑤：49、T1826④：73、T1926④：58　5～10.Ⅱ式罐圈足 T1826④：74、T1825④：37、T1926④：59、T1726④：8、T1922③a：27、T1826④：60

四四，7）。

Ⅲ式　圈足略高，内外均较直。102件。其中泥质74件，夹细砂28件。

标本T1926④：50，泥质外褐陶。下腹至底饰交错条纹。足径8.8、残高2.5厘米（图四五，1）。

标本T1826⑤：44，泥质灰陶。下腹至底饰交错细条纹。足径10.2、残高2.6厘米（图四五，2）。

标本T1825⑤：35，夹细砂灰褐陶。足径10、残高1.5厘米（图四五，3）。

标本T1825④：14，泥质浅黄陶。下腹至底饰交错条纹。足径7.5、残高2.3厘米（图四五，4）。

标本T1826④：61，泥质浅灰陶。下腹至底饰交错条纹。足径12.6、残高2.5厘米（图四五，6）。

标本T1624④：20，泥质灰陶。下腹至底饰交错条纹。足径9、残高2厘米（图四五，5）。

标本T1926④：60，泥质浅灰硬陶。足径11、残高1.9厘米（图四五，7）。

标本T2026④：12，泥质浅灰硬陶。足径13、残高2.5厘米（图四五，10）。

Ⅳ式　1件。异形，高圈足外撇，带镂孔。

标本T1826④：62，泥质浅灰硬陶。高圈足外撇，带镂孔。足径10、残高3.6厘米（图四五，8）。

Ⅴ式　1件。夹砂罐圈足。

标本T2230③a：19，夹砂罐灰胎浅黄白陶。足面为平唇，圈足外撇。足径10.5、残高2.1厘米（图四五，9）。

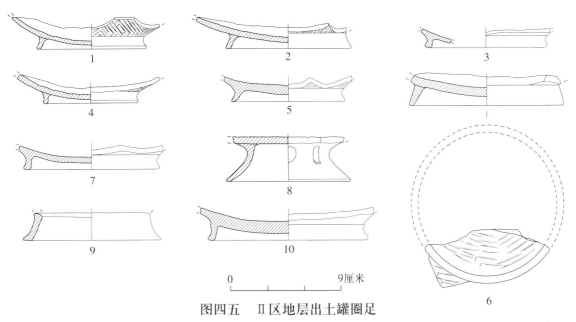

0　　　　　　　9厘米

图四五　Ⅱ区地层出土罐圈足

1～7、10.Ⅲ式罐圈足T1926④：50、T1826⑤：44、T1825⑤：35、T1825④：14、T1624④：20、T1826④：61、T1926④：60、T2026④：12　8.Ⅳ式罐圈足T1826④：62　9.Ⅴ式罐圈足T2230③a：19

陶釜 104件。夹细砂为主，少量夹粗砂和泥质。器表颜色以红褐、黄褐、灰褐为主。按用途"釜"为炊器，当以夹砂器为主，且器形均应为大口、圜底。但因地层或灰坑出土的陶器基本都不可复原，只能以口部特征兼顾陶质，将一部分器物划分为"釜"。但仅就口、领甚或肩部特征，相当一部分器物很难与圜底罐，甚至鼎类陶器明显区别开来，所以本报告的部分"釜"类陶器口沿特征与罐、鼎亦很接近。以下根据口领差异将釜类陶器分为敞口、盘口两类。

9. 敞口釜

100件。仅1件为圆唇，其余均外方唇。有25件口沿内壁有轮旋槽，且几乎均为夹细砂或夹砂硬陶，以浅灰色、灰色为主，口沿内壁多有条状或点状黑彩。

标本T1825⑤：13，夹细砂黄陶，内外施灰色陶衣。直口微敞，矮斜领，微卷沿，唇内侧微凹，口沿下饰粗曲折纹。口径20.5、残高4.3厘米（图四六，5）。

标本T1826④：31，夹细砂灰陶。口较敞，微卷沿，唇内侧微凹。内壁有刻划符号。口径15.2、残高4.4厘米（图四六，1）。

标本T1926④：16，夹细砂灰胎褐陶。直口微敞，斜立领，口沿下饰从左向右粗斜条纹。口径23、残高5.8厘米（图四六，6）。

标本T1727④：5，夹砂黑胎褐陶，器表层脱落。直口微敞，高领较直，器表纹饰不清。口径22～30、残高7.3厘米（图四六，7）。

标本Ⅱ采：2，夹砂黑胎灰陶，器表层多脱落。直口微敞，唇内侧微凹，斜领。口径24、残高5.2厘米（图四六，8）。

标本T1825④：8，夹砂黑胎浅黄陶。大口，唇内侧微凹，敞口，斜领，折沿，器表纹饰不清。口径32～40、残高5.4厘米（图四六，15）。

标本T1826④：59，夹砂红褐陶，器表层多脱落。外方唇微内凹，敞口，矮斜立领。口径15、残高3.5厘米（图四六，2）。

标本T1726④：6，夹砂红褐陶，器表层脱落，纹饰不清。唇内侧微凹，敞口，卷沿，斜领。口径18～21、残高4.2厘米（图四六，3）。

标本T1926⑤：15，夹细砂，内外施褐陶衣。斜领，唇内侧微凹，口沿下饰从左向右斜条纹。口径22、残高4.8厘米（图四六，9）。

标本T1826④：71，夹细砂黄褐陶。斜领，唇内侧凹，口沿下饰从右向左粗斜条纹。口径约30、残高5.8厘米（图四六，10）。

标本T1826④：41，夹细砂灰胎褐陶，内外施褐色陶衣。斜领，唇内侧不凹，口沿下饰从左向右粗斜条纹。口径30、残高5.4厘米（图四六，12）。

标本T1726③a：9，夹细砂灰陶。斜领，唇内侧不凹，口沿下饰从左向右粗斜条纹。口径约28、残高4.8厘米（图四六，13）。

标本T1624③a：9，夹细砂灰胎深灰陶。侈口，矮斜立领，卷沿，唇内侧不凹。口沿下饰从左向右斜条纹，肩腹饰曲折纹，器身加饰横条纹，形似叶脉纹。口沿内壁有刻划符号，器底一侧有烟炱痕。口径19.4、高17.7厘米（图四六，14；彩版三六，4）。

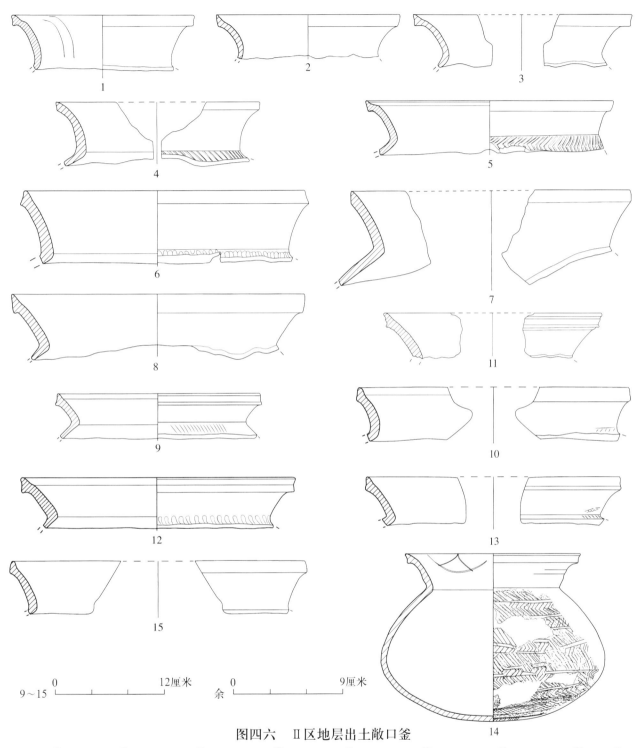

图四六　Ⅱ区地层出土敞口釜

1～15.敞口釜T1826④：31、T1826④：59、T1726④：6、T1826⑤：58、T1825⑤：13、T1926④：16、T1727④：5、Ⅱ
采：2、T1926⑤：15、T1826④：71、T2230④：15、T1826④：41、T1726③a：9、T1624③a：9、T1825④：8

　　标本 T1826⑤：58，夹砂黑胎灰黑陶，器表层多脱落。侈口，卷沿，唇内侧不凹，束颈，圆
肩。口沿下饰从左向右斜条纹。口径 16～18、残高 5 厘米（图四六，4）。

　　标本 T2230④：15，夹细砂灰胎灰黄陶。大敞口，矮斜领，唇内侧不凹。口径约 24、残高 4.8
厘米（图四六，11）。

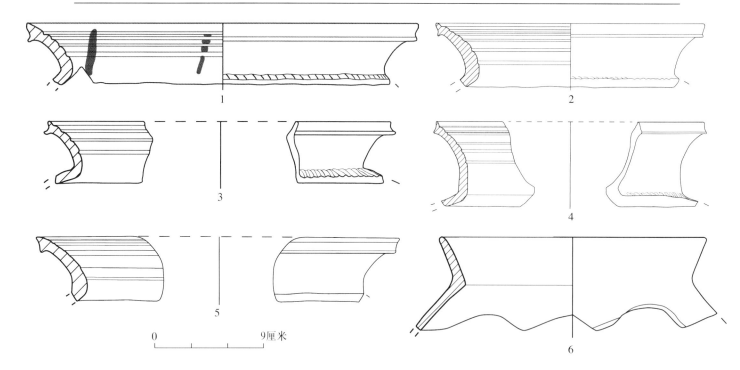

图四七　Ⅱ区地层出土敞口釜

1～6.敞口釜T1926④：24、T1922④：6、T1926④：26、T1826③a：69、T1826④：89、T1727④：4

标本 T1926④：24，夹细砂浅灰硬陶。口沿稍变形。卷沿、束颈、大敞口，器形大，唇内侧微凹，口沿下饰从左向右斜条纹，内面有粗轮旋槽和竖条黑彩。口径 32、残高 4.8 厘米（图四七，1）。

标本 T1922④：6，夹细砂灰胎浅灰色硬陶。微卷沿，斜领，内沿面有轮旋槽。口沿下饰从左向右粗斜条纹。口径 22、残高 5 厘米（图四七，2）。

标本 T1826③a：69，夹砂灰胎浅灰陶。卷沿，口较小，高斜立领，广肩，口沿下饰从左向右粗斜条纹，内沿面有细轮旋槽。口径约 22、残高 6.7 厘米（图四七，4）。

标本 T1926④：26，夹细砂浅灰陶，外表施不均匀褐色陶衣。卷沿，斜领，内沿面有轮旋槽。口沿下饰从左向右粗斜条纹。口径约 28、残高 5 厘米（图四七，3）。

标本 T1826④：89，夹细砂浅灰硬陶，内外施褐色陶衣。卷沿，斜立领，唇内侧不凹，内沿面有细轮旋槽。口径约 30、残高 5.1 厘米（图四七，5）。

标本 T1727④：4，夹砂黑胎褐陶，质脆，器表层脱落。圆唇，直口微敞，斜立领，圆肩，器表纹饰不清。口径 21.9、残高 7.5 厘米（图四七，6）。

10. 盘口釜

4 件。均折沿，唇内折或内凹，器形较大。

标本 T1926④：29，泥质黄陶，内外施浅褐色陶衣。圆唇，口沿下饰从右向左粗斜条纹。口径约 20、残高 4.7 厘米（图四八，6）。

标本 T1826④：55，泥质黄陶，内外施灰色陶衣，多脱落。圆唇，大盘口，口沿下饰从左向

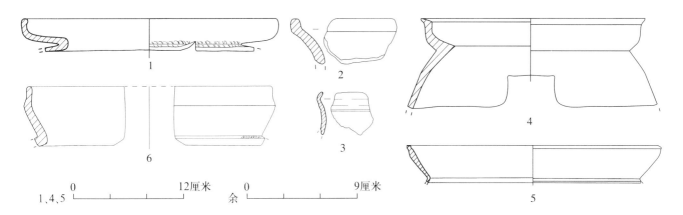

图四八　Ⅱ区地层出土盘口釜、釜鼎口沿

1、4～6.盘口釜T1826④：55、T1922③a：12、T1826④：93、T1926④：29　2、3.釜鼎口沿T1926④：34、T1926④：32

右斜条纹。口径 28、残高 3.4 厘米（图四八，1）。

标本 T1922③a：12，夹细砂硬灰陶，内外施浅褐色陶衣。口沿稍变形。内斜方唇，大盘口，口沿外壁微内曲。器表素面。口径 24.5、残高 9.6 厘米（图四八，4；彩版三六，5）。

标本 T1826④：93，泥质灰陶。口沿稍变形。方唇，斜折沿。口径 28、残高 3.8 厘米（图四八，5）。

11. 釜鼎口沿

10 件。数量不多，质地均松脆，以黑胎褐色为主，少量红褐胎红褐色或灰黑胎黄褐色，后者胎质略细。参照墓葬可复原器，此类口沿均为鱼篓形釜或鼎的口沿。

标本 T1926④：34，夹砂黑胎褐陶，器表层多脱落，方唇内凹，微呈小盘口，斜立领。口径不确、残高 3.6 厘米（图四八，2）。

标本 T1926④：32，夹砂黑胎褐陶，器表层多脱落。圆唇内凹，略呈小盘口，溜肩。口径不确、残高 3.3 厘米（图四八，3）。

12. 鼎足

8 件。1 件泥质，3 件夹粗砂，4 件夹细砂，均残。有 5 件大致可辨形状，均为扁平梯形，略呈上大下小的铲状，侧边斜平或微凹。

标本 T1922④：26，夹砂灰黑胎红褐陶。中段残。外立面微内凹，侧边斜平微凹。高 15～16、宽 3.2～11、厚 0.7～3.5 厘米（图四九，2；彩版三七，1）。

标本 T1826④：64，夹砂黑胎黄褐陶。上下均残。外立面微内凹，侧边为方形微凹。残高 7.2、残宽 8.5、厚 1.3～1.4 厘米（图四九，1；彩版三七，2）。

标本 T1826④：97，泥质红褐陶。中段残。外立面微内凹，侧边为方形微凹。高约 15.1、宽 3.6～10.7、厚 0.5～2.4 厘米（图四九，3）。

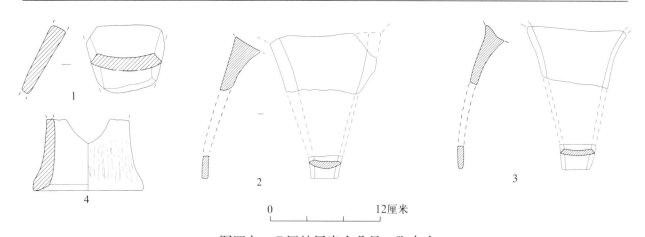

图四九　Ⅱ区地层出土鼎足、陶支座

1～3.鼎足T1826④：64、T1922④：26、T1826④：97　4.陶支座T1624③a：15

13. 支座

2件。

标本 T1624③a：15，泥质浅灰胎灰白陶。残。中空，喇叭口。器表饰竖绳纹。底径约12、残高7.6厘米（图四九，4）。

14. 豆

以圈足统计最小个体数为78件。均泥质，以黑皮陶占多数，少量橙黄陶，后者质地较松脆。约1/3圈足残片上可见镂孔。

标本 T1826④：77，口沿，灰胎浅黄陶。口径不确、残高4.4厘米（图五〇，1）。

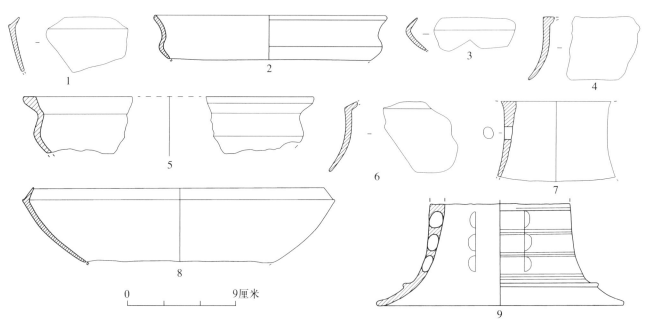

图五〇　Ⅱ区地层出土陶豆

1～9.陶豆T1826④：77、Ⅱ采：1、T1826④：78、T1922③a：28、T1922④：17、T1826④：76、T1725③a：4、T1926④：61、T1826④：46

标本 T1826④：78，口沿，黄陶。口径不确、残高 2.6 厘米（图五〇，3）。

标本 T1922④：17，口沿，浅灰胎黑皮陶。平唇，敞口，折沿折腹。口径约 24、残高 4.5 厘米（图五〇，5）。

标本 T1926④：61，口沿，灰胎黑皮陶。口径 24、残高 6 厘米（图五〇，8）。

标本 Ⅱ采：1，口沿，黄胎黑皮陶。敞口曲壁。口径 19.2、残高 3.6 厘米（图五〇，2）。

标本 T1826④：46，圈足，橙黄陶。大喇叭圈足，6 列镂孔，每列由 3 个"D"形孔竖排组成，柄外壁有 4 组细弦纹，近足面有一周凸棱。足径 20、残高 8 厘米（图五〇，9；彩版三七，3）。

标本 T1922③a：28，圈足，灰陶。足径不确、残高 5 厘米（图五〇，4）。

标本 T1826④：76，圈足，浅褐胎黑皮陶。足径不确、残高 5.5 厘米（图五〇，6）。

标本 T1725③a：4，圈足，灰胎黑皮陶。足径不确、残高 6 厘米（图五〇，7）。

标本 T1826④：57，豆盘或器盖，夹细砂浅灰陶，内外施褐色陶衣。残。圆唇，折腹，浅盘，外壁有两道凹槽。口径约 19、残高 2.9 厘米（图五一，1）。

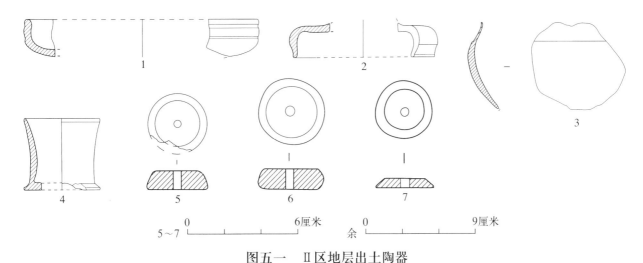

图五一　Ⅱ区地层出土陶器

1.陶豆T1826④：57 2.陶器盖T1826③a：94 3.泥质素面小罐T1624④：7 4.平底杯T1725④：18 5～7.陶纺轮T1922④：1、T1922④：3、T2230③a：3

15. 器盖

2 件。亦可能为豆，均泥质硬陶。1 件残损严重，1 件可辨浅盘。

标本 T1826③a：94，灰胎浅灰陶。器形较小，残。尖圆唇，直口，直腹，上腹壁微内曲，平顶，顶中可能有提手。口径 11～12、残高 2.7 厘米（图五一，2）。

16. 泥质素面小罐

1 件。

标本 T1624④：7，黄色间红色陶。残。圆唇，微侈口，矮领，溜肩，圆弧腹。口径不确、残高 6.9 厘米（图五一，3）。

17. 平底杯

1 件。

标本 T1725④：18，泥质浅灰陶，内外施褐色陶衣。尖圆唇，直口微敞，直壁，平底。口径 6.2、底径 6.4、高 5.7 厘米（图五一，4；彩版三七，4）。

18. 纺轮

3 件。

标本 T1922④：1，夹砂黑陶。剖面呈扁梯形。直径 3.2、厚 1 厘米（图五一，5；彩版三七，5）。

标本 T1922④：3，泥质黑陶。剖面呈扁圆角长方形。直径 3.6、厚 1.1 厘米（图五一，6；彩版三七，6）。

标本 T2230③a：3，泥质灰胎灰褐陶。剖面呈扁梯形。直径 3、厚 0.5 厘米（图五一，7）。

（二）石器

92 件。石器从功能上分为工具和装饰品两大类。工具有石锛、石斧、石凿、石镞、石锤、石球和砺石等，装饰品只有石环一类。

石锛　23 件。数量最多，其中 4 件型式不辨，余可分为有段、有肩、无肩无段三类。

1. 有段石锛

1 件。

标本 T1624④：1，器形较大，硅质岩，硬度为 6，未风化。双肩明显，器身风化较严重。长 19、刃宽 5.6、厚 2.4 厘米（图五二，1；彩版三八，1）。

2. 有肩石锛

14 件。其中双肩明显、肩近直角者 6 件，双肩不明显溜肩者 8 件，后者多中小型。

标本 II 采：7，中小型，肩靠近器身中部，形制较规整，磨制较精细，刃口锋利。长 5.3、刃宽 3.9、厚 1.2 厘米（图五二，2；彩版三八，3、4）。

标本 T2229④：4，小型，硅质岩，硬度为 6，未风化。肩靠近器身中部，刃部有崩疤，器身较粗糙。长 5.3、刃宽 2.6、厚 0.9 厘米（图五二，3；彩版三八，2）。

标本 T1624④：3，器形较大，硅质岩，硬度为 6，微风化。双肩较明显，肩靠近柄部，柄端顶平，有大片打击痕，锋刃已被崩蚀无存，器身边缘有打击痕。长 15.4、刃宽 7.3、厚 2.4 厘米（图五二，10；彩版三八，5、6）。

标本 T1926⑤：8，中型，凝灰岩，硬度为 5.5，中风化。通体磨制，肩靠近柄部，刃部有崩疤。长 6.3、刃宽 4.8、厚 1.7 厘米（图五二，4；彩版三九，1）。

标本 T1926④：4，小型，完整，变质砂岩，硬度为 5.5，中风化。双肩不突出，器身扁平，

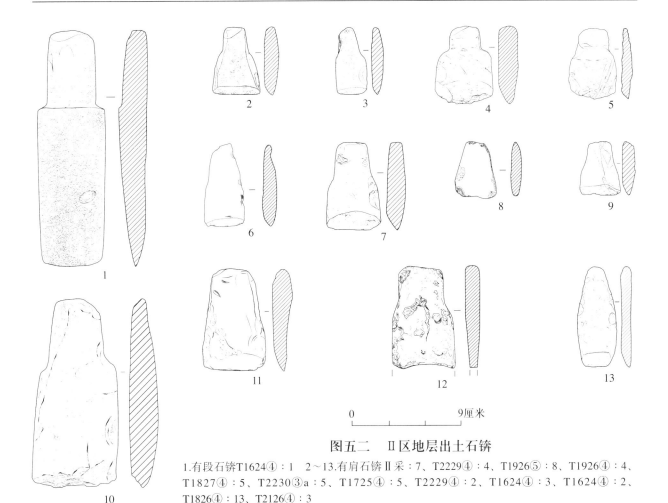

图五二　Ⅱ区地层出土石锛

1.有段石锛T1624④：1　2～13.有肩石锛Ⅱ采：7、T2229④：4、T1926⑤：8、T1926④：4、T1827④：5、T2230③a：5、T1725④：5、T2229④：2、T1624④：3、T1624④：2、T1826④：13、T2126④：3

疑为表层风化脱落，肩靠近柄部。长5.6、刃宽3.9、厚0.9厘米（图五二，5；彩版三九，2）。

标本T1624④：2，大型，片岩，硬度为5.5，微风化。肩靠近器身中部，顶平，刃部较多崩疤，器身有大块打击痕，遍布剥片痕。长8.1、刃宽5.2、厚1.7厘米（图五二，11；彩版三九，3）。

标本T1827④：5，中型，器身风化较严重，肩靠近器身中部，长6.7、刃宽1～3.2、厚0.5～1.2厘米（图五二，6；彩版三九，5、6）。

标本T2230③a：5，中型，硅质岩，硬度为6.5，未风化。通体磨光，肩靠近器身中部，刃部有崩疤，器身多处打击痕。长7、刃宽4.4、厚1.5厘米（图五二，7；彩版四〇，1、2）。

标本T1725④：5，小型，硅质岩，硬度为5.5，微风化。刃部残损不显，器身风化较严重，肩靠近器身中部。长4.3、刃宽3.4、厚0.4～0.8厘米（图五二，8）。

标本T2229④：2，小型，凝灰岩，硬度为5.5，中风化。有打击痕，肩靠近器身中部，刃部有崩疤。长4.4、刃宽3.4、厚1.1厘米（图五二，9；彩版三九，4）。

标本T1826④：13，大中型，下端残。通体磨制，体厚，器身有风化，肩靠近柄部。残长7.8、刃宽5.1、厚1.2厘米（图五二，12；彩版四〇，3）。

标本T2126④：3，中型，硅质岩，硬度为6。通体磨光，器身扁平，双肩不明显，刃部有崩疤，器表风化严重。长 8.2、刃宽 3.1、厚 0.8 厘米（图五二，13；彩版四〇，4）。

3. 无肩无段石锛

4 件。

标本 T2230③a：2，小型，硅质岩，硬度为 5.5，微风化。厚宽梯形，刃部有崩疤。长 3、刃宽 2.3、厚 0.8 厘米（图五三，2；彩版四一，1、2）。

标本 T2230③a：8，中小型，硅质岩，硬度为 6，未风化。扁薄宽梯形，通体磨光。长 5.3、刃宽 4.2、厚 0.6 厘米（图五三，3；彩版四一，3、4）。

标本 T2230③a：6，中小型，硅质岩，硬度为 6，未风化。异形，偏刃，似刀。通体磨光，扁薄，似二次加工成形，斜刃，有崩疤。长 6、刃宽 2.6、厚 0.6 厘米（图五三，8；彩版四一，5）。

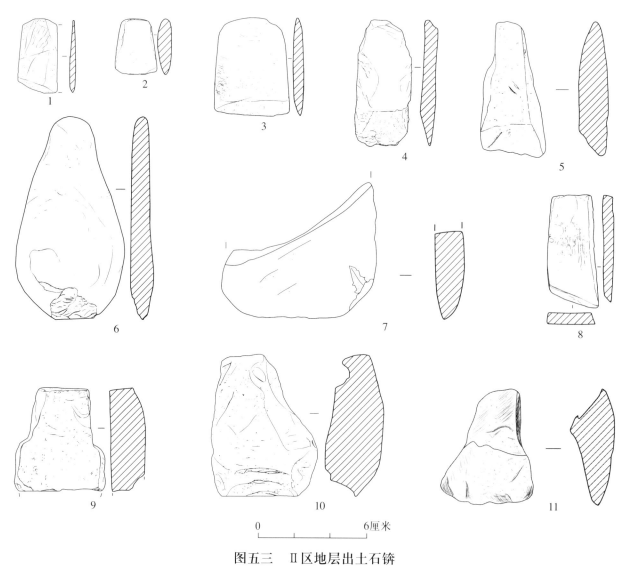

0　　　　　6厘米

图五三　Ⅱ区地层出土石锛

1～3、8.无肩无段石锛Ⅱ采：8、T2230③a：2、T2230③a：8、T2230③a：6　4～6、9～11.石锛坯T1826④：5、T1826④：8、T2230③a：12、T1926④：2、T1827⑤：3、T1926③a：1　7.大型石锛刃部残件T1922④：23

标本Ⅱ采：8，梯形，斜刃，残。长4、残宽2.2、厚0.4厘米（图五三，1；彩版四一，6）。

4. 大型石锛刃部残件

1件。上段残，型式不明。

标本T1922④：23，细砂岩，硬度为6，未风化。残长7、宽8.5、厚1.6厘米（图五三，7；彩版四〇，5）。

5. 石锛坯

6件。包括半成品、废品、疑似锛坯等。根据制作状态可分为原石和半成品两类。

（1）原石

1件。稍经磨制，尚未打制成形。

标本T2230③a：12，有双肩，刃部有打制痕或砸击形成的崩疤，长10.6、宽6、厚1.3厘米（图五三，6；彩版四〇，6）。

（2）半成品

5件。基本打制成形，但未经深磨，或为制作过程中失败后废弃。其中2件刃部残断。

标本T1926④：2，半成品，下段残断，变质砂岩，硬度为6，微风化。通身粗糙，未见打磨，双肩明显。残长5.5、宽4.9、厚2厘米（图五三，9；彩版四二，1）。

标本T1827⑤：3，打制基本成形，硅质岩，硬度为5.5，微风化。双肩较明显，刃部未磨出，疑为制作过程中因刃部崩缺故废弃。长7.6、宽5.9、厚3厘米（图五三，10；彩版四二，3、4）。

标本T1926③a：1，半成品，凝灰岩，硬度为5.5，中风化。整体呈梯形，器表粗糙，遍布打击痕，只打制出基本雏形，尚未经磨制加工。长6.2、刃宽5、厚1~2.5厘米（图五三，11；彩版四二，5、6）。

标本T1826④：5，小型长条形锛或斧的打制坯，硅质岩，硬度为5.5，微风化。器身遍布打击痕，未经磨制。长6.9、刃宽3.1、厚1.1厘米（图五三，4）。

标本T1826④：8，中型双肩石锛半成品，变质砂岩，硬度为6，微风化。肩不明显，刃部似残断或未加工成形。长7、刃宽3.8、厚1.6厘米（图五三，5；彩版四二，2）。

石斧 10件。根据是否穿孔分为两类。

6. 穿孔石斧

2件成品，1件半成品。体形较大。

标本T1826⑤：15，柄部残件，长条形，孔为对钻。亦可能为锛。残长5、残宽3.5、厚1.3厘米（图五四，1；彩版四三，1）。

标本T1825⑤：2，半成品。硅质岩，硬度为5，微风化。扁薄宽梯形，通体磨制，刃部未完全磨出，器身中部有一个对钻穿孔。长10.7、刃宽8、孔径1.5、厚1.2厘米（图五四，3；彩版四四，4）。

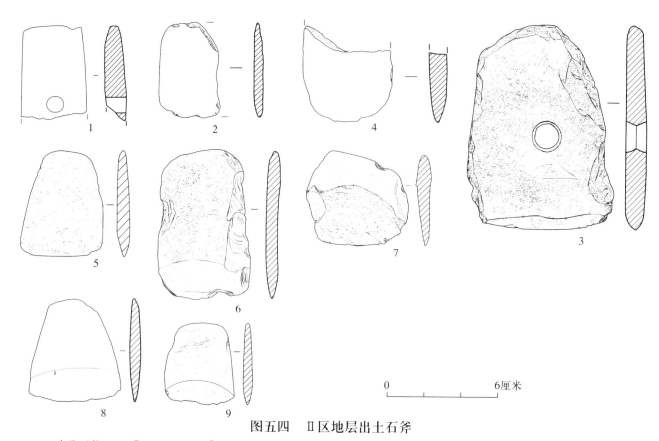

图五四　Ⅱ区地层出土石斧

1、3.穿孔石斧T1826⑤：15、T1825⑤：2　2、4～9.无孔扁平石斧T1926④：3、T1725④：6、T2022④：1、T1922④：7、T1726③a：4、T1726⑤：2、T2126③a：4

7. 无孔扁平石斧

7件。宽梯形或长方形，体型较小。

标本T1922④：7，扁薄宽梯形，石片加工而成，刃部有崩缺。长8、刃宽5.1、厚0.8厘米（图五四，6；彩版四三，3、4）。

标本T1926④：3，残，通体磨光，整体呈长方形，一侧边残损。长5、残宽3.2、厚0.5厘米（图五四，2；彩版四三，2）。

标本T1725④：6，石斧刃部，刃口锋利，磨制精细。残长5、刃宽4.7、厚1厘米（图五四，4；彩版四三，5）。

标本T1726⑤：2，宽梯形，双面弧刃，刃部有使用痕。长5.7、刃宽5.1、厚0.7厘米（图五四，8；彩版四三，6）。

标本T2126③a：4，硅质岩，硬度为6，微风化。整体呈圆角梯形，器身较薄，刃部有崩疤。长4.2、刃宽4、厚0.5厘米（图五四，9；彩版四四，1）。

标本T2022④：1，扁平石斧，硅质岩，硬度为6，未风化。整体呈宽梯形，刃部有崩疤。长5.5、刃宽4.5、厚0.8厘米（图五四，5；彩版四四，2）。

标本T1726③a：4，石斧，刃口一侧残缺，扁薄宽梯形，器身有大片崩缺。长5、刃宽5.5、厚0.9厘米（图五四，7；彩版四四，3）。

8. 石凿

2件。其中1件成形器，1件是凿坯。

标本 T2229④：5，小型石凿，凝灰岩，硬度为5.5，微风化。长条形，锋刃有崩疤。长3.8、刃宽1.4、厚1.1厘米（图五五，1；彩版四四，5）。

标本 T1825④：1，石凿坯。硅质岩，硬度为6，未风化。通体磨光，刃部磨制尚未完全成形。长6.1、刃宽1.8～2.7、厚1.2厘米（图五五，3；彩版四四，6）。

9. 石镞

3件。均残。根据形状不同分为柳叶形和宽叶形两种。

（1）柳叶形石镞

2件。形体相对偏小。

标本 T1827①：4，硅质岩，硬度为6，未风化。铤无存。残长5.2、宽1.4、厚0.4厘米（图五五，2）。

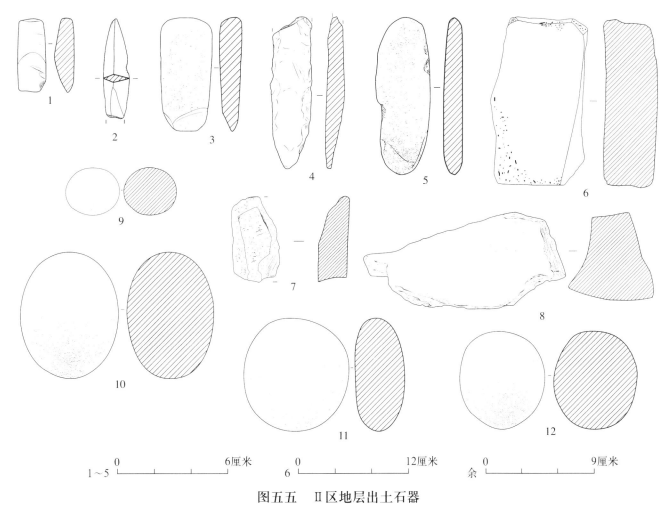

图五五　Ⅱ区地层出土石器

1、3.石凿T2229④：5、T1825④：1　2.柳叶形石镞T1827①：4　4、5.石镞坯T1826④：6、T1826④：12　6～8.砺石 T1624③a：6、T1826④：7、T1726④：7　9、12.石球T1827④：7、T1826⑤：23　10、11.石锤T1725③a：7、T1922①a：5

（2）宽叶形石镞

1件。形体相对较大。残损严重，出于T2026②层。

10. 石镞坯

3件。均扁平宽叶形，打制基本成形，2件基本完好。

标本T1826④：6，硅质岩，硬度6，微风化。上端残，器身遍布打击剥片痕。残长8.2、宽2.3、厚1厘米（图五五，4；彩版四五，1、2）。

标本T1826④：12，变质砂岩，硬度5，中风化。两侧边有打制剥片痕，局部磨光。长8.4、宽3.2、厚1.1厘米（图五五，5；彩版四五，3）。

11. 石锤

2件。

标本T1725③a：7，椭圆形，完整。疑为石锤，但砸击使用痕不明显。长10.2、宽8、厚6.9厘米（图五五，10；彩版四五，5、6）。

标本T1922①a：5，河卵石，饼状，周身光滑，疑为敲砸用途的石器。长9.1、宽8.6、厚4厘米（图五五，11；彩版四五，4）。

12. 石球

2件。

标本T1826⑤：23，周身浑圆，但表面砸击使用痕不明显。直径6.8～7.9厘米（图五五，12；彩版四五，7）。

标本T1827④：7，小石球，周身浑圆，表面砸击使用痕不明显。直径3.8～4.4厘米（图五五，9；彩版四五，8）。

13. 砺石

4件。

标本T1624③a：6，长方形红色砂岩，应属就地取材，完整。体型厚重，一面为磨蚀面。长18、宽10.5、厚6.2厘米（图五五，6；彩版四六，1）。

标本T1726④：7，略残，砂岩，质脆。长16.8、宽7.5、厚3.2～7.2厘米（图五五，8；彩版四六，2）。

标本T1826④：7，砺石残件，硅质岩，硬度为5.5，中风化。一面平直，打磨痕明显。长6.9、残宽3.8、厚2.5厘米（图五五，7；彩版四六，3）。

14. 石环

21件。均残，根据外缘面有无凹槽分为两类。

（1）外缘面无凹槽

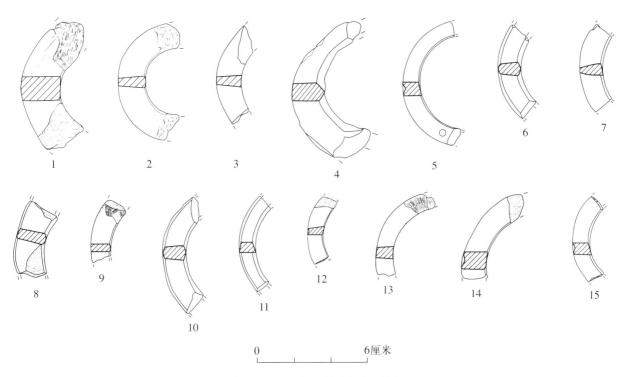

图五六　Ⅱ区地层出土石环

1～15.石环T1926⑤：5、T1926⑤：10、T1726⑤：3、T1826③a：3、T1725③a：1、T1922③a：4、T2230③a：7、T1926⑤：6、T2230①a：1、T1825④：12、T1726④：1、T1725③a：3、T1827④：6、T1826③a：1、T1826④：4

16件。

标本T1926⑤：5，硅质岩，硬度为6，未风化。截面为厚长方形，孔为单钻，环边缘残留打击痕。外径8.5、宽2.1、厚1.3厘米（图五六，1；彩版四六，4）。

标本T1826③a：3，硅质岩，硬度为4.5，微风化。器形不规整，孔壁残留双面穿孔痕迹。外径7.5、宽1.6、厚0.8厘米（图五六，4；彩版四六，5）。

标本T1825④：12，角岩，硬度为7，未风化。截面内厚外薄。外径9、宽1.2、厚0.6～0.8厘米（图五六，10）。

标本T2230③a：7，硅质岩，硬度为6，未风化。孔为对钻，截面外薄内厚。外径7～8、宽1.2、厚0.3～0.6厘米（图五六，7；彩版四七，1）。

标本T1926⑤：6，硅质岩，硬度为6，未风化。孔为单钻。外径约9、宽1.3～1.5、厚0.6厘米（图五六，8；彩版四七，2）。

标本T1926⑤：10，硅质岩，硬度为6，未风化。内缘较外缘厚，孔为对钻。外径7、宽1.5、厚0.4～0.6厘米（图五六，2；彩版四七，3）。

标本T1922③a：4，对钻孔，截面呈长方形。外径约7、宽1.1～1.2、厚0.5～0.7厘米（图五六，6；彩版四七，4）。

标本T1726⑤：3，硅质岩，硬度为6，未风化。内缘较外缘厚，孔为单面钻。外径约7、宽1.3、厚0.5～0.6厘米（图五六，3）。

标本T2230①a：1，硅质岩，硬度为6，未风化。孔为对钻。外径约7、宽1、厚0.4厘米（图五六，9；彩版四七，5）。

标本 T1827④：6，截面呈方形或近方形，孔为对钻。外径约 7、宽 1、厚 0.4～0.5 厘米（图五六，13）。

标本 T1726④：1，硅质岩，硬度为 6，未风化。截面呈方形或近方形，孔为对钻。外径 8、宽 0.7、厚 0.6 厘米（图五六，11）。

（2）外缘面有凹槽

5 件。

标本 T1725③a：3，截面为扁平长方形，孔为对钻。外径 7～8、宽 1.1、厚 0.4 厘米（图五六，12；彩版四七，6）。

标本 T1725③a：1，硅质岩，硬度为 6，未风化。截面呈方形，孔为对钻。器表有一个未穿透小孔。外径 7、宽 0.8～1、厚 0.7 厘米（图五六，5；彩版四七，7）。

标本 T1826③a：1，硅质岩，硬度为 6，未风化。截面呈长方形，孔为对钻。外径约 7、宽 1.2、厚 1 厘米（图五六，14；彩版四七，8）。

标本 T1826④：4，截面呈方形，孔为对钻。外径约 7、宽 0.8、厚 0.6 厘米（图五六，15）。

15. 石环芯

6 件。

标本 T1926⑤：7，小型。硅质岩，硬度为 6，未风化。可见双面对钻痕。直径 3.3、厚 0.8 厘米（彩版四八，1）。

标本 Ⅱ采：6，小型。双面对钻而留，上下钻孔有错位。直径 2.5、厚 1.1 厘米（图五七，1；彩版四八，2）。

标本 T1827⑤：2，中型。硅质岩，硬度为 6，未风化。周缘及两面磨制，中间双面有制环制痕，但整体器形较小，不似制作石环的尺寸，疑有其他用途。直径 5.2、厚 0.6 厘米（图五七，2；

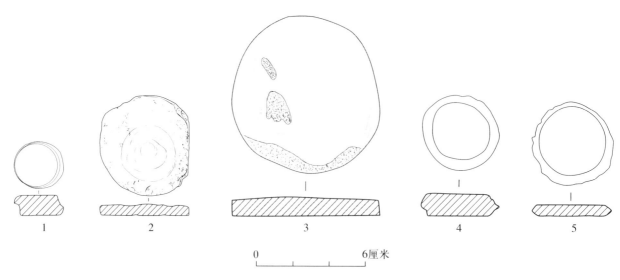

图五七　Ⅱ区地层出土石环芯
1～5.石环芯 Ⅱ采：6、T1827⑤：2、T1826④：16、T1725④：2、T1826④：14

彩版四八，3、4）。

标本 T1725④：2，中型。硅质岩，硬度为5，微风化。对钻而成。直径3.9、厚1.2厘米（图五七，4；彩版四八，5）。

标本 T1826④：14，中型。硅质岩，硬度为6，未风化。对钻而成。直径4.4、厚0.5厘米（图五七，5）。

标本 T1826④：16，大型。整体呈圆形，边缘较平整，局部有打击痕，器面较光滑。疑为石环芯或制作石环的毛坯。直径8、厚1厘米（图五七，3；彩版四八，6）。

16. 不明石器

9件。

标本 T1310①a：1，石饼，硅质岩，硬度为6，未风化。整体呈椭圆形，器身较薄，两面较光滑，一端磨平。长10.3、宽8.9、厚1.6厘米（图五八，1；彩版四九，1）。

标本 T1922③a：2，整体呈纺锤形，通体磨光，器端有一穿孔，孔为双面对钻，用途不明，推测或为砺石，或为网坠。长11、宽2.5、厚2.6厘米（图五八，4；彩版四九，2、3）。

标本 T1826④：2，自然石，石英岩，硬度为6.5，未风化。通体光滑，疑为有用途。长4.2、宽3.9、厚2.5厘米（图五八，7；彩版四九，4）。

标本 T1826⑤：18，长条形三棱状，截面略呈等腰三角形，底面平，一端经磨平，疑为小型石杵或石镞坯。长8.3、宽2.3、厚1.3厘米（图五八，2；彩版四九，5、6）。

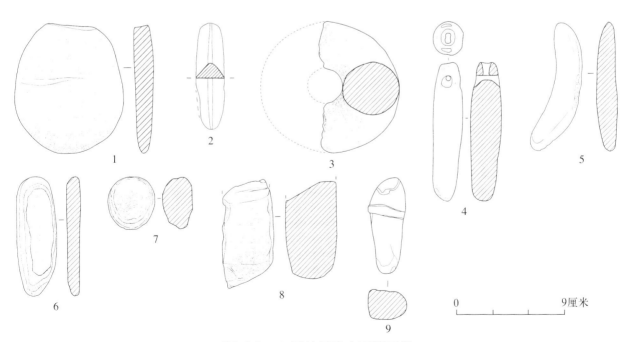

图五八 Ⅱ区地层出土不明石器

1~9.不明石器T1310①a：1、T1826⑤：18、T2229③a：1、T1922③a：2、T1725⑤：8、T1624③a：5、T1826④：2、T2230①a：11、T2230③a：14

标本 T1725⑤：8，半环状自然石，外缘有使用痕迹。长 10.2、宽 2.5、厚 1.8 厘米（图五八，5；彩版四九，7）。

标本 T1624③a：5，长条形，双面磨平。长 9.5、宽 3.1、厚 1.2 厘米（图五八，6；彩版四九，8）。

标本 T2229③a：1，环状穿孔石器，或为重石。残，云英岩，硬度为 5.5，未风化。直径 10.5、孔径 3、厚 4.2 厘米（图五八，3；彩版四九，9）。

标本 T2230①a：11，穿孔石器，残，约为原器的 1/3，器形厚重，平面为圆角方形。残长 9、宽 4.2、厚 4.2 厘米（图五八，8）。

标本 T2230③a：14，自然石，疑为石祖。长 7.5、宽 3.2、厚 2.2 厘米（图五八，9；彩版四九，10）。

（三）红烧土

Ⅱ区地层当中还出土不少红烧土和烧成温度不高的陶泥块，大小不一，形状有不规则饼状、三角状、不规则长方体、长条形、条状、长条形舌状等，用途不明（彩版五〇，1～8）。

第三章　Ⅲ区山下

高速公路施工区域贯穿横岭南坡山坳的山腰和横岭东部小山包岗顶位置，这是本次发掘面积最大的一个区域，定为第Ⅲ发掘区。根据地势分为山顶和山下两部分，其中山下开挖9个探方和3条探沟，发现的早期遗存主要是与生活居址有关的地层、灰坑、柱洞等。山顶开挖19个探方和5条探沟，发现了49座墓葬和少量灰坑，属于墓葬区（图五九；彩版五一）。

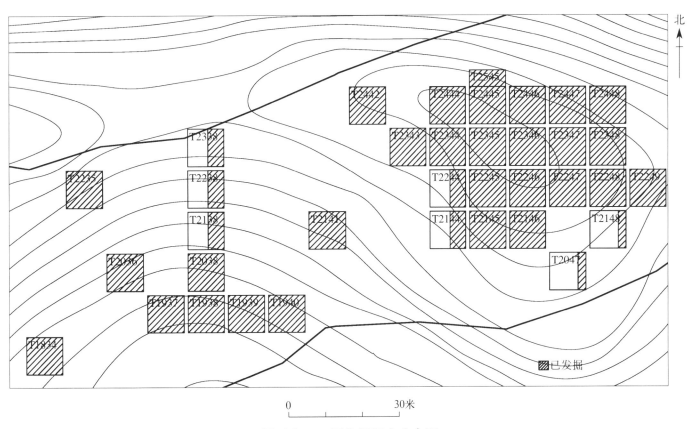

图五九　Ⅲ区发掘探方分布图

一　地层堆积

堆积较为丰富，特别是靠近山脚，文化层堆积较深且厚，均呈坡状堆积（彩版五二，1、2），多是自然冲积而成，可分4~5层，近山顶地层堆积较薄（彩版五三，1），近山下地层堆积较厚，遗迹遗物也较丰富。以下按不同方位选取具有代表性的探方分别介绍地层堆积情况。

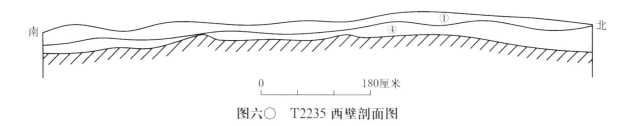

图六〇　T2235 西壁剖面图

1. T2235 西壁

以 T2235 西壁为例介绍该区域地层堆积情况（图六〇；彩版五三，2）。T2235 没有统编的第②、③层，第①层下直接叠压第④层。

第①层：地表土。厚 0～0.35 米。灰褐土，质地疏松。内含大量植物根系、碎石、少量陶片。

第④层：碎石子堆积层。距地表深 0～0.35、厚 0～0.4 米。主要以小石子和粗砂为主，比山下探方第④层坚硬致密，厚薄不均。出土有一些碎陶片。时代推测为新石器时代晚期。

第④层下为山体风化岩。

2. T2036 东壁

以 T2036 东壁为例介绍该区域地层堆积情况（图六一；彩版五四，1）。

第①层：地表层，分 2 小层。

第①a 层：灰土夹黄色土。厚 0～0.48 米。质地疏松，内含大量植物根系。

第①b 层：黄褐砂土，距地表深 0.05～0.28、厚 0.05～0.15 米。质地疏松，内含植物根系、小石块、几何印纹陶片等。

第②层：灰褐色砂黏土。距地表深 0～0.29、厚 0～0.24 米。质地疏松，包含少量小石块和植物根系，分布于探方东北角。此层下开口的遗迹有灰坑 H16。

第③层：分 3 小层。

第③a 层：黄红砂土。距地表深 0.07～0.54、厚 0～0.47 米。质地较硬、较密，夹杂有极少小石子，分布于探方南部大半部分区域，由北向南往下倾斜状堆积。出土少量碎陶片等。

第③b 层：黄褐砂土。距地表深 0.48～0.62、厚 0～0.42 米。质地较松软，夹杂植物根系及小

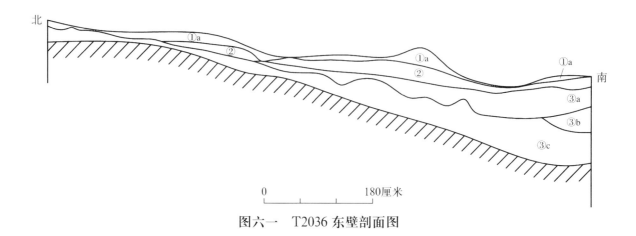

图六一　T2036 东壁剖面图

石子。出土少量碎陶片等。

第③c层：黑褐土。距地表深0.03～0.8、厚0.06～0.71米。质地较疏松，分布较均匀。出土少量碎陶片等。第③层时代推测为新石器时代晚期。

第④层：碎石子堆积层。距地表深0.05～0.1、厚0.1～0.15米。以小石子和粗砂为主，结构密集，含极少石块。该层零星分布，主要分布于探方北部，薄厚不均。时代推测为新石器时代晚期。

第④层下为山体风化岩。

3. T2038 东壁

以T2038东壁为例介绍该区域地层堆积情况（图六二；彩版五四，2）。

第①层：地表层，分2小层。

第①a层：灰土夹黄色土。厚0～0.2米。质地疏松，内含植物根系和草灰，自北而南呈倾斜状分布。

第①b层：灰黄砂土。距地表深0～0.13、厚0～0.28米。质地较疏松，内含石块和植物根系。

第②层：灰褐黏土杂灰黄砂质土。距地表深0～0.38、厚0～0.42米。质地紧密有黏性，分布在探方北部大半部分区域，含有少量小石块和碎陶片。该层下开口的遗迹有灰坑H4。

第③层：分3小层。

第③a层：黄红砂黏土。距地表深0～0.58、厚0～0.65米。质较硬，含有少量小石子和石块等，遍布整个探方，自北向南倾斜堆积。出土陶片以泥质灰陶为主，夹砂黑陶次之，纹饰有条纹、曲折纹、涡纹、附加堆纹等，可见器形有罐、釜等。该层下开口的遗迹有H6，打破第③b层。

第③b层：红褐砂黏土。距地表深0.12～0.81、厚0.08～0.29米。质地较硬且密实，层表有较少细小砂粒和小石块。除探方西北角外均有分布，探方西南角堆积最厚。近底层时自然石块相对增多，但出土遗物较少。

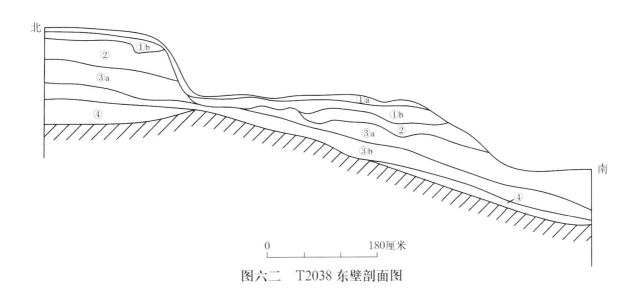

图六二　T2038东壁剖面图

第③c层：灰红砂土。距地表深 0.4～0.65、厚 0～0.2 米。质地较疏松，内含较多小石子和石块等，仅分布于探方西南部，自东北向西南呈坡状倾斜。出土极少碎陶片。第③层时代推测为新石器时代晚期。

第④层：碎石子堆积层。距地表深 0.52～1.14、厚 0～0.39 米。以小石子和自然石块为主，质地较硬，主要分布在探方西北部，由西北向东南石块逐渐变大、石子堆积逐渐由密集变稀疏，极少河卵石。出土陶片较多，以泥质灰陶为主，纹饰有条纹、附加堆纹、曲折纹、涡纹等，可辨器形有釜罐、圈足豆等。时代推测为新石器时代晚期。

第④层下为山体风化岩。

4. T2141 四壁

以 T2141 四壁为例介绍该区域地层堆积情况（图六三，1～4；彩版五五，1、2）。

第①层：地表层。厚 0.05～0.3 米。红褐杂土，质地疏松。含有少量陶片，自东北向西南倾斜分布。

第②层：灰褐砂黏土。距地表深 0.06～0.3、厚 0～0.42 米。质较软，包含少量陶片、明清时期瓷片等，分布于探方东北部和西南角，薄厚不均。

第③层：分 4 小层。

第③a层：黄红黏土。距地表深 0.05～0.48、厚 0～0.4 米。质较硬，坡状分布于探方东南大部。出土较多陶片，纹饰以曲折纹、条纹、附加堆纹为主，可辨器形有罐、釜、豆和鼎足等。开口于此层下的遗迹有 H5。

第③b层：红褐砂土。距地表深 0.12～0.66、厚 0～0.3 米。质地疏松，含较多石子和自然石块，遍布整个探方，自东北向西南坡状堆积，近底层石块相对较多。出土遗物与第③a层类同，但丰富程度不及第③a层。开口于此层下的遗迹有 H14。

第③c层：灰红砂黏土。距地表深 0.3～0.78、厚 0～0.5 米。质地紧密，近底层有少量大石块，包含零星碎陶片。主要分布于探方东南部。

第③d层：红黄色砂黏土。距地表深 0.3～1.02、厚 0～0.33 米。质较硬，基本不出陶片。分布于探方东南角。第③层时代推测为新石器时代晚期。

第④层：碎石子和石块堆积。距地表深 0～1.2、厚 0～0.3 米。混杂褐色风化土，其石子相对山下探方的④层偏大，且分布不及山下探方密集，含极少河卵石，堆积较为疏松，自西北向东南倾斜堆积，探方东南部相对集中。出土遗物较为丰富，有陶片和石器等。时代推测为新石器时代晚期。

第④层下为山体风化岩。

5. T1938 四壁

以 T1938 四壁为例介绍该区域地层堆积情况（图六四，1～4；彩版五六，1、2）。

第①层：地表层，分 3 小层。

第①a层：灰红色杂土。厚 0～0.1 米。质地疏松，内含植物根系和少量陶片。

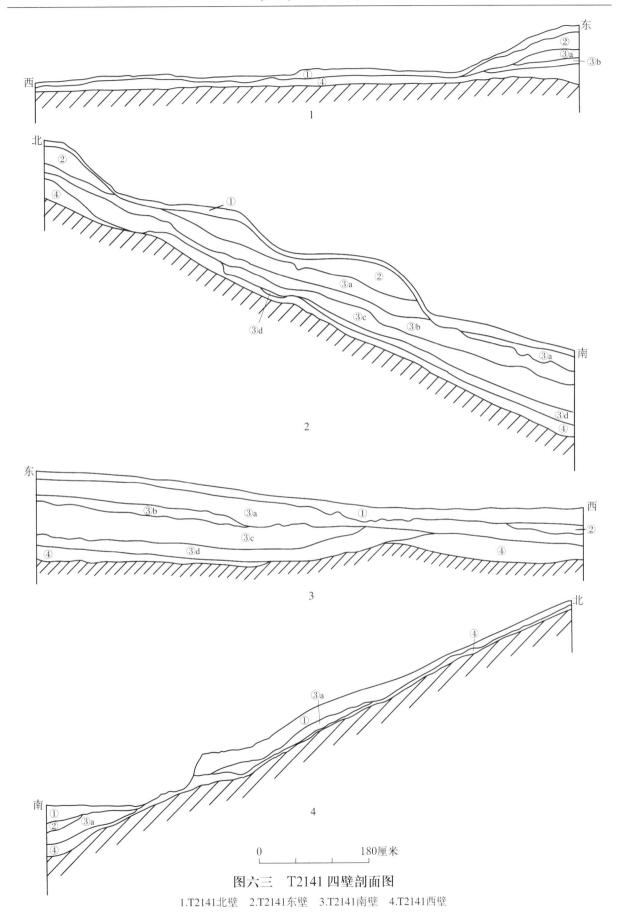

图六三　T2141 四壁剖面图

1.T2141北壁　2.T2141东壁　3.T2141南壁　4.T2141西壁

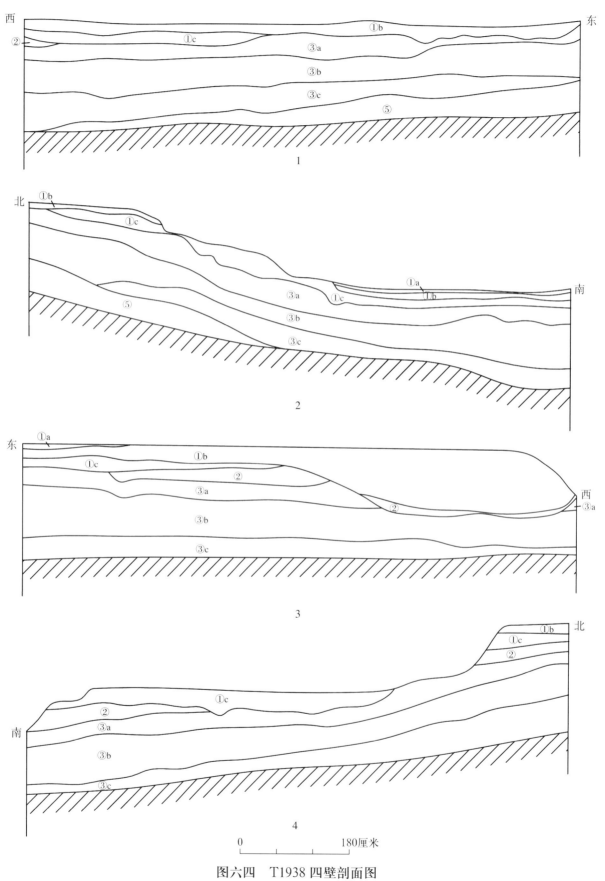

图六四　T1938 四壁剖面图

1.T1938北壁　2.T1938东壁　3.T1938南壁　4.T1938西壁

第①b层：灰黄色砂质土杂红褐色土。距地表深0～0.1、厚0～1.03米。表面粗砂石较多，质地稍硬，由高向低倾斜分布。

第①c层：黄色砂质土夹灰色土。距地表深0～0.28、厚0～0.4米。质地稍硬，随山势倾斜分布。

第②层：灰褐色砂黏土。距地表深0～1.02、厚0～0.32米。质地较软有黏性，分布于探方西南部，自西北向东南倾斜堆积。出土有少量明清时期青花瓷片等。

第③层：以红色黏质土为主，依山势自北向南倾斜分布，遍布整个探方，越往南堆积越深越厚，分3小层。

第③a层：黄红色砂黏土。距地表深0～0.96、厚0～0.43米。质较硬，近底层时石块增多。包含陶片以泥质陶为主，纹饰主要有曲折纹、条纹、附加堆纹等，可辨器形有罐、釜等。

第③b层：红褐砂黏土。距地表深0.05～1.08、厚0.23～0.84米。质地疏松，内含极少量小石块，近底层石块相对增多。基本不见陶片。

第③c层：灰红色砂土杂褐色黏质土，距地表深0.72～1.52、厚0～0.63米。质软且疏松。第③层时代推测为新石器时代晚期。

第③层下直接叠压第⑤层。

第⑤层：红褐色黏土。距地表深0.88～1.78、厚0～0.53米。质地疏松，内含碎石子和小石块。分布于探方东北部，堆积坡度不及上层陡，层表趋于平缓。较为纯净，有极少量陶片。时代推测为新石器时代晚期。

第⑤层下为山体风化岩。

6. T1940东壁

以T1940东壁为例介绍该区域地层堆积情况（图六五；彩版五七，1）。第③层下直接叠压第⑤层。

第①层：地表层，分2小层。

第①a层：红褐色杂土。厚0.15～0.3米，质地疏松。

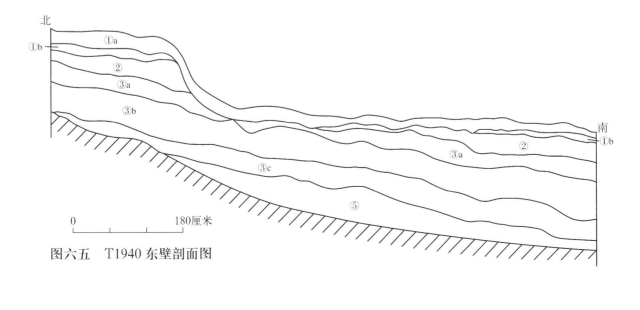

图六五　T1940东壁剖面图

　　第①b层：灰黄色砂质土夹红褐色土斑和碎砂石。距地表深0～0.3、厚0～0.3米。质地疏松，包含石块、先秦陶片、明清青花瓷片等。

　　第②层：灰褐色砂黏土夹红褐色土。距地表深0.2～0.6、厚0～0.42米。内含植物根系、石块、青花瓷片及少量陶片、石器等。

　　第③层：分3小层。

　　第③a层：红褐色粉砂土。距地表深0～0.72、厚0～0.39米。质地较硬，均匀致密，含有石块和植物根系，出土较多条纹、曲折纹、附加堆纹等陶片和少量石器。第③a层下开口的遗迹有H10及D14～D17四个柱洞。

　　第③b层：红褐砂黏土。距地表深0.23～1.05、厚0～0.6米。质地疏松，内含极少量小石块，近底层石块相对增多。

　　第③c层：灰红色砂土杂褐色黏质土。距地表深0.45～1.49、厚0～0.43米。质软且疏松。

　　第⑤层：红褐色黏土。距地表深0.9～1.74、厚0～0.55米。质地较疏松，内含大量碎石块、植物根系和极少量陶片。遍布全探方，自东北向西南倾斜堆积。第⑤层时代推测为新石器时代晚期。

　　第⑤层下为山体风化岩。

7. T1834四壁

　　以T1834四壁为例介绍该区域地层堆积情况（图六六，1～4；彩版五七，2、五八，1、2）。

　　第①层：地表层，可分2小层。

　　第①a层：灰色杂土。厚0～0.25米，质地疏松。

　　第①b层：灰黄色粗砂土。距地表深0～0.23、厚0～0.48米。内含石子、石块及植物根系等，质地稍硬。

　　第②层：灰褐色砂黏土。距地表深0.03～0.6、厚0.06～0.37米。质地较软，包含物以自然石块为多，偶见烧土块和少量的陶瓷碎片，遍布整个探方，近底层夹杂大石块相对增多。

　　第③层：以红色黏质土为主，依山势自北向南倾斜分布，遍布整个探方，越往南堆积越深越厚，分3小层。

　　第③a层：红褐色砂黏土。距地表深0.14～0.9、厚0.13～0.54米。质地较硬，杂有少量河卵石和自然石块等。出土少量碎陶片。

　　第③b层：灰红色砂黏土。距地表深0.41～1.24、厚0.13～0.58米。质地疏松，包含较多大石块。出土遗物较少。第③b层下开口的遗迹有H15。

　　第③c层：褐色砂土。距地表深0.72～1.66、厚0.13～0.48米。质地疏松，包含较多细石子，遍布整个探方。出土遗址陶片较少。第③层时代推测为新石器时代晚期。

　　第④层：碎石子堆积层。距地表深1.14～1.8、厚0～0.36米。主要是小石子和少量灰黄色的风化土混杂而成，石子分布较为密集，含少量自然石块，由北向南自上而下石块逐渐变大、石子堆积逐渐稀疏。主要分布于探方东南部。出土有不少陶片，以泥质灰陶为主，纹饰有涡纹、附加堆纹、曲折纹等。第④层时代推测为新石器时代晚期。

　　第④层下为山体风化岩。

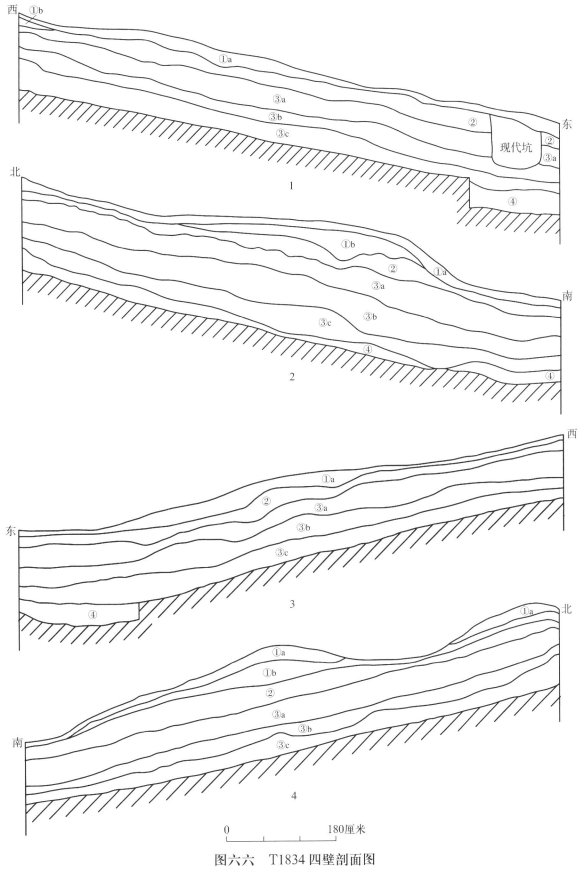

图六六 T1834四壁剖面图

1.T1834北壁　2.T1834东壁　3.T1834南壁　4.T1834西壁

二　遗迹及其出土遗物

　　Ⅲ区山下经发掘揭露的遗迹主要是灰坑和柱洞等，其中时代推测属新石器时代晚期的灰坑有9个（图六七），同Ⅱ区一样也是形制多不规整，性质不明，亦不排除部分浅坑只是坑状堆积，而非真正意义上的灰坑。柱洞数量不多，且分布零乱，可能与干栏式建筑有关，但看不出排列规律。Ⅲ区地层和灰坑、灰沟等遗迹出土遗物的种类和器形与Ⅱ区无明显差别。

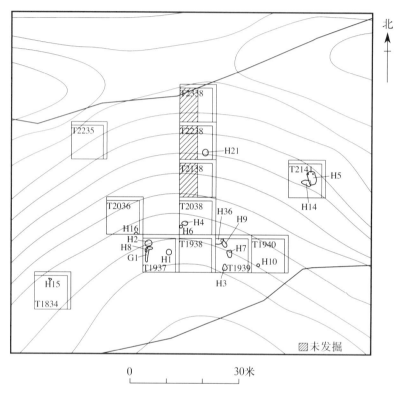

图六七　Ⅲ区山下遗迹分布平面图

（一）灰坑

　　9个，编号 H5～H10、H14、H15、H21 等。其中 H6 开口于第③a层，打破第③b层，H14、H15开口于第③b层，打破第③c层，H9 开口于第④层下，打破第⑤层，余皆开口于第③层下，打破第④、⑤层或直接打破生土层。以下选择部分重要灰坑作具体介绍。

1. H5

　　位于 T2141 中部偏东，开口于第③a层下，打破第⑤层（图六八；彩版五九，1、2）。

　　坑口近长方形，坑壁较为明显，近直壁微内收，底不平，由北而南往下倾斜。坑口距地表深约0.4 米，长 3.65、宽 2.17、深 0.13～0.29 米。坑底北部发现两个长圆形柱洞，斜壁，尖圜底，长径0.3～0.4、短径 0.25～0.3、深 0.2～0.3 米。填土为灰黄土，质地疏松，包含小石块、碎陶片、炭粒以及 2 件罐口沿和 1 件釜口沿。陶片以泥质灰陶居多，纹饰有附加堆纹、曲折纹、条纹、凸弦纹等。

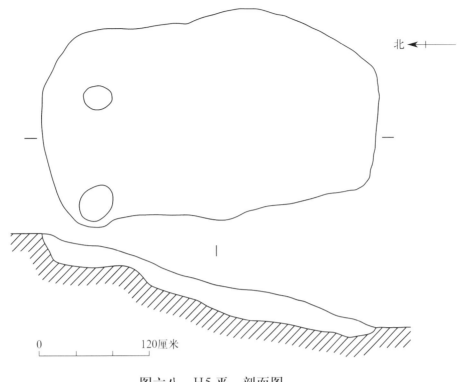

图六八　H5 平、剖面图

小口直领罐　2 件。

标本 H5：1，泥质浅灰胎浅褐陶，器表施浅灰色陶衣。小盘口，高领，微折沿，唇外侧有轮旋槽。口沿下饰从左向右斜条纹。口径 20、残高 6 厘米（图六九，2）。

标本 H5：3，泥质浅灰陶。领断面可看到明显泥片贴筑痕。外方唇，唇内侧凹，呈小盘口，近直领，折沿，口沿下饰从左向右斜条纹。口径 12、残高 5.9 厘米（图六九，3）。

侈口釜　1 件。

标本 H5：2，夹细砂浅灰胎浅黄陶，器表施浅灰色陶衣。器形较大，外方唇，唇内侧微凹，敞口，斜领，口沿内壁有轮旋槽，口沿下饰从左向右粗斜条纹。口径 27、残高 6 厘米（图六九，1）。

2. H6

位于 T2038 的西南部，开口于第③a 层下，打破第③b 层（图七〇；彩版六〇，1）。

平面大致呈椭圆形，斜壁，圜平底。坑口距地表深 0.6 米，长径 0.84、短径 0.77、深 0.11～0.4 米。坑底有人为堆放的石块，夹杂有陶片。填土为灰褐土，质地疏松，出土遗物丰富，陶片有泥质硬陶、夹砂黑灰陶及少许泥质软陶等，纹饰主要有叶脉纹、曲折纹、附加堆纹等。标本有 7 件罐口沿、1 件罐圈足、2 件釜口沿、1 件器盖残片。

小口立领罐　2 件。

标本 H6：12，夹细砂灰褐陶。器形较小，外斜方唇，唇内侧微凹，外唇面有轮旋纹，近直领，较高。口径 15、残高 4.4 厘米（图六九，15）。

标本 H6：4，夹细砂黄胎，器表施浅褐色陶衣。微敞口，外斜方唇，唇内侧微凹，立领。口径 15、残高 5.3 厘米（图六九，8）。

小口高领卷沿罐　2 件。

标本 H6：2，泥质黄陶。简化外方唇，唇内侧凹，近直领，口沿下饰从左向右斜条纹。口径 17、残高 5 厘米（图六九，6）。

标本 H6：9，夹细砂黄陶。敞口，斜领，内壁有轮旋槽，唇内侧微凹，口沿下饰从左向右斜条纹。口径 14.5、残高 4.8 厘米（图六九，12）。

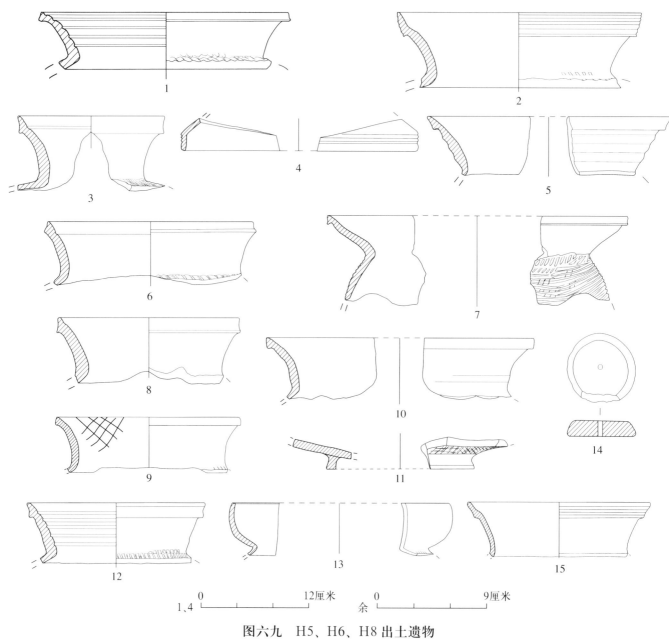

图六九　H5、H6、H8 出土遗物

1.侈口釜H5：2　2、3.小口直领罐H5：1、H5：3　4.陶器盖H6：8　5、7.大敞口折沿罐H6：3、H6：7　6、12.小口高领卷沿罐H6：2、H6：9　8、15.小口立领罐H6：4、H6：12　9、10.敞口釜H6：5、H6：1　11.罐圈足H6：10　13.敛口罐H6：11　14.陶纺轮H8：1

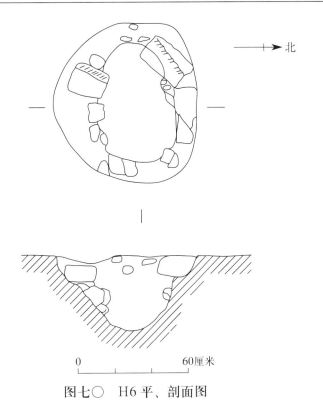

图七〇　H6 平、剖面图

大敞口折沿罐　2 件。

标本 H6：3，夹细砂灰胎灰褐陶。外方唇，斜立领，唇内侧不凹，领外壁有数道轮旋痕。口径约 20、残高 4.6 厘米（图六九，5）。

标本 H6：7，泥质黄陶，器表施浅褐陶衣。方唇，唇内侧不凹，斜立领，微折沿，沿面微内弧，口沿下饰从右向左斜条纹和横条纹。口径约 25、残高 7.2 厘米（图六九，7）。

敛口罐　1 件。

标本 H6：11，泥质浅灰陶。方圆唇，直领，敛口，折沿，口沿下饰从左向右斜条纹。口径约 17.8、残高 4.2 厘米（图六九，13）。

罐圈足　1 件。

标本 H6：10，夹细砂褐陶。圈足略高，内外均较直。足径约 12、残高 2.4 厘米（图六九，11）。

敞口釜　2 件。

标本 H6：5，夹细砂灰陶，器表施灰褐色陶衣。大敞口，方唇，唇内侧不凹，卷沿。口沿下饰从左向右斜条纹，内壁有刻划符号。口径 15.4、残高 4.5 厘米（图六九，9）。

标本 H6：1，夹砂红褐陶。敞口，领较直，简化外方唇，唇内侧不凹。口径约 22、残高 4.9 厘米（图六九，10）。

器盖　1 件。亦有可能为豆。

标本 H6：8，泥质硬灰陶。圆唇，直口，口沿外侧有旋槽，折腹浅盘。口径约 26、残高 3.4 厘米（图六九，4）。

3. H7

位于 T1939 的中部，开口于第③b 层下，打破第⑤层（图七一；彩版六〇，2）。

平面呈不规则椭圆形，斜壁，平底。坑口距地表深 0.85 米，长径 2.1、短径 0.24～1.3、深 0.15～0.3 米。坑底有人为堆放的岩石块和河卵石，个别石块夹杂碎陶片。坑内填土为红褐砂土，质地疏松，内含小石块、炭粒、少量印纹陶片等。陶片纹饰主要有曲折纹、条纹、附加堆纹等。

4. H8

位于 T1937 西北部，开口于第③c 层下，打破第⑤层（图七二；彩版六〇，3）。

平面呈不规则椭圆形，斜壁，平底。坑口距地表深约 1 米，长径 1.35、短径 0.32～0.78、深 0.28～0.3 米。底部含杂石块，似人为堆填而成。填土分为两层：第①层为紫褐色砂土，质地疏松，层表有 1 件陶纺轮，深 0.08～0.12 米。第②层为灰红软砂黏土，质地较疏松，含少量条纹陶片、石块等，深 0.16～0.20 米。

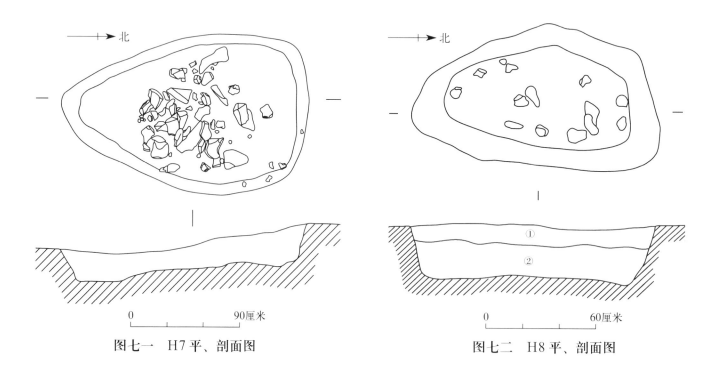

图七一　H7 平、剖面图　　　　　　　图七二　H8 平、剖面图

陶纺轮　1 件。

标本 H8：1，泥质灰黑硬陶。略残。饼状，中有小圆孔。截面略呈梯形。直径 5.6、孔径 0.3、厚 1.2 厘米（图六九，14；彩版六〇，4）。

5. H9

位于 T1939 的西北部，开口于第④层下，打破第⑤层（图七三；彩版六一，1）。

平面呈不规则圆角刀把形，坑壁明显且规整，弧壁，圜底。坑口距地表深约 0.8 米，长 2.2、宽 0.58～0.9、深 0.25～0.3 米。坑底似有人为堆放的石块。填土为红褐色砂土，质地疏松，出土

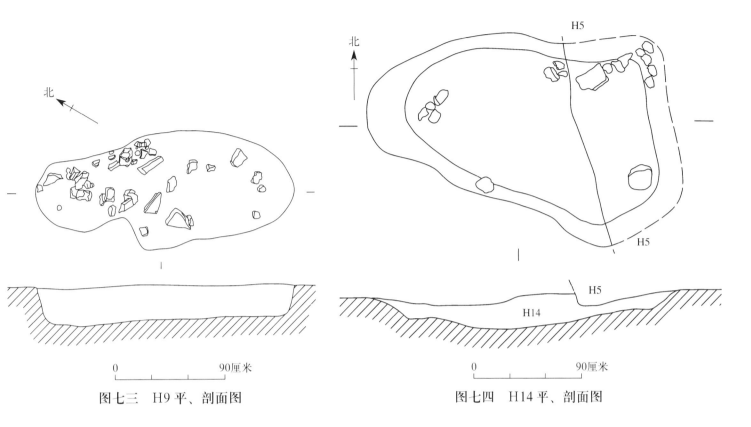

图七三　H9平、剖面图　　　　　　　　　　图七四　H14平、剖面图

遗物不多，仅少量泥质曲折纹、条纹陶片。

6. H14

位于 T2141 中部，开口于第③b 层下，打破第③c 层，坑口被 H5 打破（图七四；彩版六一，2）。

平面呈不规则椭圆形，弧壁，圜平底。坑口距地表深约 0.8 米，长径 2.5、短径 0.77～1.65、深 0.08～0.26 米。填土为灰褐土，质地疏松，东部填土包含较多大石块，散乱无规律，坑底为分布密集的细碎石子。填土出土少量陶片和 1 件双肩磨制石锛，陶片以泥质灰陶为主，纹饰有曲折纹、条纹、附加堆纹等。

有肩石锛　1 件。

标本 H14：1，中型。片岩，硬度为 6，未风化。双肩明显，棱角分明，肩近直角，靠近器身中部。刃部有崩疤。长 7、刃宽 4.3、厚 1.4 厘米（图七五，1；彩版六一，3）。

7. H21

位于 T2238 东南部，开口于第③a 层下，打破生土（图七六；彩版六二，1、2）。

平面为椭圆形，斜壁，圜底。坑口距地表深约 0.3 米，长径 1.95、短径 0.9～1.5、深 0.1～0.22 米。填土为灰红砂土，质软，包含较多石块，近底部石块尤为密集。出土有陶片和 1 件石锛坯。

石锛坯　1 件。

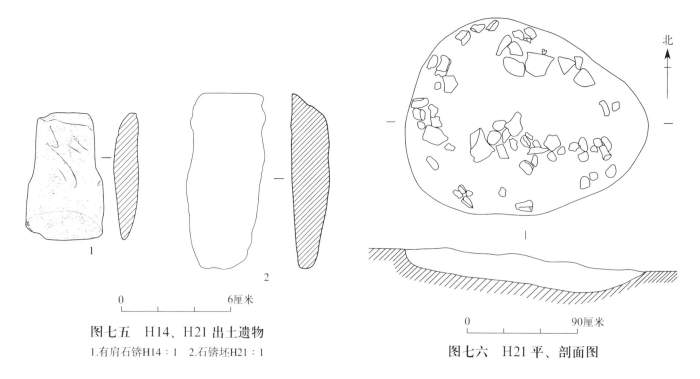

图七五　H14、H21 出土遗物

1.有肩石锛H14：1　2.石锛坯H21：1

图七六　H21 平、剖面图

标本 H21：1，片岩，硬度为 5，中风化。整体呈长方形，打制成形，并经初步磨制。器身一面较粗糙，遍布打击痕，一面磨制较为光滑，疑为石器制作半成品。长 9.3、宽 2.9~4.1、厚 1.2~2 厘米（图七五，2；彩版六二，3）。

（二）柱洞

主要分布在东南坡脚的 T1937、T1939 和 T1940 三个探方内，均开口于第③层下，打破第④层（彩版六三，1、2）。多为圆形或椭圆形内斜壁圜平底，填土单纯，无陶片，个别柱洞底部发现石块，但分布没有规律（彩版六四，1~4）。

三　地层出土遗物

地层出土人工制品有陶器、石玉器和少量红烧土块，器类、器形、质色与Ⅱ区基本一致。H2、H3 为汉唐阶段的晚期灰坑，出有少量标本，也归于地层出土遗物予以介绍。

（一）陶器

606 件。

罐　486 件。按口沿形状的差异亦大致分为小口立领罐、大口立领罐、小口卷沿罐、大口卷沿罐、大口折沿罐、盘口罐等六大类。

1. 小口立领罐

215 件。数量多、样式丰富，可按领部相对高矮分为高领和矮领两种，高领者口领较直，矮领者口领稍卷。

(1) 高领罐

203 件。口沿唇部主要有单唇、外方唇两种。参照可复原器，器形有矮圈足和圜底两种，以矮圈足为主。

1) 单唇罐

86 件，直口，直领。圆唇居多，少量平方唇或窄斜方唇。几乎均为泥质，以浅灰、灰、浅褐、浅黄等颜色为主。肩部多饰斜向条纹，不少又饰附加堆纹，部分口沿内壁可见刻划符号和"又"形等黑彩。从可复原器看应为圈足罐，有 62 件可辨肩部，广肩或圆肩者 42 件，溜肩者 20 件。

标本 T2141④：18，泥质灰陶，内外施深灰色陶衣。直口微敞，领外壁有轮旋痕，口沿下饰从左向右粗斜条纹。口径 11、残高 5.1 厘米（图七七，1）。

标本 T2141③b：40，泥质灰陶。直口微敞，口沿下饰从左向右粗斜条纹，内有黑彩。口径 12、残高 3.3 厘米（图七七，2）。

标本 T2235④：2，泥质灰陶。直口微敞，领外壁有轮旋痕，口沿下饰从左向右粗斜条纹。口径 12、残高 5.5 厘米（图七七，3）。

标本 T1939③a：25，泥质灰胎浅灰陶，器表施浅褐色陶衣。直口微敞，领外壁有轮旋痕，口沿内面有三角填戳点纹。口径 14、残高 4.6 厘米（图七七，4）。

标本 T2138③a：7，夹细砂浅灰陶，内外施浅褐色陶衣。领外壁有轮旋痕，口沿下饰从右向左粗斜条纹。口径 10、残高 4.7 厘米（图七七，5）。

标本 T2138③b：13，泥质灰陶，内外施灰褐色陶衣。口沿下饰从左向右斜条纹。口径约 12、残高 4.2 厘米（图七七，6）。

标本 T2038③b：9，夹细砂灰陶。领外壁有轮旋痕，口沿内面有刻划符号。口径 13、残高 5.5 厘米（图七七，7）。

标本 T1939③a：18，泥质浅黄陶，器表施浅褐色陶衣。口沿下饰从左向右粗斜条纹。口径 9、残高 4.1 厘米（图七七，8）。

标本 T2238③a：6，泥质灰胎浅灰陶。口沿下饰从左向右斜条纹，口沿内面有刻划符号。口径 11.8、残高 4.4 厘米（图七七，9）。

标本 T2138③a：5，夹细砂浅灰陶。质较硬。直口微敞，高立领，器形较大。口沿下饰从左向右粗斜条纹。口径约 14、残高 6.2 厘米（图七七，10；彩版六五，1）。

标本 T2036③b：7，泥质灰胎浅黄陶。高领外壁有轮旋痕，口沿下饰从左向右粗斜条纹。口径约 14、残高 5.5 厘米（图七七，11）。

标本 T1937③a：6，泥质浅橙黄陶。领外壁有轮旋痕，口沿下饰从右向左斜条纹，上加短横线。口径约 12、残高 5.5 厘米（图七七，12；彩版六五，2）。

标本 T2141④：43，泥质浅灰硬陶，口沿内壁施褐色陶衣。窄斜方唇。口沿下饰近竖向条纹。口径 14、残高 4 厘米（图七七，13）。

标本 T1940③a：15，可复原，器形较小，口沿稍变形，泥质灰陶。圆腹，最大径居中，圈

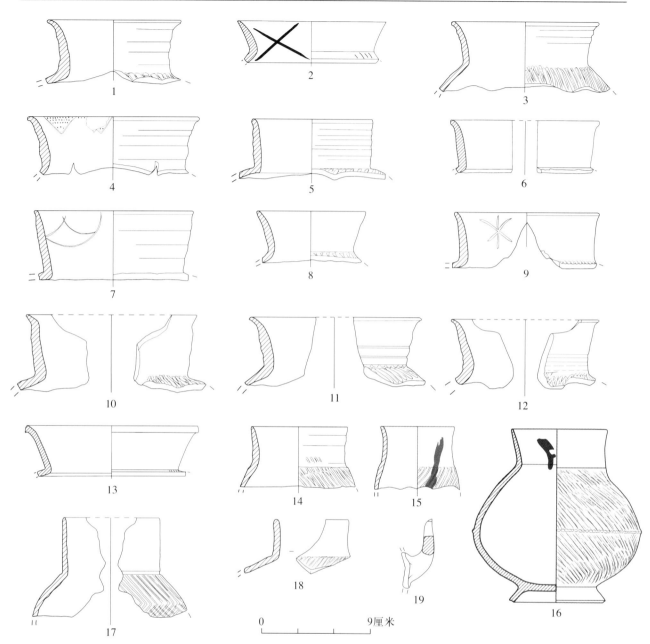

图七七　Ⅲ区山下地层出土小口立领罐、直领圈足罐器把

1～18.小口立领罐T2141④：18、T2141③b：40、T2235④：2、T1939③a：25、T2138③a：7、T2138③b：13、T2038③b：9、
T1939③a：18、T2238③a：6、T2138③a：5、T2036③b：7、T1937③a：6、T2141④：43、T2038③b：18、T2038②：17、
T1940③a：15、T1939③a：26、T1940③a：22　　19.直领圈足罐器把T2238④：12

足较高且外撇，肩腹饰从左向右斜条纹，腹最大径处饰一周绳索状附加堆纹，口沿内侧有一道黑彩。口径7.5～8.5、足径7.6、通高13.8厘米（图七七，16；彩版六五，3）。

　　标本T2038③b：18，泥质浅灰陶。垂腹，口沿下饰从左向右斜条纹。口径8、残高4.9厘米（图七七，14）。

　　标本T1939③a：26，泥质灰胎红褐陶。垂腹，肩腹饰交错条纹。口径约8、残高7.9厘米（图七七，17）。

标本 T2038②：17，泥质灰陶。垂腹，口沿下饰从右向左斜条纹，上有一道黑彩。口径 6、残高 5 厘米（图七七，15）。

标本 T1940③a：22，泥质浅黄陶，内外施褐色陶衣。溜肩，口沿下饰从右向左斜条纹。口径约 10、残高 4.3 厘米（图七七，18）。

直领圈足罐器把

4 件。均为泥质浅灰或灰色硬陶，2 件为角形把手残件，2 件为竖向鋬手残件，分别与Ⅲ区山顶 M27：2 和 M24：1 高领圈足罐把手和鋬手相似。

标本 T2238④：12，角形把手，泥质浅灰陶。残高 6.1 厘米（图七七，19；彩版六五，4）。

2）外方唇罐

117 件。口径较大，口领略敞，少量外方唇规整平直。有 16 件唇面有轮旋痕或轮旋槽。质地以夹细砂为主，细泥质次之，不少小口细泥质罐口沿唇面有轮旋痕。细泥质硬陶者绝大多数为圈足罐，夹细砂者多为圜底罐。

标本 T1940③a：19，泥质浅灰硬陶，内外施褐色陶衣。敞口，领稍直，唇内侧微凹，口沿下饰从右向左斜条纹。口径约 15、残高 4.5 厘米（图七八，10）。

标本 T2036③a：3，泥质灰胎，器表施红褐陶衣。整个器物变形，不可复原。领稍直，唇内侧微凹，圈足略矮较直。口沿下饰从左向右斜条纹，肩和上腹饰曲折纹，腹部饰附加堆纹，下腹和器底饰交错细条纹。口径 11～12、足径 9、高 17～18 厘米（图七八，1）。

标本 T2141③b：21，泥质灰陶，内外施深褐色陶衣。敞口，唇内侧微凹，高立领，口沿下饰从左向右斜条纹。口径 13、残高 5.4 厘米（图七八，11）。

标本 T1937③a：15，夹细砂灰胎灰褐陶。敞口，斜立领，唇内侧凹，略呈小盘口，领外壁有轮旋痕，口沿下饰从左向右粗斜条纹，内面有刻划符号。口径 17、残高 5 厘米（图七八，4）。

标本 T2038④：27，夹细砂灰陶。口沿稍变形，内壁灰褐色。领较直，唇内侧微凹，口沿下饰从左向右斜条纹。口径约 14、残高 4.1 厘米（图七八，5）。

标本 T1939③a：20，夹细砂灰陶。唇内侧凹，呈小盘口。领外壁有轮旋痕。口径 15、残高 4.6 厘米（图七八，9）。

标本 T2036③c：14，夹细砂褐陶。唇内侧凹，近直口，口沿下饰从左向右斜条纹。口径约 14.5、残高 5.2 厘米（图七八，12）。

标本 T2138③a：8，夹细砂灰胎红褐陶。直口微敞，唇内侧微凹，立领，口沿下饰从左向右粗斜条纹，内面有戳印小圆圈。口径约 14、残高 5.9 厘米（图七八，8）。

标本 T2141④：36，夹细砂橙黄陶。唇内侧微凹，微敞口。领外壁有轮旋痕。口径 17、残高 5.1 厘米（图七八，6）。

标本 T2036③b：12，夹细砂褐陶。唇内侧不凹，微敞口，广肩。口沿下饰从左向右斜条纹，内壁有刻划符号。口径约 15、残高 5 厘米（图七八，2）。

标本 T1937③a：7，夹细砂灰陶，内外施褐色陶衣。直口微敞，高领，口沿下饰从左向右斜条纹。口径 17.6、残高 5.5 厘米（图七八，3；彩版六五，5）。

标本 T2141④：19，夹细砂灰陶，内外施深褐色陶衣。直口微敞，立领，领外壁有轮旋痕，

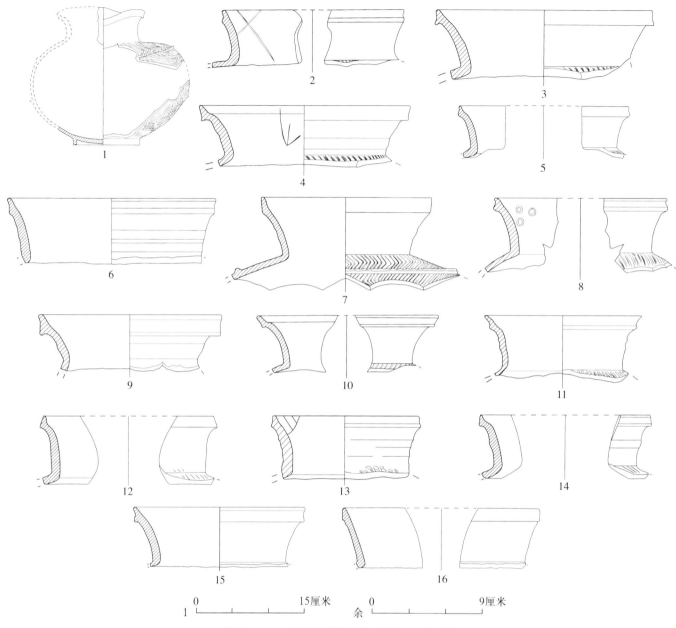

图七八　Ⅲ区山下地层出土小口立领罐

1～16.小口立领罐T2036③a：3、T2036③b：12、T1937③a：7、T1937③a：15、T2038④：27、T2141④：36、T2038③b：15、T2138③a：8、T1939③a：20、T1940③a：19、T2141③b：21、T2036③c：14、T2141④：19、T2036③c：15、T2141③b：37、T1940③a：30

口沿下饰从左向右斜条纹，内面有刻划符号。口径 12、残高 5 厘米（图七八，13）。

标本 T2036③c：15，夹细砂灰褐陶。口沿下饰从左向右斜条纹。口径约 14、残高 4.7 厘米（图七八，14）。

标本 T2038③b：15，泥质黄胎灰白陶，内外施浅褐色陶衣。高领，唇内侧微凹，广肩，口沿下饰从左向右斜条纹和曲折纹，上加绳索状附加堆纹。口径 14、残高 7.4 厘米（图七八，7）。

标本 T1940③a：30，夹细砂浅褐陶。近直口，直领，唇内侧不凹，广肩，口沿下饰从右向左斜条纹。口径约 16、残高 4.8 厘米（图七八，16）。

标本 T2141③b：37，夹细砂浅灰胎陶，内外施褐色陶衣。微敞口，唇内侧微凹，口沿下饰从左向右斜条纹。口径 14、残高 4.7 厘米（图七八，15）。

标本 T1940③a：21，夹细砂灰陶。直口微敞，唇内侧不凹，口沿下饰从左向右斜条纹，内面有刻划符号。口径 14、残高 4.8 厘米（图七九，1）。

标本 T2038③b：24，夹细砂浅灰陶。敞口，唇内侧微凹，口沿下饰从左向右斜条纹。口径 14、残高 4.6 厘米（图七九，2）。

标本 T1939③a：23，夹细砂灰陶。微敞口，唇内侧微凹，广肩，口沿下饰从右向左斜条纹。口径 14、残高 4.9 厘米（图七九，3）。

标本 T2141④：8，可复原，夹细砂灰胎浅灰陶。敞口，唇内侧不凹，立领，广肩，鼓腹，最大径居中，圈足较矮稍外撇。器身饰从右向左斜条纹，上加五道绳索状附加堆纹。口径 11.2、足径 10.2、通高 23.6 厘米（图七九，4；彩版六五，6）。

标本 T2238④：7，夹细砂浅灰陶，内外施浅褐色陶衣。直口微敞，唇内侧不凹，口沿下饰从左向右斜条纹。口径 14、残高 6 厘米（图七九，5）。

标本 T2141③a：10，泥质浅黄陶，内外施褐色陶衣，外表多脱落。敞口，唇内侧不凹，广肩，口沿下饰从右向左细斜条纹，领外壁有数道轮旋痕，并有一刻划符号。口径 15、残高 5.4 厘米（图七九，6；彩版六五，7）。

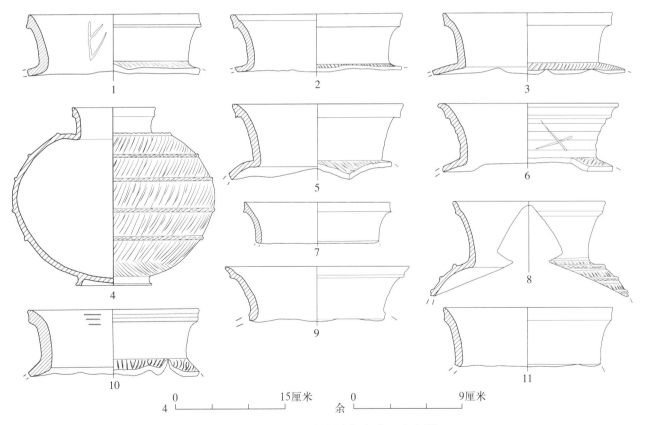

图七九　Ⅲ区山下地层出土小口立领罐

1～11.小口立领罐 T1940③a：21、T2038③b：24、T1939③a：23、T2141④：8、T2238④：7、T2141③a：10、T2141③b：31、T1939③a：17、T1939③a：11、T2036③a：4、T2141④：20

标本 T2141③b：31，泥质浅灰陶。口径 12、残高 3.1 厘米（图七九，7）。

标本 T1939③a：17，泥质浅灰硬陶。口沿稍变形。微敞口，唇内侧微凹，圆肩，口沿下饰竖条纹，上加多道绳索状附加堆纹。口径 12.6、残高 7.6 厘米（图七九，8）。

标本 T1939③a：11，泥质浅灰硬陶。敞口，唇内侧微凹，高领，广肩。口径 15、残高 4.4 厘米（图七九，9）。

标本 T2036③a：4，夹砂褐陶，内外施灰褐陶衣。唇面有浅凹槽，敞口，唇内侧不凹，圆肩，肩和上腹分组饰不规则重圈加凸点纹，其间用横条纹间隔，口沿内壁有刻划符号。口径 14、残高 5.4 厘米（图七九，10；彩版六五，8）。

标本 T2141④：20，泥质灰黑胎浅黄陶，质较软。敞口，唇内侧不凹，直领。口径 14、残高 4.7 厘米（图七九，11）。

标本 T2238③a：18，泥质浅灰陶。领外壁有轮旋痕。直口，直领，唇内侧微凹，形似小盘口，广肩，口沿下饰从左向右斜条纹。口径约 17、残高 4.8 厘米（图八〇，1）。

标本 T2141④：35，泥质浅灰硬陶。口领较直，唇内侧微凹，外唇面有轮旋痕。口径约 14、残高 5.2 厘米（图八〇，2）。

标本 T1937③a：22，泥质橙黄陶。口微敞，唇内侧微凹，外唇面有轮旋痕。口径 16、残高

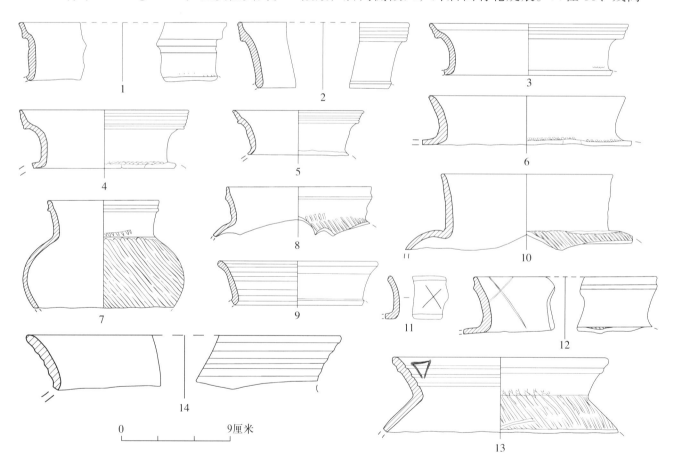

图八〇　Ⅲ区山下地层出土小口立领罐、大口立领罐

1～12.小口立领罐T2238③a：18、T2141④：35、T1937③a：22、T2038③a：12、T2138③a：3、T2141④：24、T2141④：12、T1939③a：28、T1940③a：32、T2038③b：16、T2141④：44、T2036③b：12　13、14.大口立领罐 T2038③a：7、T1940③a：3

4.1 厘米（图八〇，3）。

标本 T2038③a：12，泥质硬灰陶，内外施黑灰色陶衣。唇内侧凹，形似小盘口，领稍卷。外唇面有轮旋槽，口沿下饰从左向右细斜条纹。口径 14、残高 4.7 厘米（图八〇，4）。

标本 T2138③a：3，泥质浅灰陶，内外施浅褐色陶衣。敞口，唇内侧微凹。外唇面有轮旋槽。口径 11、残高 3.5 厘米（图八〇，5）。

（2）矮领罐

12 件。领略矮，口较大，5 件为圆唇，3 件为方唇，4 件为简化外方唇。

标本 T2141④：24，泥质红褐陶，器表施灰褐色陶衣。敞口，微卷沿，口沿下饰从左向右斜条纹。口径 16、残高 3.9 厘米（图八〇，6）。

标本 T2038③b：16，泥质黄胎浅红褐陶。直口，直领，口沿下饰从左向右粗斜条纹。口径 14、残高 6 厘米（图八〇，10；彩版六六，1）。

标本 T1940③a：32，泥质浅灰黄陶。直口微敞，斜立领，口沿内壁有轮旋槽。口径 13、残高 3.5 厘米（图八〇，9）。

标本 T2141④：44，泥质浅灰硬陶，内外施褐色陶衣。方唇，微敞口，立领，口沿下饰从左向右斜条纹，外壁有 "×" 形刻划符号。口径不确、残高 3.4 厘米（图八〇，11）。

标本 T2141④：12，泥质灰胎浅灰陶，质较硬。简化外方唇，直口微敞，立领，圆肩，肩腹饰从左向右斜条纹。口径 9.2、残高 8.5 厘米（图八〇，7；彩版六六，2）。

标本 T1939③a：28，泥质浅灰硬陶。口沿稍变形。简化外方唇，直口微敞，唇内侧凹，圆肩，口沿下饰从左向右斜条纹。口径 12.2、残高 3.9 厘米（图八〇，8；彩版六六，3）。

标本 T2036③b：12，夹细砂褐陶。简化外方唇，直口微敞，唇内侧凹，口沿下饰从左向右规整斜条纹，口沿内面有刻划符号。口径约 15、残高 4.5 厘米（图八〇，12）。

2. 大口立领罐

2 件。口径大，斜立领，沿稍卷。

标本 T2038③a：7，泥质灰胎红褐陶。圆唇，敞口，斜立领，口沿下饰从左向右斜条纹，内壁有轮旋槽和刻划符号。口径 17.4、残高 6 厘米（图八〇，13；彩版六六，4）。

标本 T1940③a：3，泥质黄褐胎浅黄陶，内外施浅褐色陶衣。圆唇，大敞口，领外壁有轮旋痕。口径约 26、残高 4.2 厘米（图八〇，14）。

3. 小口卷沿罐

45 件。均外方唇，夹细砂居多，直领或斜立领，直口或敞口。其中夹细砂者多为圜底罐，细泥质者绝大多数为圈足罐，以圜底居多。大体可按领部相对高矮分为两种，高领者口领稍斜直，矮领者口领较外卷。

（1）高领罐

24 件。几乎都是夹细砂陶，有的领内壁或外壁有粗细不等的轮旋槽或轮旋痕，部分领内壁有竖线或 "乂" 形黑彩。

　　标本 T2036③b：13，夹细砂灰胎黄陶，内外施褐色陶衣。唇内侧微凹，斜立领，口沿下饰交错条纹，内壁有刻划符号。口径 16、残高 6.5 厘米（图八一，1；彩版六六，5）。

　　标本 T2235④：1，夹细砂灰胎浅灰陶。唇内侧凹，斜立领，口沿下饰从左向右粗斜条纹，肩部为交错条纹，口沿内面有五角星状刻划符号。口径 16、残高 6.3 厘米（图八一，2）。

　　标本 T2038③b：1，夹细砂黄胎浅褐陶。小盘口外卷，唇内侧凹，束颈，口沿下饰从左向右粗斜条纹。口径 17.9、残高 5 厘米（图八一，3）。

　　标本 T1938③a：6，夹细砂灰陶。唇内侧微凹，斜立领，束颈，口沿下饰从左向右粗斜条纹，内壁有刻划符号。口径约 16、残高 4.9 厘米（图八一，4；彩版六六，6）。

　　标本 T1939③a：22，夹细砂灰陶。略呈小盘口，唇内侧凹，束颈，口沿下饰从左向右粗斜条纹。口径 15.3、残高 5.6 厘米（图八一，5）。

　　标本 T2141④：30，夹细砂灰陶。唇内侧凹。口径约 13、残高 4 厘米（图八一，6）。

　　标本 T2141④：29，泥质浅褐陶。口领较直，唇内侧凹。口径约 13、残高 4.3 厘米（图八一，7）。

　　标本 T1937③a：10，夹细砂浅黄胎灰陶。唇内侧不凹，卷沿较大，溜肩，口沿下饰从左向右斜条纹，内面有刻划符号。口径 11、残高 5.4 厘米（图八一，8）。

　　标本 T2036③c：16，夹细砂灰陶。唇内侧不凹，卷沿较大，口沿下饰从左向右斜条纹。口径约 11、残高 4.1 厘米（图八一，9）。

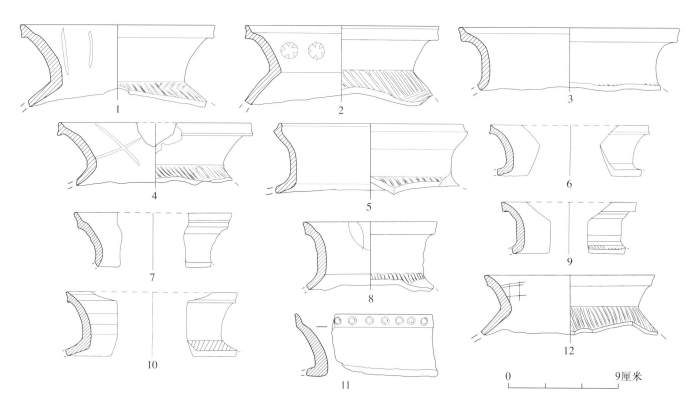

0　　　　　9厘米

图八一　Ⅲ区山下地层出土小口卷沿罐

1～12.小口卷沿罐 T2036③b：13、T2235④：1、T2038③b：1、T1938③a：6、T1939③a：22、T2141④：30、T2141④：29、T1937③a：10、T2036③c：16、T1937③a：19、T1939③a：24、T1939③a：13

标本 T1937③a：19，浅黄陶。领内壁有轮旋痕，口沿下饰从右向左斜条纹。口径约 14、残高 5 厘米（图八一，10）。

标本 T1939③a：24，泥质灰胎黄陶。唇内侧微凹，斜立领，口沿外面戳印圆圈纹。口径不确、残高 5 厘米（图八一，11）。

标本 T1939③a：13，夹砂灰陶。唇内侧不凹，斜立领，圆肩，口沿下饰从左向右斜条纹，内面有刻划符号。口径 14、残高 4.8 厘米（图八一，12；彩版六六，7）。

（2）矮领罐

21 件。外斜方唇，有的外唇面有粗细不等的轮旋痕。敞口或直口微敞，部分领内壁或外壁有粗细不等的轮旋槽或轮旋痕。泥质占绝对多数，推测多为圈足罐。

标本 T2141④：17，泥质硬灰陶，内外施褐色陶衣。小盘口，唇内侧凹，外唇面有轮旋槽，束颈，口沿下饰从左向右斜条纹。口径约 16、残高 4.6 厘米（图八二，6）。

标本 T2238④：3，泥质浅褐陶。口领较直，唇内侧凹。口径 13～16、残高 4.5 厘米（图八二，1）。

标本 T1937③a：11，泥质硬灰陶，内外施浅褐色陶衣。唇微残，外唇面有轮旋槽，唇内侧凹，广肩，口沿下饰从左向右斜条纹，口沿内面有黑彩线条。口径不确、残高 5 厘米（图八二，2）。

标本 T1938①a：3，泥质硬灰陶，内壁黄色，外表浅灰色。小盘口，唇内侧凹，外唇面有轮旋槽，斜立领，束颈，口沿下饰从左向右斜条纹。口径约 14、残高 4.7 厘米（图八二，5）。

标本 T2036③b：10，泥质硬灰陶。小盘口，唇内侧凹，外唇面有轮旋槽，口沿下饰从左向右斜条纹。口径 15、残高 4.7 厘米（图八二，4）。

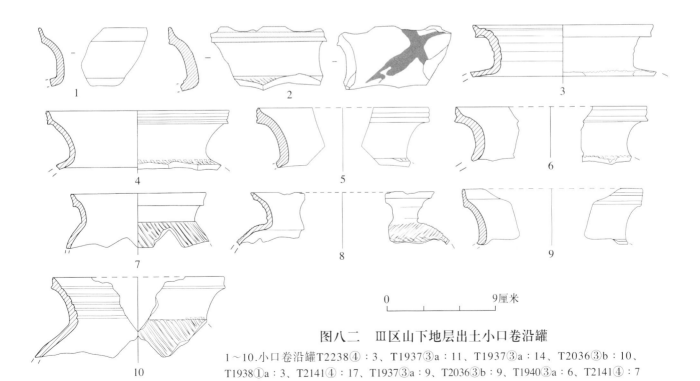

0　　　　　　　9厘米

图八二　Ⅲ区山下地层出土小口卷沿罐

1～10.小口卷沿罐 T2238④：3、T1937③a：11、T1937③a：14、T2036③b：10、
T1938①a：3、T2141④：17、T1937③a：9、T2036③b：9、T1940③a：6、T2141④：7

标本 T1937③a：9，夹细砂硬灰陶。敞口，唇内侧微凹，口沿下饰从左向右斜条纹。口径11、残高 4.3 厘米（图八二，7）。

标本 T2036③b：9，泥质硬灰陶。敞口，唇内侧不凹，束颈，口沿下饰从右向左斜条纹，肩部饰交错条纹。口径约 15、残高 4.2 厘米（图八二，8；彩版六六，8）。

标本 T1940③a：6，泥质浅灰白陶。口领较直，唇内侧凹，外唇面有轮旋槽。口径约 15、残高 4.3 厘米（图八二，9）。

标本 T2141④：7，泥质灰胎红褐陶。领稍直，唇内侧微凹，口沿内壁有轮旋槽，圆肩，口沿下饰从左向右粗斜条纹。口径约 14、残高 6.4 厘米（图八二，10）。

标本 T1937③a：14，夹细砂灰陶，质较硬。领较卷，唇内侧凹，口沿内壁有轮旋槽，广肩，口沿下饰从左向右斜条纹。口径 15、残高 4.1 厘米（图八二，3）。

4. 大口卷沿罐

74 件。均为矮领，外方唇，敞口，卷沿，夹细砂略占多数。器形推测以圜底罐为主。根据外唇面有无轮旋槽分为两类。

（1）外唇面无轮旋槽

66 件。

标本 T1937③a：7，夹细砂灰陶，内外施褐色陶衣。敞口，唇内侧微凹，口沿下饰从左向右斜条纹。口径 17.6、残高 5.5 厘米（图八三，1）。

标本 T2141④：32，夹细砂浅灰陶，质较硬。口沿稍变形。口领较直，口沿下饰从右向左斜条纹。口径约 13.4、残高 3.5 厘米（图八三，4）。

标本 T2141③b：14，夹细砂黄陶，内外施浅褐色陶衣。敞口，唇内侧微凹，口沿下饰从右向左粗斜条纹。口径 30、残高 3.8 厘米（图八三，9；彩版六七，1）。

标本 T2038③a：11，泥质浅灰胎灰陶。敞口，唇内侧微凹，束颈，口沿下饰从左向右粗斜条纹。口径 17、残高 4.8 厘米（图八三，5；彩版六七，2）。

标本 T1940③a：14，泥质浅黄陶。敞口，唇内侧微凹，束颈，口沿下饰从右向左斜条纹。口径 18、残高 5.5 厘米（图八三，6）。

标本 T2036③b：11，泥质浅灰陶，质硬。唇内侧凹，呈小盘口，斜立领，广肩，口沿下饰从右向左粗斜条纹。口径约 24、残高 4.4 厘米（图八三，7）。

标本 T1940③a：11，泥质红陶。敞口，唇内侧微凹。口径约 15、残高 3.7 厘米（图八三，8）。

标本 H3：2，夹细砂灰陶，局部呈红褐色，口沿稍变形。敞口，唇内侧基本不凹。口沿下饰从左向右斜条纹，内面有刻划符号。口径 26、残高 4 厘米（图八三，10）。

标本 T2238④：19，泥质灰陶。微敞口，斜立领，简化外方唇，唇内侧微凹。口径约 26、残高 4.6 厘米（图八四，1）。

标本 T2141④：22，泥质黄陶，器表施浅褐色陶衣。敞口，斜领，口沿面外弧，简化外方唇，唇内侧不凹，口沿下饰从左向右斜条纹。口径 30、残高 3.6 厘米（图八四，2）。

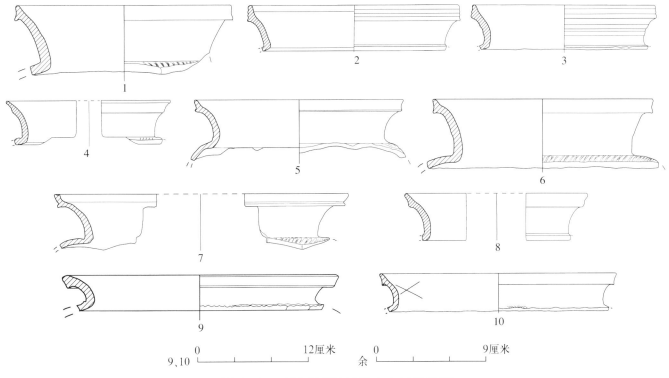

图八三　Ⅲ区山下地层出土大口卷沿罐

1～10.大口卷沿罐T1937③a：7、T2036③c：17、T2238④：14、T2141④：32、T2038③a：11、T1940③a：14、T2036③b：11、T1940③a：11、T2141③b：14、H3：2

标本 T1940③a：20，泥质黄陶。口沿稍变形。敞口，斜领，唇内侧微凹，口沿下饰从左向右粗斜条纹，外壁有刻划符号。口径约28、残高4.5厘米（图八四，3）。

标本 T1939③a：31，泥质灰褐陶。敞口，卷沿较甚，唇内侧微凹。口径约36、残高3.8厘米（图八四，4）。

标本 T2038③a：5，夹细砂灰褐陶。口沿稍变形。斜领，简化外方唇，唇内侧微凹。口径不确、残高4.2厘米（图八四，9）。

标本 T1939③a：29，泥质橙黄陶。简化外方唇，唇内侧微凹。口径22、残高4.2厘米（图八四，12）。

标本 T2038③a：6，夹细砂灰陶，内外施褐色陶衣。斜立领，唇内侧微凹，口沿下饰从左向右粗斜条纹。口径不确、残高4.7厘米（图八四，11；彩版六七，3）。

标本 T1939③a：16，泥质浅灰胎灰白陶。斜立领，唇内侧微凹，口沿下饰从左向右斜条纹。口径约24、残高3.8厘米（图八四，10；彩版六七，4）。

标本 T2235④：3，泥质浅黄陶。卷沿较甚，唇内侧不凹，束颈，口沿下饰规整从右向左细斜条纹。口径约26、残高3.4厘米（图八四，13）。

标本 T2238③a：5，泥质浅黄陶，内外施浅褐色陶衣。矮立领，唇内侧不凹，口沿下饰规整从左向右斜条纹。口径约22.4、残高4.4厘米（图八四，14；彩版六七，5）。

（2）外宽方唇唇面有轮旋槽

8件。以泥质硬陶为主，常见口沿烧制变形，唇内凹，部分口沿内壁有黑彩。

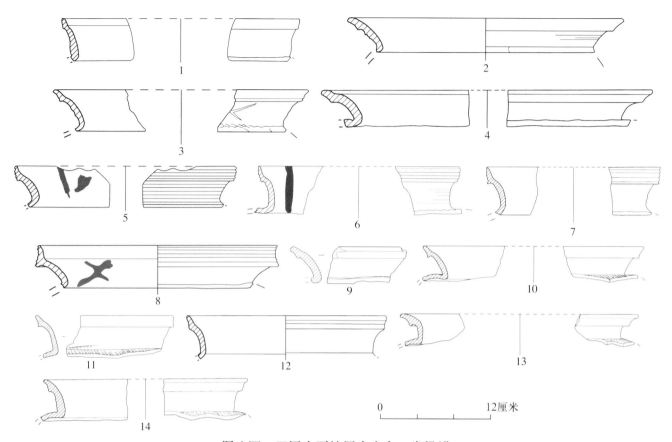

图八四　Ⅲ区山下地层出土大口卷沿罐

1~14.大口卷沿罐 T2238④：19、T2141④：22、T1940③a：20、T1939③a：31、T2141③b：2、T1938③a：5、T1937③a：13、T2038③b：13、T2038③a：5、T1939③a：16、T2038③a：6、T1939③a：29、T2235④：3、T2238③a：5

标本 T2036③c：17，泥质灰胎红褐陶。口领较直，唇内侧凹。口径 17.4、残高 3.6 厘米（图八三，2）。

标本 T2238④：14，夹细砂褐陶。口领较直，唇内侧微凹，口沿下饰从左向右粗斜条纹。口径 15、残高 3.5 厘米（图八三，3）。

标本 T2141③b：2，浅灰陶，器表施浅褐色陶衣。口沿变形。斜立领，内壁有黑彩。口径约 24、残高 4.4 厘米（图八四，5）。

标本 T1938③a：5，灰陶，内外施褐色陶衣。小盘口，唇内侧凹，立领，口沿下饰从左向右斜条纹，口沿内面有一道黑彩。口径约 22、残高 5.1 厘米（图八四，6）。

标本 T1937③a：13，浅灰陶，内壁施浅褐色陶衣。小盘口，唇内侧微凹，束颈。口径约 19、残高 5.1 厘米（图八四，7）。

标本 T2038③b：13，灰褐陶。小盘口，唇内侧凹。口沿内面有黑彩。口径 26、残高 4.6 厘米（图八四，8）。

5. 大口折沿罐

63 件。均为大敞口、斜领或斜立领、折沿，以泥质为主，少量夹细砂。参照可复原器推测以圈底器为主，少量圈足器。按器形相对大小可分为大口折沿大罐和大口折沿小罐。

（1）大口折沿大罐

42件。其中36件为方唇或外方唇，6件为简化外方唇。陶色以白色、灰白、黄白色为主。简化外方唇器形较大。多较厚重。

标本T1940③a：13，泥质浅黄陶，器表施浅褐色陶衣。方唇，沿面微内弧，广肩，肩腹饰横向梯格纹。口径28、残高6.6厘米（图八五，1；彩版六七，6）。

标本T1939③a：21，泥质黄胎黄褐陶。方唇，唇面有凹槽，内沿面有轮旋痕，口沿下饰较凌乱涡纹。口径约28、残高6.6厘米（图八五，2）。

标本T2038③b：8，泥质黄陶。方唇，口沿下饰从右向左斜条纹和横条纹。口径约28、残高6.5厘米（图八五，3；彩版六七，7）。

标本T1940③a：27，泥质橙红陶。方唇，唇面有凹槽，内沿面有轮旋痕。口径约28、残高4.2厘米（图八五，4）。

标本T2141③a：9，泥质硬灰陶。简化外方唇，斜立领，唇内侧凹明显，外唇面有戳印圆圈

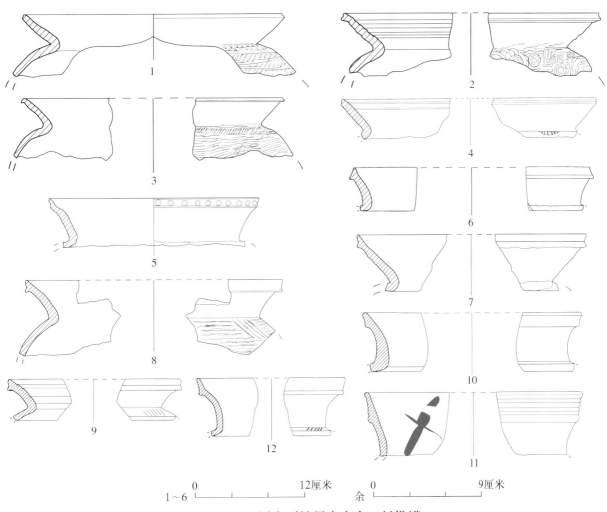

图八五　Ⅲ区山下地层出土大口折沿罐

1～12.大口折沿罐T1940③a：13、T1939③a：21、T2038③b：8、T1940③a：27、T2141③a：9、T2036③c：18、T2141③b：6、T2141③a：23、T1938③a：10、H3：3、T2036③c：20、T1940③a：31

纹。口沿下饰从左向右斜条纹。口径 23、残高 5 厘米（图八五，5）。

标本 T2141③b：6，泥质浅灰硬陶。斜领，内沿面微内弧。口径 19~23、残高 4.5 厘米（图八五，7）。

标本 T2036③c：18，泥质灰褐陶。外方唇，敞口，唇内侧凹，斜立领，口沿下饰从左向右粗斜条纹。口径约 26、残高 4.6 厘米（图八五，6）。

标本 T2141③a：23，泥质灰胎，内外施红褐色陶衣。外方唇，唇内侧不凹，敞口，斜领，微折沿，圆肩，口沿下饰横条纹，局部又加饰从左向右斜条纹。口径约 21、残高 6 厘米（图八五，8）。

标本 H3：3，泥质浅灰陶，内外施浅褐色陶衣。简化外方唇，敞口，斜立领，唇内侧基本不凹。口径约 18、残高 4.7 厘米（图八五，10）。

标本 T1938③a：10，夹细砂浅黄陶。简化外方唇，折沿较大，领较斜，内壁有轮旋槽。口沿下饰从左向右粗斜条纹。口径约 14、残高 3.3 厘米（图八五，9）。

标本 T1940③a：31，泥质浅灰陶。简化外方唇，口沿稍变形，高领，口沿下饰从右向左粗斜条纹。口径约 12、残高 4.6 厘米（图八五，12）。

标本 T2036③c：20，泥质浅黄硬陶。高领，简化外宽方唇，唇面有轮旋槽，口沿内面微内弧，有"×"形黑彩。口径约 18、残高 5 厘米（图八五，11）。

（2）大口折沿小罐

21 件。器形较小，均为方唇，几乎均为泥质。

标本 T2141④：16，泥质浅灰硬陶，内外施浅褐色陶衣，多脱落。大敞口，微折沿，内沿面微内弧，垂腹，口沿下饰从左向右斜条纹。口径约 16、残高 5 厘米（图八六，4）。

标本 T1939③a：15，泥质浅黄胎黄白陶。规整方唇，唇面有浅槽，大敞口，斜领，口沿下饰横向条纹。口径不确、残高 3.8 厘米（图八六，1）。

标本 T1937③a：8，泥质硬灰陶。规整方唇，斜领，口沿下饰斜条纹，上加横条纹。口径约 12、残高 4 厘米（图八六，9；彩版六七，8）。

标本 T1940③a：26，泥质浅灰陶。内沿面微内弧，口沿下饰从左向右斜条纹。口径约 17、残高 3 厘米（图八六，6）。

标本 T2141④：34，泥质灰白陶。敞口，内沿面微外弧，唇面有凹槽。口径约 15、残高 3.2 厘米（图八六，11）。

标本 T2141④：27，泥质浅黄陶，质较软。微敞口，唇内侧不凹，斜立领。口径 17、残高 4.4 厘米（图八六，8）。

标本 T1939③a：32，泥质浅灰陶。敞口，唇内侧不凹，斜立领。口沿下饰从左向右斜条纹。口径不确、残高 3.4 厘米（图八六，3）。

标本 T1940③a：23，泥质灰褐陶。唇面有浅槽，斜领，微敞口，广肩，口沿下饰从右向左斜条纹。口径约 19、残高 4 厘米（图八六，10）。

标本 T1937③a：18，泥质橙黄陶。微敞口，内沿面微外弧，唇面有浅槽，口沿下饰从左向右粗斜条纹。口径 12、残高 3.5 厘米（图八六，7）。

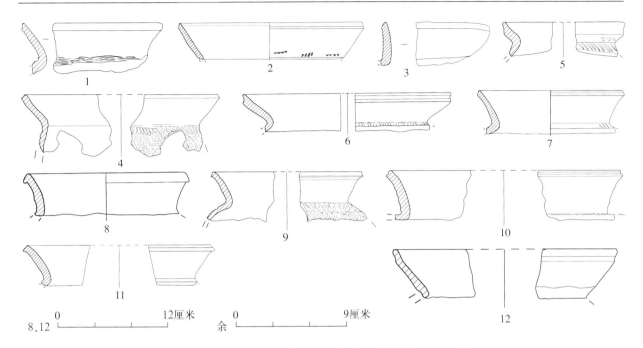

图八六 Ⅲ区山下地层出土大口折沿罐、盘口罐

1、3、4、6~11.大口折沿罐T1939③a：15、T1939③a：32、T2141④：16、T1940③a：26、T1937③a：18、T2141④：27、T1937③a：8、T1940③a：23、T2141④：34 2、5、12.盘口罐T1940③a：34、T1939③a：27、T1940③a：17

6. 盘口罐

4件，其中1件大罐，3件小罐。

标本T1940③a：17，泥质浅灰胎红褐陶。简化外方唇，折沿，内沿面微内弧。口径约25、残高5.2厘米（图八六，12）。

标本T1940③a：34，夹细砂浅灰陶，内外施褐色陶衣。盘口小罐，简化外方唇，折沿，内沿面微内弧。口径15、残高2.7厘米（图八六，2）。

标本T1939③a：27，泥质浅灰陶。束颈。盘口小罐，简化外方唇，溜肩，口沿下饰从左向右斜条纹。口径约10、残高2.7厘米（图八六，5）。

7. 罐圈足

83件。其中泥质陶70件，夹细砂陶13件。根据圈足形态差异分为三式。

Ⅰ式 10件。矮圈足，内外均外撇。

标本T2038③b：22，泥质浅灰胎灰白陶。足径7.6、残高1.9厘米（图八七，1）。

标本T2238④：16，泥质浅灰褐硬陶。足径10、残高3厘米（图八七，14）。

标本T2038③c：29，泥质浅灰硬陶。下腹饰交错条纹。足径约13、残高3.3厘米（图八七，12）。

标本Ⅲ采：6，夹细砂灰陶。足径8、残高1.1厘米（图八七，4）。

Ⅱ式 16件。圈足略高，外壁较直，内壁斜面。

标本T1940③a：24，泥质浅灰陶。足径11.2、残高2.4厘米（图八七，5）。

标本T2141④：41，泥质浅黄陶。下腹至底饰交错条纹。足径8、残高2.3厘米（图八七，6）。

标本T1937③a：16，泥质浅灰陶。下腹饰交错条纹。足径7、残高4厘米（图八七，7）。

标本T1939③a：33，泥质白陶。足径11、残高2.4厘米（图八七，11）。

标本T2141③b：11，泥质黄褐陶。足径5.1、残高1.8厘米（图八七，9）。

Ⅲ式　57件。圈足略高，内外均较直。

标本T2038③b：20，泥质浅灰陶。足径12、残高2.7厘米（图八七，10）。

标本T2238④：1，泥质橙黄陶。器底饰交错细条纹。足径约15、残高5.1厘米（图八七，16）。

标本T1939③a：35，泥质灰胎浅灰陶。器底饰交错条纹。足径13、残高2厘米（图八七，2）。

标本T2038③b：21，泥质浅灰陶。下腹至底饰交错条纹。足径12、残高4.5厘米（图八七，15）。

标本T2036③b：8，泥质灰胎，内外施红褐陶衣。器形较大，下腹和器底饰交错细条纹。足径10.2、残高3.5厘米（图八七，13）。

标本T2141③b：25，泥质灰褐陶。足径10、残高2厘米（图八七，3）。

标本T2141④：42，泥质白陶。下腹饰交错条纹。足径10、残高2.6厘米（图八七，8）。

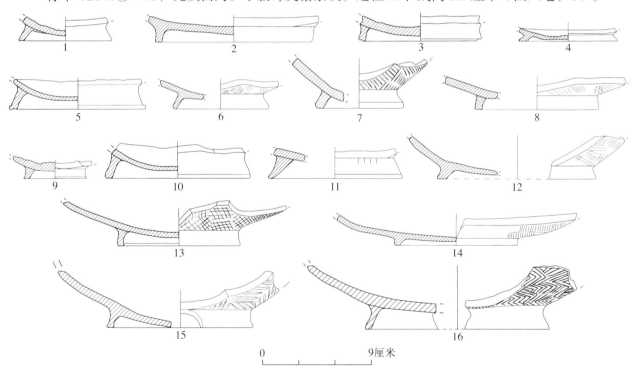

图八七　Ⅲ区山下地层出土罐圈足

1、4、12、14.Ⅰ式罐圈足T2038③b：22、Ⅲ采：6、T2038③c：29、T2238④：16　5～7、9、11.Ⅱ式罐圈足T1940③a：24、T2141④：41、T1937③a：16、T2141③b：11、T1939③a：33　2、3、8、10、13、15、16.Ⅲ式罐圈足T1939③a：35、T2141③b：25、T2141④：42、T2038③b：20、T2036③b：8、T2038③b：21、T2238④：1

8. 敞口釜

Ⅲ区山下探方地层出土釜类器物只有敞口釜。

62件。均外方唇，其中42件口沿内壁无旋槽，20件口沿内壁有轮旋槽，后者器形较大，多为夹细砂的浅灰、浅黄、白色硬陶。

标本T2141④：15，夹细砂灰褐陶。口沿稍变形。斜领，唇内侧不凹。口径17、残高4.5厘米（图八八，1）。

标本T2038③c：26，夹细砂灰褐陶。唇内侧微凹，领较直。口径19、残高3.6厘米（图八八，6）。

标本T1939③a：12，夹细砂灰陶。领较卷，唇内侧微凹，口沿下饰从左向右斜条纹。口径18.8、残高3.8厘米（图八八，3）。

标本T1939③a：19，夹细砂灰胎红褐陶。领较卷，唇内侧不凹，领外壁有轮旋痕，口沿下饰从左向右粗斜条纹。口径约25、残高4.8厘米（图八八，8）。

标本T2141③b：39，夹砂灰陶。口沿下饰从左向右斜条纹。口径20、残高3.4厘米（图八八，5）。

标本T1940③a：29，夹细砂灰陶。口沿下饰从左向右斜条纹。口径23.5、残高3.2厘米（图

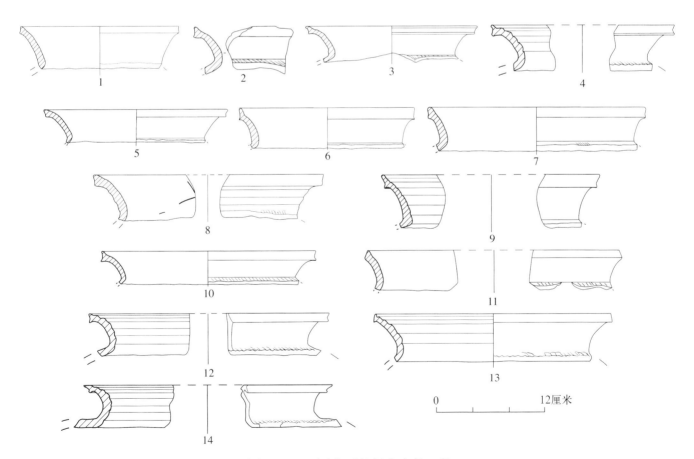

图八八　Ⅲ区山下地层出土敞口釜

1～14.敞口釜T2141④：15、T2238④：9、T1939③a：12、T2141④：13、T2141③b：39、T2038③c：26、T1940③a：28、
T1939③a：19、T1938③a：9、T1940③a：29、T1937③a：20、T1939③a：14、T2038③b：14、T2138③a：2

八八，10）。

标本 T1940③a：28，夹细砂褐陶，内外施浅灰色陶衣。唇内侧不凹，口沿下饰从左向右斜条纹。口径 24、残高 4.6 厘米（图八八，7）。

标本 T1937③a：20，夹细砂灰褐陶。矮斜领，唇内侧不凹，口沿下饰从左向右斜条纹。口径约 28、残高 4.2 厘米（图八八，11）。

标本 T2238④：9，夹细砂硬灰陶，器表施褐色陶衣。唇内侧微凹，束颈，口沿内壁有细轮旋槽，器形大，口沿下饰从左向右粗斜条纹。口径不确、残高 5.1 厘米（图八八，2）。

标本 T2141④：13，夹细砂黄胎浅灰陶，内外施褐色陶衣。领较卷，唇内侧微凹，广肩，领内壁有轮旋痕。口沿下饰从左向右粗斜条纹。口径约 20、残高 4.9 厘米（图八八，4）。

标本 T1938③a：9，夹细砂灰白陶。斜领较直，唇内侧微凹。领内壁有轮旋痕。口径约 24、残高 5.6 厘米（图八八，9）。

标本 T1939③a：14，夹细砂浅黄胎灰白硬陶，口沿内壁施褐色陶衣。唇内侧不凹，矮领，卷沿，束颈，广肩，领内壁有轮旋痕，口沿下饰从左向右粗斜条纹。口径约 26、残高 4.4 厘米（图八八，12）。

标本 T2038③b：14，夹细砂黄胎浅黄陶。唇内侧不凹，领较卷，领内壁有轮旋痕，口沿下饰从左向右斜条纹。口径 26、残高 5 厘米（图八八，13）。

标本 T2138③a：2，夹细砂灰胎浅灰白硬陶。唇内侧不凹，卷沿，束颈，广肩，领内壁有轮旋痕，口沿下饰从左向右粗斜条纹。口径约 26.8、残高 4.5 厘米（图八八，14）。

9. 釜鼎口沿

1 件。

标本 T2138③b：15，夹粗砂黑胎褐陶。圆唇内凹，外起凸棱，微卷沿。口径约 22、残高 4.5 厘米（图八九，1）。

10. 鼎足

5 件，其中可辨者 3 件。1 件出于 T2141③层，残损严重，形状大致为扁平铲状侧边微斜凹，外立面外弧。1 件出于 T2141④层，亦残损严重，形状为侧边内卷折，外立面内凹。1 件出于 T1939③a 层，保存相对完好，编号 T1939③a：30。

标本 T1939③a：30，泥质红褐陶，质地较硬。上段残，下段呈长方形，外立面明显内凹，横截面略呈扁三角形，侧边为方形。残高 7.2、宽 5、厚 1.1 厘米（图八九，2）。

11. 支座

2 件。

标本 T1938③a：8，残，泥质浅灰胎浅黄陶。器表饰竖向绳纹，不显。底径 11.6、残高 4.9 厘米（图八九，3）。

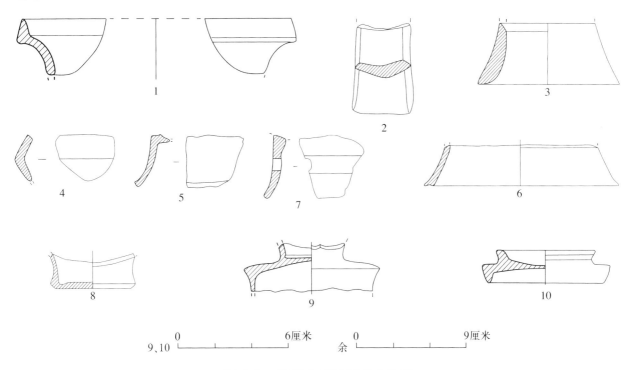

图八九　Ⅲ区山下地层出土陶器

1.釜鼎口沿T2138③b：15　2.陶鼎足T1939③a：30　3.陶支座T1938③a：8　4~7.陶豆T2038④：19、T1937③a：21、
T2138③b：14、T2238②：17　8.陶杯T2138④：12　9、10.陶器盖T2141③b：26、T2038③b：28

12. 豆

以圈足统计最小个体数为46件。均泥质，以黑皮陶占多数，少量橙黄陶，后者质地较松脆。
1/3多圈足残片上可见镂孔，口沿残片多见敛口较大的。

标本T2038④：19，口沿，泥质浅灰陶。方唇、敞口、折腹、浅盘。口径不确、残高3.6厘米（图八九，4）。

标本T1937③a：21，圈足，白胎，黑皮已脱落。足径不确，残高4.1厘米（图八九，5）。

标本T2138③b：14，圈足，浅褐胎黑皮陶。足径16、残高3.2厘米（图八九，6）。

标本T2238②：17，圈足，浅黄陶。足径不确，残高5厘米（图八九，7）。

13. 杯

2件。均泥质浅灰陶，平底，器表施浅褐色陶衣。口、腹残。

标本T2138④：12，下腹近器底微内曲。底径7、残高2.8厘米（图八九，8）。

14. 器盖

2件。均泥质，小型。

标本T2141③b：26，硬灰陶。捉手残。子母口，子口径7、残高2.7厘米（图八九，9）。

标本T2038③b：28，黄陶。型式与标本T2141③b：26接近，器形较小。口径6、残高1.7厘米（图八九，10）。

（二）石器、玉器

66 件。Ⅲ区山下探方出土的石器工具类有石锛、斧、矛、镞、杵、球、砺石等，装饰品仅有环。有极少量的玉器，器类仅锛和环两类。

石锛　23 件。其中形制不辨者 15 件，余者可分为有肩和无肩无段两类。

1. 有肩石锛

4 件。

标本 T1939③a：2，中小型。片岩，硬度为 2.5，强风化。通体磨光，顶部突起，双肩明显，肩近直角，靠近柄部，单面平刃，刃部有崩疤。崩蚀严重，器身局部有打击痕、剥片痕。长 5.6、刃宽 4.3、厚 0.8 厘米（图九○，1；彩版六八，1）。

标本 T2141③a：4，小型。片岩，硬度为 5，微风化。通体磨光，器身一侧边有剥落。双肩明显，近直角，靠近柄部。长 3.6、刃宽 1.9、厚 0.8 厘米（图九○，2；彩版六八，2）。

标本 T1940③a：10，小型。硅质岩，硬度为 6，微风化。梯形，双肩不明显，溜肩，肩靠近器身中部。刃部有崩疤，器身边缘有打制痕，器身表面较粗糙。长 4.2、刃宽 2.8、厚 0.4～0.9 厘

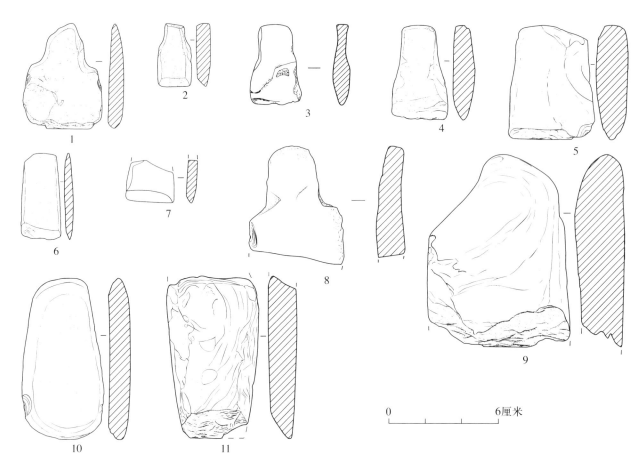

图九○　Ⅲ区山下地层出土石锛

1～4.有肩石锛T1939③a：2、T2141③a：4、T1940③a：10、T1939③a：1　5～7.无肩无段石锛T1939③a：4、T1940③a：5、T1938③a：4　8～11.石锛坯T2038③a：2、T2038④：4、H2：1、T2141③a：5

米（图九〇，3；彩版六八，3、4）。

标本 T1939③a：1，中小型。片岩，硬度为 2.5，强风化。通体磨光，双肩不明显，溜肩，肩靠近器身中部，刃部有崩疤。长 5.1、刃宽 3.1、厚 1.2 厘米（图九〇，4；彩版六八，5、6）。

2. 无肩无段石锛

4 件。

标本 T1938③a：4，片岩，硬度为 6，未风化。残，从残留部分判断疑为石锛刃部，器身近边缘处有多处打击痕。残长 2.1、刃宽 2.6、厚 0.5 厘米（图九〇，7；彩版六九，1）。

标本 T1939③a：4，片岩，硬度为 6，未风化。宽梯形，厚身，刃部崩裂严重，器身一侧边缘有一处较大的打击痕。长 6.1、刃宽 4.7、厚 1.8 厘米（图九〇，5；彩版六九，2）。

标本 T1940③a：5，小条形。硅质岩，硬度为 6，微风化。通体磨光，刃部有崩疤。长 4.6、刃宽 2.2、厚 0.5 厘米（图九〇，6；彩版六九，3）。

3. 石锛坯

6 件。根据制作状态可分为原石和半成品两类。

（1）原石

2 件。稍经打磨或磨制，尚未成形。

标本 T2038④：4，角岩，硬度为 7，未风化。长方形，下段似残。残长 10.4、宽 7.8、厚 2.8 厘米（图九〇，9）。

标本 H2：1，中型。长 8.8、宽 4.4、厚 1 厘米（图九〇，10；彩版六九，4）。

（2）半成品

4 件。打制成形，并经初步磨制。其中 2 件为残片。

标本 T2141③a：5，中型石锛半成品残件。片岩，硬度为 6，未风化。上端和刃部残断，梯形，一面磨制平整。残长 8.5、刃宽 5.2、厚 1.6 厘米（图九〇，11；彩版六九，5）。

标本 T2038③a：2，双肩石锛坯残件，片岩，硬度为 6，未风化。刃部残断，双肩明显。残长 6.1、宽 5、厚 1.4 厘米（图九〇，8；彩版六九，6）。

4. 石斧

3 件。

标本 T2338④：4，不规则形，中型，石质好，磨制精细，刃部锋利。上段残。残长 4.7、刃宽 6、厚 0.6～1.1 厘米（图九一，1）。

标本 T2338④：1，宽梯形扁平，上端残，中型。片岩，硬度为 6，未风化。石质好，刃部锋利，磨制精细。残长 5.6、刃宽 5.4、厚 0.9 厘米（图九一，2；彩版七〇，1、2）。

5. 石矛

1 件。疑似，亦有可能为大型宽叶石镞残件或半成品。

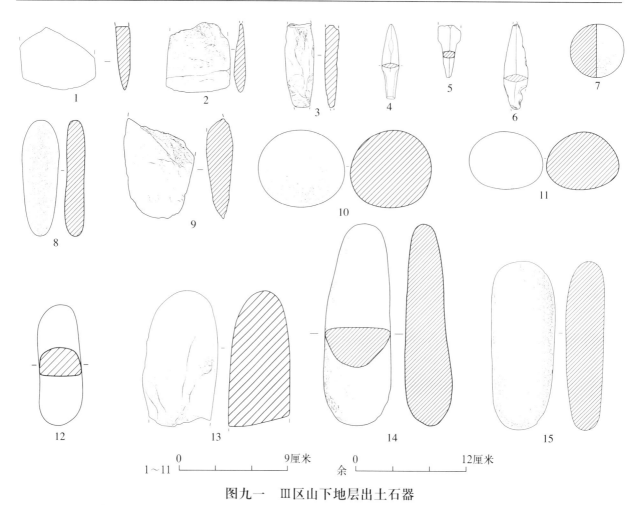

图九一　Ⅲ区山下地层出土石器

1、2.石斧T2338④：4、T2338④：1　3.石矛T1939③a：5　4~6.石镞T1940③a：8、T1940②：18、T2038④：3　7、10、11.石球T2036④：2、T1940③a：2、T1940③a：9　8、12~15.石杵T1939③a：9、T2338④：2、T1937③a：4、T1937③a：5、T1939③a：10　9.砺石T2036①b：1

标本 T1939③a：5，角岩，硬度为6，未风化。残。制作较粗糙，铤、身分界不明，刃较厚，铤、锋尖残断，疑为石器制作过程中的半成品。残长6.6、刃宽2.5、厚1.1厘米（图九一，3；彩版七〇，3）。

6.石镞

5件。均为柳叶形，多残损严重。

标本 T1940③a：8，硅质岩，硬度为5.5，未风化。铤、身分界明显。长6.1、宽1.3、厚0.4厘米（图九一，4；彩版七〇，4）。

标本 T1940②：18，铤部保存完好，锋残。铤、身分界明显。残长4.2、宽1.9、厚0.5厘米（图九一，5）。

标本 T2038④：3，片岩，硬度为6，未风化。铤、身分界较明显，镞尖和铤端残。残长7.1、宽2.1、厚0.6厘米（图九一，6）。

7. 石杵

5 件。

标本 T1939③a：10，角岩，硬度为 7，未风化。大型，周身光滑，长条形，一面似经磨制过，疑为石杵。长 17.9、宽 7、厚 4.2 厘米（图九一，15；彩版七〇，5）。

标本 T2338④：2，自然条形卵石，角岩，硬度为 7，未风化。疑为石杵，但两端砸击使用痕不明显，长 12.9、宽 4.6、厚 3 厘米（图九一，12；彩版七一，1、2）。

标本 T1939③a：9，中型，侧边和一端有砸击使用痕，疑为石杵，长 9.2、宽 3、厚 1.5 厘米（图九一，8）。

标本 T1937③a：4，云英岩，硬度为 6，未风化。残，大型，侧边和顶端有砸击痕。残长 14.6、宽 8.1、厚 6.6 厘米（图九一，13；彩版七〇，6）。

标本 T1937③a：5，云英岩，硬度为 6，未风化。侧边和两端有砸击使用痕。长 21、宽 7、厚 3.6～5 厘米（图九一，14；彩版七一，3）。

8. 石球

3 件。

标本 T2036④：2，硅质岩，硬度为 6，未风化。形状均匀，器身似有使用砸击痕。直径 4.4 厘米（图九一，7；彩版七一，4）。

标本 T1940③a：2，砂岩，硬度为 7，未风化。直径 6.2～7.1 厘米（图九一，10；彩版七一，5）。

标本 T1940③a：9，石英砂岩，硬度为 6.5，未风化。表面有砸击痕，疑为使用器。直径 4.6～5.9 厘米（图九一，11；彩版七一，6）。

9. 砺石

1 件。

标本 T2036①b：1，残，变质砂岩，硬度为 6，微风化。形状不规则，双面磨蚀。残长 7.8、宽 5.7、厚 2.1 厘米（图九一，9）。

10. 石环

9 件　均残，孔为对钻。根据外缘面有无凹槽分为两类。

（1）外缘面无凹槽

7 件。

标本 T1939③a：6，小型。片岩，硬度为 2.5，强风化。截面呈圆角长方形。外径 6、宽 1.3、厚 0.5 厘米（图九二，10；彩版七二，1）。

标本 T1940②：1，小型。角岩，硬度为 7，未风化。内缘较外缘厚。外径约 7、宽 1、厚 0.5～0.7 厘米（图九二，7）。

标本 T2141③a：3，硅质岩，硬度为 6，未风化。内缘较外缘厚。外径 7、宽 0.7、厚

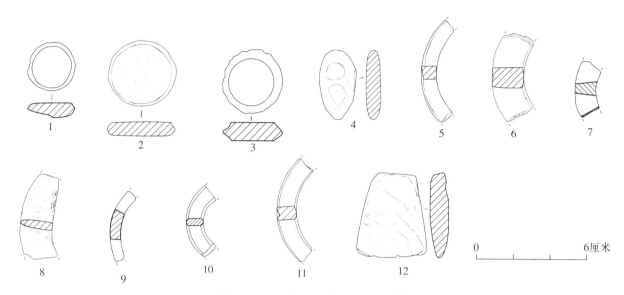

图九二　Ⅲ区山下地层出土石器

1～3.石环芯T1939③a：3、T1940③a：12、T2138③a：1　4.不明石器T1938③a：2　5～7、10、11.石环T2141③a：3、
T1937③a：1、T1940②：1、T1939③a：6、T2238④：4　8、9.玉环T2138③b：11、T2138③a：10　12.玉锛T1940③a：7

0.55～0.65 厘米（图九二，5；彩版七二，2）。

（2）外缘面有凹槽

2 件。

标本 T1937③a：1，角岩，硬度为 7，未风化。截面呈扁平长方形，孔为对钻。外径 7、宽 1.7、厚 1.1 厘米（图九二，6；彩版七二，3）。

标本 T2238④：4，角岩，硬度为 7，未风化。内缘较外缘厚。外径 7、宽 1.1、厚 0.55～0.65 厘米（图九二，11）。

11. 石环芯

6 件。均为小型。

标本 T1939③a：3，片岩，硬度为 2.5，强风化。直径 2.6、厚 0.5～0.8 厘米（图九二，1）。

标本 T1940③a：12，角岩，硬度为 7，未风化。直径 3.6、厚 0.8 厘米（图九二，2；彩版七二，4）。

标本 T2138③a：1，硅质岩，硬度为 6，未风化。直径 3.4、厚 1 厘米（图九二，3；彩版七二，5）。

12. 不明石器

1 件。

标本 T1938③a：2，角岩，硬度为 6，未风化。整体呈椭圆形，作用不明，两侧边和器身均有磨制痕迹。长 3.6、宽 2.1、厚 0.8 厘米（图九二，4）。

13. 玉锛

1件。

标本 T1940③a：7，宽梯形，无肩无段。长 4.6、宽 2.4～3.8、厚 1 厘米（图九二，12；彩版七二，6）。

14. 玉环

2件。均残。

标本 T2138③b：11，截面呈扁平形。外径约 8、宽 1.8、厚 0.42 厘米（图九二，8；彩版七二，7）。

标本 T2138③a：10，截面呈竖长方形。外径约 7、宽 1.5、厚 0.5 厘米（图九二，9）。

（三）红烧土

Ⅲ区山下探方地层当中也出有一些红烧土块，在此选择 1 件标本予以介绍。

红烧土块

1件。

标本 T1938③a：11，长条形舌状，用途不明。长 10.2、宽 6.5～6.7、厚 3 厘米（彩版七二，8）。

第四章　Ⅲ区山顶

横岭东部的小山岗顶部地势相对平缓，形成一个东西长约 100、南北宽约 60 米的小平台，高速公路贯穿此区域，考古发掘基本将此区域全部揭露。考古调查和勘探期间在此区域发现的陶片和石器等并不丰富，局部解剖显示地层堆积也较薄，但地形地势比较理想，所以最终还是将其作为发掘区域进行发掘。初始阶段在布设好的探方内开挖 2 米或 4 米宽的探沟，确认有墓葬遗迹分布后，再逐步扩方，直至发掘区四周范围没有墓葬遗迹出现为止，共计发掘 19 个探方和 5 条探沟，基本可以确认将此墓葬区完整揭露（图九三；彩版七三）。此山岗平台往东即横岭东端区域，已超出高速公路施工区域，未做勘探和发掘。地表植被亦很茂盛，考古调查很难发现遗物，不确定是否还有重要遗迹分布，但地势相对较陡，推测作为居址区和墓葬区的可能性较小。

一　地层堆积

Ⅲ区山顶地层堆积本身就不厚，加之常年的水土流失和农田整改活动，又对原有的文化层造成一定的破坏，所以Ⅲ区山顶文化层堆积较薄且分布不均匀，基本不见遗址统编的第②层（明清时期文化层）和第⑤层（最下层，新石器时代晚期文化层），有不少墓葬直接开口于耕土层下（图九四；彩版七四，1）。以下按不同方位选取具有代表性的探方分别介绍地层堆积情况。

1. T2445 西壁

以 T2445 西壁为例介绍墓地北边地层堆积（图九五；彩版七四，2）。

第①层：地表层。厚 0.03～0.25 米。灰褐土，质地疏松，包含较多陶片和自然石块等，随山势自东南向西北倾斜分布。

第③层：红褐土，质地疏松。距地表深 0.05～0.1、厚 0～0.4 米。夹杂小石子、自然岩石块及少量条纹、附加堆纹泥质灰陶片，主要分布于 T2445 西北部、东中部和东南部等，自东南向西北往下倾斜分布。此层下开口有 8 座墓葬，即 M32～M39。

第④层：小石子和自然石块堆积层。距地表深 0.03～0.1、厚 0～0.22 米。混合有少量的红褐色风化土斑，质地较硬，结构紧密，主要分布在探方西南角和北半部，含有少量条纹、曲折纹陶片。

第④层下即为生土。

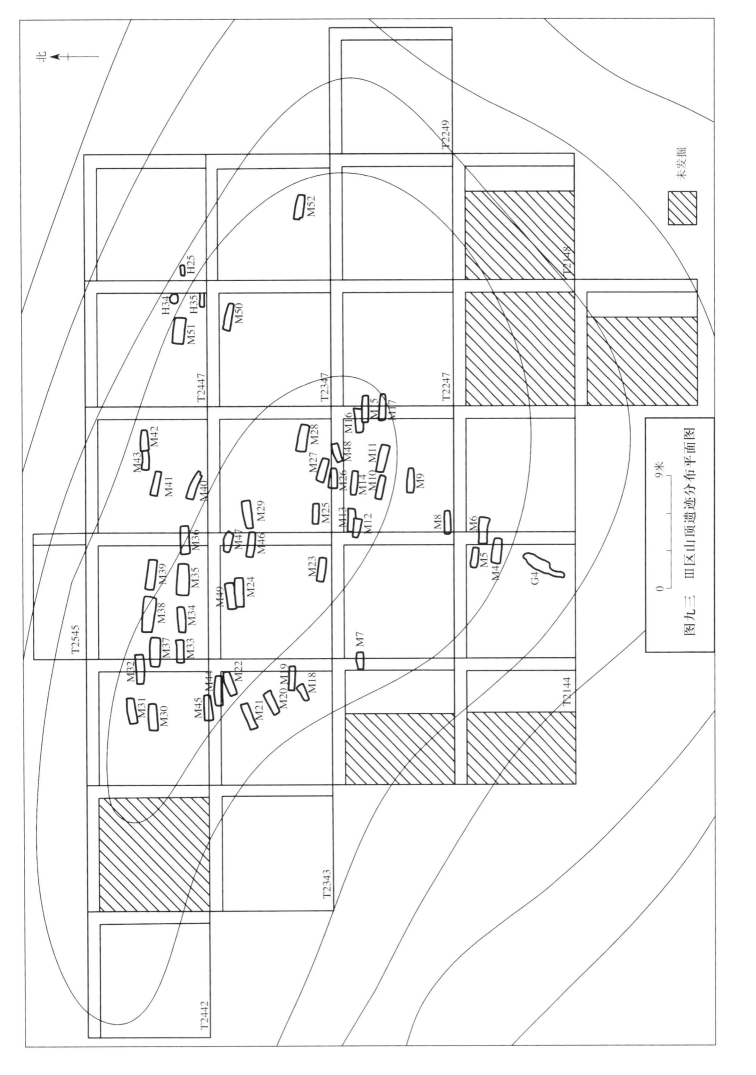

北

T2249

M52

H25

H34 H35
M51 M50

T2447

T2347

M43 M42
M41
M40

M27 M28
M26 M48 M16
M25 M14 M10 M11 M15
M13 M12 M9 M17

T2247

M36
M47
M46 M29
M23

M8

M6
M5
M4

G4

M39
M38 M35
M37 M34 M33
M24
M40

M7

T2545

M32 M22
M31 M44
M30 M45 M21 M20 M19 M18

T2144

T2343

T2442

未发掘

0   9米

图九三 Ⅲ区山顶遗迹分布平面图

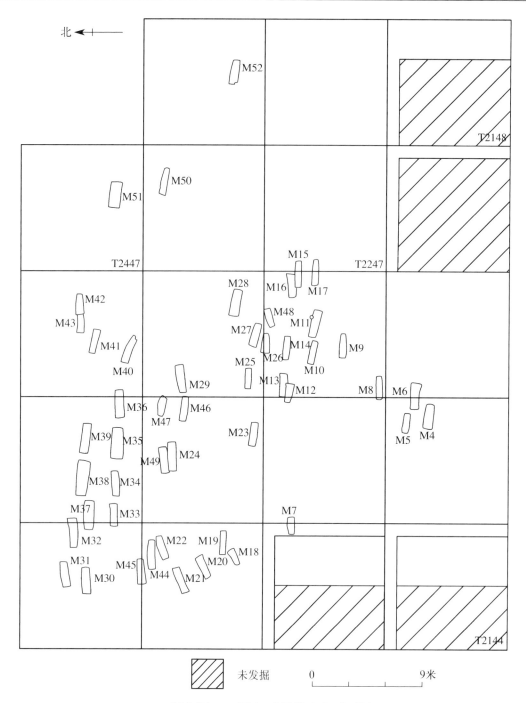

图九四　Ⅲ区山顶墓葬分布平面图

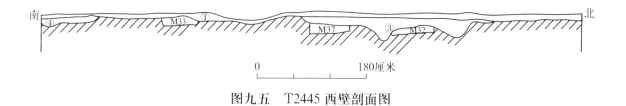

图九五　T2445 西壁剖面图

2. T2344 东壁

以 T2344 东壁为例介绍墓地西边地层堆积（图九六；彩版七五，1）。

第①层：表土层。厚 0.06～0.15 米。灰褐土，质地疏松，包含杂草树根、碎石等，西高东低。

第③层：红褐土。距地表深 0.06～0.15、厚 0～0.45 米。质地较致密，夹杂少量小石子、岩石块及陶片等。自东北向西南往下倾斜，主要分布于 T2344 南半部和北中部及东北角等，西南部堆积较深且厚。开口于该层下的遗迹有 M21、M22、M44，均直接打破风化岩生土层。

第④层：红黄土。距地表深 0.06～0.5、厚 0～0.46 米。质地较致密，夹杂较多小石子，由东北向西南倾斜，局部分布，含有大量泥质釜罐类灰陶片。开口于该层下的遗迹有 M18、M19、M20 等。

第⑤层：第④层下即为生土，浅黄色风化岩土层，为确保文化层到底，做了发掘，编为第⑤层。

3. T2347 南壁

以 T2347 南壁为例介绍墓地东边地层堆积（图九七；彩版七五，2）。

第①层：表土层。厚 0.07～0.3 米。灰褐土，质地疏松，包含较多岩石块和陶片。

第③层：红褐土。距地表深 0.07～0.3、厚 0～0.35 米。质地较致密，夹杂少量小石子，较纯净，出土少量陶片。西高东低，除探方中部外，其他区域均有分布。出土陶片以泥质灰陶为主，纹饰有条纹、曲折纹等，器形可辨有高领罐等。开口于该层下的遗迹有 M50，均位于 T2347 东北角。

第④层：红黄土。距地表深 0.06～0.54、厚 0～0.3 米。质地较致密，夹杂较多小石子、石块等，出土陶片较少。西北高东南低，主要分布于 T2347 南部和东部。东南角堆积较厚。

第⑤层：第④层下即为生土，浅黄色风化岩土层，T2347 南部和东部堆积较厚，为确保文化层到底，做了发掘，编为第⑤层。

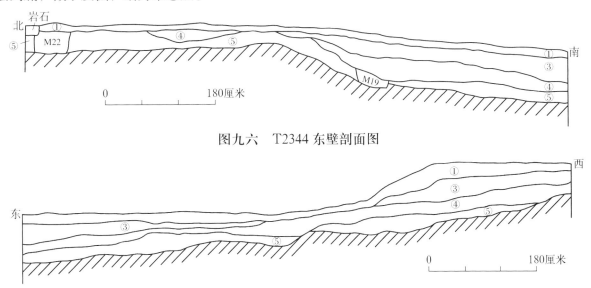

图九六　T2344 东壁剖面图

图九七　T2347 南壁剖面图

4. T2244 西壁

T2244 解剖发掘东半部 4 米 ×10 米的范围，探方内未发现遗迹。现以西壁为例介绍墓地西南边地层堆积（图九八；彩版七六，1）。

第①层：表土层。厚 0.08～0.2 米。灰褐土，质地较硬，含有植物根茎、自然石块、陶片等。

第③层：红褐土。距地表深 0.08～0.2、厚 0～0.62 米。质地较致密，含有植物根茎、石块、陶片等。除东北角外，其他区域均有分布。南部堆积较厚。

第④层：红黄土。距地表深 0.1～0.65、厚 0～0.42 米。质地较致密，夹杂较多小石子，东高西低，遍布整个探方。东南部堆积较厚。M7 开口于东隔梁第④层下。

5. T2246 东壁、南壁

以 T2246 东壁和南壁为例介绍墓地南边地层堆积（图九九，1、2；彩版七七，1、2）。

第①层：表土层。厚 0.02～0.19 米。灰褐土，质地较疏松，含有植物根茎、石块、陶片等。

第③层：红褐土。距地表深 0.07～0.19、厚 0～0.25 米。质地较致密，含有植物根茎、石块、陶片等。主要分布于 T2246 北部、东南角和西南部。第③层下开口的墓葬有 M8、M9、M10、M11、M12 和 M26。

第④层：红黄土。距地表深 0.08～0.3、厚 0～0.35 米。质地较硬，含较多石块，陶片明显减少，紫色砂岩较多。不均匀分布于 T2246 东北、东南、西南部。第④层下开口的墓葬有 M13、M14、M15、M16、M17、M48，其中 M12 打破 M13，M15 打破 M16。

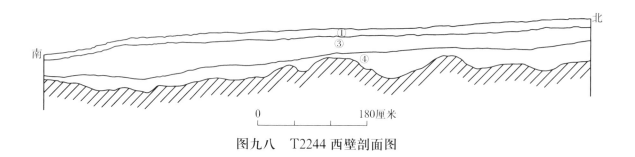

图九八　T2244 西壁剖面图

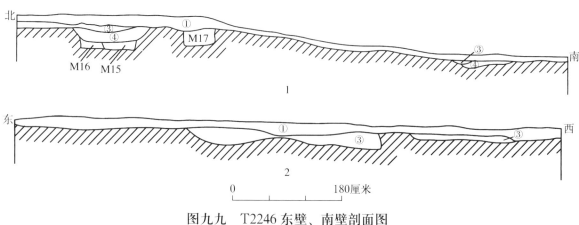

图九九　T2246 东壁、南壁剖面图

1.T2246东壁　2.T2246南壁

6. T2447 北壁、东壁

以 T2447 北壁和东壁为例介绍墓地东北部地层堆积（图一〇〇，1、2；彩版七六，2）。

第①层：表土层。灰褐土，质地较疏松，含有植物根茎、石块、陶片等。厚 0.04～0.33 米。

第③层：红褐土。质地较致密，含有植物根茎、石块、陶片等。主要分布于 T2447 西中部和东部，厚薄不均，总体自西南向东北斜坡状堆积。距地表深 0.04～0.33、厚 0～0.48 米。第③层下开口的灰坑有 H34、H35，墓葬有 M51。

第④层：红黄土夹杂很多碎石子和风化岩块，质地较硬，包含物很少。局部分布于探方中部和西南部。距地表深 0.3～0.65、厚 0～0.43 米。

7. T2249 北壁

T2249 处于山顶平台向横岭东端过渡地带，经农田整改形成一南北向断坎，西高东低，落差约 1 米。T2249 内未发现遗迹，但包含物丰富。现以北壁为例介绍墓地东端地层堆积（图一〇一）。

第①层：表土层。厚 0.05～0.35 米。灰褐土，质地较疏松，包含植物根茎、石块、河卵石、陶片等。

第③层：红褐土。质地较疏松，距地表深 0.06～0.35、厚 0～0.55 米。包含少量石子、石块、陶片等。探方北部偏西位置出土较多石器，中部偏北位置出土有较多釜罐类陶片。

第④层：红褐土。质地较致密，距地表深 0.06～0.6、厚 0～0.3 米。包含较多石子、岩块，陶片较少。

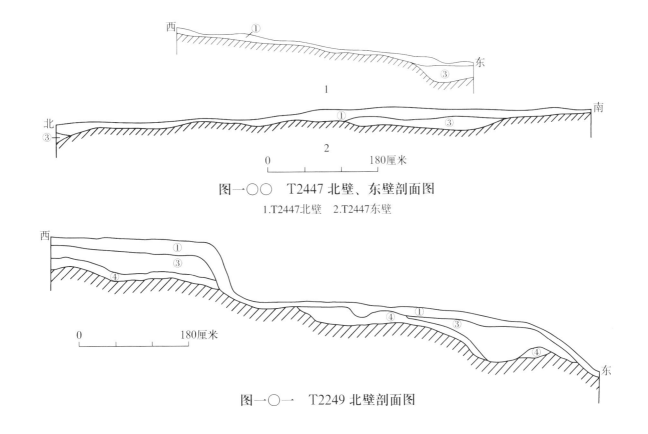

图一〇〇　T2447 北壁、东壁剖面图

1.T2447北壁　2.T2447东壁

图一〇一　T2249 北壁剖面图

二　遗迹及其出土遗物

Ⅲ区山顶新石器时代晚期遗迹主要是墓葬，有 3 个灰坑和 1 条灰沟。以下分类予以介绍。

墓葬　Ⅲ区东部山顶上发现并清理出 49 座新石器时代晚期的墓葬，分别编号为 M4～M52。均为长方形竖穴土坑，都是开挖在风化的岩石中（彩版七八，1），坑口边界和坑壁明显，墓壁斜直但多不规整，墓底圜平，也因开挖于风化基岩上，墓底填土清完后原生土底面多坑洼不平。墓葬基本都是顺山势呈东西向分布（彩版七八，2），排列有序，随葬陶罐、釜、鼎、豆、盘及石锛、镞、凿、环等陶石器。因无骨骸保存，头向不明，墓葬方向统一定为东向。

第③层下开口的墓葬有 M8～M12、M21、M22、M24～M27、M30～M47、M49～M51，共 32 座。第④层下开口的墓葬有 M4～M7、M13～M20、M23、M28、M29、M48、M52，共 17 座。但第③层和第④层分布极不均匀，第③层下开口的墓葬多未打破第④层，且有不少第③层和第④层陶片可以拼接的案例，所以两个文化层年代分期的地层学依据并不充分。共有 4 组墓葬之间存在打破关系：T2246③→M12→M13，T2246④→M15→M16，T2446③→M42→M43，T2345③→M24→M49。但打破关系都不是很明显，均是打破一端或一侧边，基本未破坏到墓室，说明相互之间年代差别不是很久远，甚或墓葬地表有标识，可辨别大致方位。

如果以 T2244～T2249 北隔梁为界，墓葬分布总体规律是：墓地北部墓葬多规模较大，墓坑较深，墓口一般长 1.8～2.2、宽 0.5～0.7、底深 0.3～0.6 米，以随葬完整陶器为多。南部墓葬墓坑多相对小且浅，墓口一般长 1.5～2、宽 0.4～0.6、底深 0.2～0.4 米。随葬陶器有完整器和残器两类，从出土状态判断随葬时即为完整的陶器不多，多以残缺但可复原及器物残片不可复原的陶器为主，可能与二次埋藏的习俗有关，但不易区分一次葬器物和二次葬器物。随葬品以陶圈足罐、圜底罐、釜、豆为主要组合，另加陶鼎和石锛等，仅 1 座墓葬随葬 2 件纺轮，另外有个别墓葬随葬有镞、凿、环、镯等石玉器。总体来说随葬品不丰富，且缺乏高等级的玉石礼器。

由于墓葬从形制上并无明显的差异，所以只能从规模上以墓口长 2 米为界分为两类。本来墓坑深度应与墓口长宽一起考量，但鉴于埋藏浅，有些墓葬墓口可能遭破坏，墓坑深度并非原来深度。谨慎起见，仅按墓口长度来归类，把墓口长度＜2 米的墓葬归为 A 类，墓口长度≥2 米的墓葬归为 B 类，现墓坑深度≥0.4 米的墓葬主要集中在墓地北边。

（一）A类墓葬

共 28 座，其中南边有 12 座：M5～M10、M12～M15、M26、M48。北边有 16 座：M18～M20、M22、M23、M25、M27、M33、M34、M41～M43、M45～M47、M52。以下大致按从南到北、自西向东的排列顺序逐一介绍。

1. M5

位于 T2145 东北角，墓口距地表深 0.55 米，长 1.57、宽 0.46～0.56、深 0.18～0.2 米（图一〇二；彩版七九，1、2）。填土为微带黏性疏松灰红土，杂有风化岩土斑，内含小石子、石块和零星碎陶片。

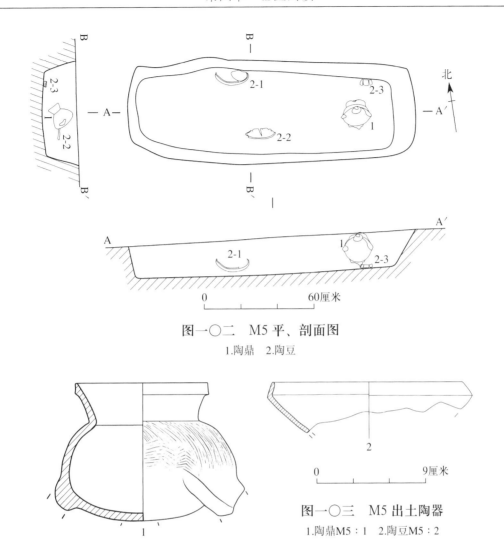

图一〇二 M5 平、剖面图
1.陶鼎 2.陶豆

图一〇三 M5 出土陶器
1.陶鼎M5：1 2.陶豆M5：2

随葬 1 件可复原陶鼎和 1 件残陶豆，散置于墓室中部和东部。

陶鼎 1 件。

标本 M5：1，泥质灰胎浅黄陶。口、腹、底残，缺 1/3，可复原，三鼎足下端均残。敞口，外方唇，矮立领，垂腹，浅圜底，扁足横置于腹底。口沿下饰从左向右斜条纹，上腹饰曲折纹，下腹饰交错条纹，局部模糊不清。口径 10.5、残高 10.8、足残高 3.5 厘米（图一〇三，1；彩版七九，3）。

陶豆 1 件。

标本 M5：2，泥质灰白胎软陶。器表泛黄，口沿残缺，仅存部分豆盘及豆柄，缺 3/4，不可复原。盘形。敛口，斜折肩，斜壁，凹圜底，喇叭状圈足，柄部有镂孔。口径 15.6、残高 3.9 厘米（图一〇三，2）。

2. M6

位于 T2146 西北角，墓口距地表深 0.45 米，长 1.9、宽 0.68~0.76、深 0.26~0.31 米（图一〇四；彩版七九，4）。填土为较疏松红褐色杂土，内含大量风化岩石块、小石子及零星碎陶片。

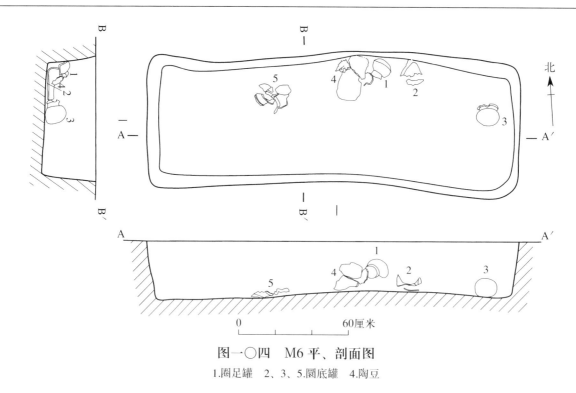

图一〇四　M6 平、剖面图

1.圈足罐　2、3、5.圜底罐　4.陶豆

　　随葬完整陶圈足罐、完整陶圜底罐、可复原陶圜底罐、残陶圜底罐和残陶豆等各 1 件，分置于墓室中部偏北和东端（彩版八〇，1）。

　　圈足罐　1 件。

　　标本 M6：1，器形小，泥质硬灰陶。口、腹变形，口沿微残（疑为随葬时人为敲碎所致）。大口、高领、尖圆唇，直口微敞，圆鼓腹，矮圈足。器身饰从右向左细斜条纹，清晰规整，腹部饰一周粗绳状附加堆纹。口径 8.5、足径 7、通高 10.2 厘米（图一〇五，1；彩版八〇，2）。

　　圜底罐　3 件。

　　标本 M6：2，泥质灰黄胎软陶，质地松脆。残损严重，仅有口沿、肩部和少量腹片，缺 3/4，不可复原。方唇，高领，敞口，口较大，圆鼓腹。肩部饰粗曲折纹。口径 12.8、残高 6.2 厘米（图一〇五，2；彩版八〇，3）。

　　标本 M6：3，夹砂浅灰胎硬陶。完整，口沿变形。外方唇，内侧微凹，敞口，矮立领，鼓腹，圜底。器身饰曲折纹，纹饰细但清晰。口沿内侧有刻划符号。口径 10.6、高 9.8 厘米（图一〇五，3；彩版八〇，4）。

　　标本 M6：5，夹砂浅灰胎灰白陶。肩腹微残，缺 1/4，可复原，口沿稍变形。外方唇，内侧微凹，敞口，立颈，鼓腹，圜底。器身饰曲折纹，纹饰较粗且清晰。口径 11.8、高 12.5 厘米（图一〇五，4；彩版八〇，5）。

　　陶豆　1 件。

　　标本 M6：4，泥质灰黄胎黑皮软陶。仅有盘身和柄足碎片，缺 2/3，不可复原。豆柄粗矮，柄身中部有对称近圆形镂孔，喇叭状圈足。足径 13.2、残高 12 厘米（图一〇五，5）。

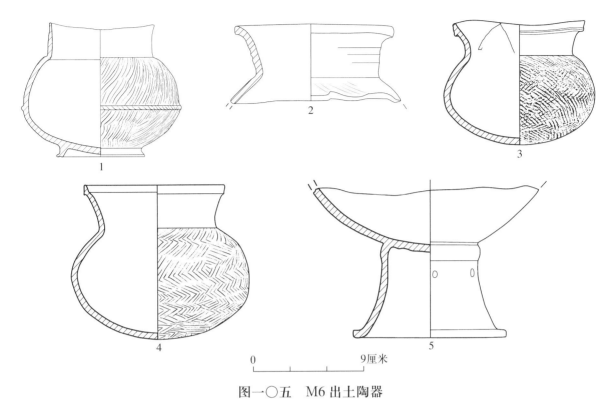

图一〇五　M6 出土陶器

1.圈足罐M6：1　2～4.圜底罐M6：2、M6：3、M6：5　5.陶豆M6：4

3. M8

位于T2246西南角，墓口距地表深0.4米，长1.84、宽0.48～0.52、深0.16～0.2米（图一〇六；彩版八一，1、2）。填土为微带黏性较疏松灰红土，内含风化岩石块、小石子及零星碎陶片。

随葬1件陶豆残件和1件完整石环，置于墓室中部。

陶豆　1件。

标本M8：1，残片，泥质浅灰胎黑皮软陶。残损严重，仅有豆盘碎片，不可复原。盘形。敛

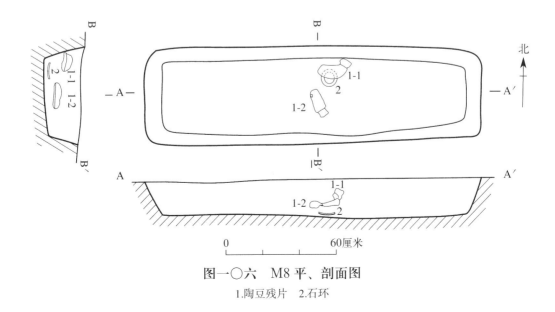

图一〇六　M8 平、剖面图

1.陶豆残片　2.石环

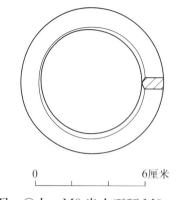

图一〇七　M8 出土石环 M8∶2

口，胎质陶色与 M6∶4 同。

　　石环　1件。

　　标本 M8∶2，完整。截面呈扁平长方形，制作精细，通体磨光，对钻孔。直径 7.9、宽 1、厚 0.6 厘米（图一〇七；彩版八一，3）。

4. M9

　　位于 T2246 中部偏南，墓口西宽东窄，距地表深 0.35 米，长 1.95、宽 0.41～0.61、深 0.24～0.27 米（图一〇八；彩版八一，4）。填土为微带黏性较疏松灰红土，内含风化岩石块、小石子，无陶片。

　　随葬 1 件残陶豆，散置于墓底中部靠北壁处。

　　陶豆　1件。

　　标本 M9∶1，残片，泥质灰胎黑皮陶。残碎，仅有若干豆盘碎片，敛口。胎质陶色与标本

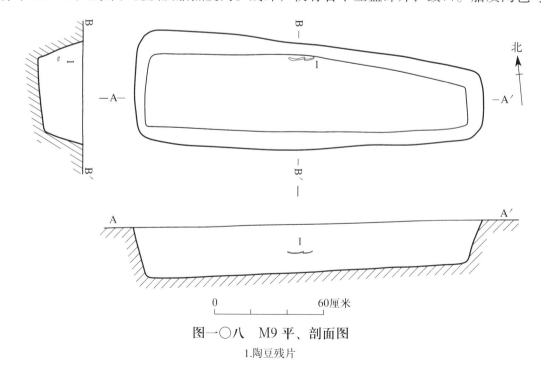

图一〇八　M9 平、剖面图

1.陶豆残片

M4：3 相近。

5. M10

位于 T2246 中部偏北，墓口距地表深 0.45 米，长 1.87、宽 0.51～0.56、深 0.3～0.32 米（图一〇九；彩版八二，1、2）。填土为较疏松红褐色杂土，内含大量风化岩石块、小石子及零星碎陶片。

随葬 1 件石锛，及陶圈足罐、釜和豆等各 1 件，均可复原，散置于墓底中部和西部。

石锛 1 件。

标本 M10：1，中型，有肩，形制规整，磨制精细，双肩明显，棱角分明，肩近直角。柄端残，刃部有少许崩损，使用痕迹不明显。长 8、刃宽 5.5、厚 1.9 厘米（图一一〇，1；彩版八三，1）。

圈足罐 1 件。

标本 M10：2，泥质浅灰胎硬陶。口、腹微残，可复原。大口，高领，垂腹，领、肩不分界，高圈足。上腹饰从左向右斜条纹，下腹饰交错条纹，纹饰较粗，拍印清晰。腹部饰一周粗绳状的附加堆纹。领外壁有四周轮制纹，上腹部有黑彩。肩部横置对称四鼻耳，均脱落。圈足上有四个穿孔与四耳对应，耳与穿孔间有穿绳痕迹，为烧制前形成。口径 7.8、足径 7.7、通高 11.8～12.4 厘米（图一一〇，2；彩版八三，4、5）。

陶釜 1 件。

标本 M10：3，夹砂黑胎浅褐陶。质地较差，口、肩、底均残，缺 1/2，可复原。外方唇，内侧微凹，敞口，立领，斜折肩，下腹最大径处折收成圜平底，器身像鱼篓形。器表有纹饰，但不清晰。口径 13.2、高 12.3 厘米（图一一〇，3；彩版八三，2）。

陶豆 1 件。

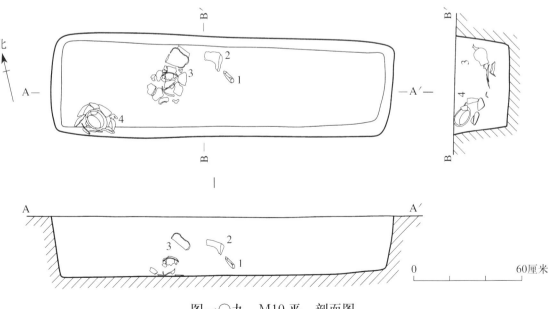

图一〇九 M10 平、剖面图

1.石锛 2.圈足罐 3.陶釜 4.陶豆

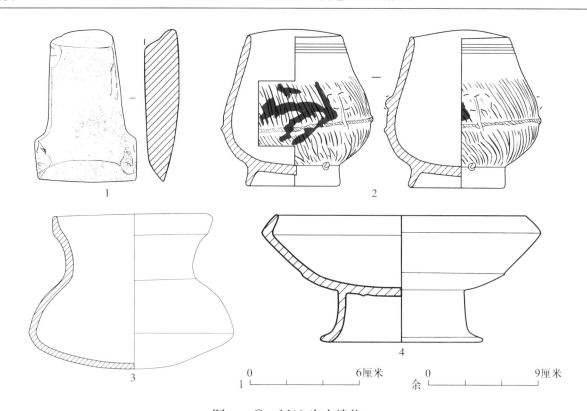

图一一〇　M10 出土遗物

1.石锛M10：1　2.圈足罐M10：2　3.陶釜M10：3　4.陶豆M10：4

标本 M10：4，泥质浅灰胎，内外原有褐色陶衣并抹光，但多脱落不显。口、腹残，缺 1/3，可复原。盘形。尖圆唇，敛口，浅弧腹，上腹壁较薄，下腹壁稍厚，外壁下部有一圈凸棱。圈足足面较窄微外撇。口径 20.2、足径 13.4、通高 9.8 厘米（图一一〇，4；彩版八三，3）。

M10 填土中有 1 件泥质灰胎黑皮软陶豆残片，器形小，碗形。唇残，侈口。

6. M7

位于 T2244 东隔梁北部，墓口距地表深 0.35 米，长 1.35、宽 0.48～0.61、深 0.21 米（图一一一；彩版八二，3）。填土为较疏松红褐色杂土，内含大量风化岩石块、小石子、零星碎陶片，以及陶圈足罐、陶釜口沿残片各 1 件。墓室东部出土 1 件大型夹砂陶釜口沿，不确定是否为有意随葬。

圈足罐　1 件。

标本 M7 填：2，泥质浅黄胎黄白软陶。口和器腹残，缺 1/3，不可复原。尖圆唇，直口微敞，高领，口较大，深弧腹，矮圈足。上腹饰曲折纹，下腹饰叶脉纹，底部不清，肩部饰一周印有绳痕的条带状附加堆纹。口径 9.5、足径 7.6、高约 14 厘米（图一一二，2；彩版八三，6）。

陶釜口沿　2 件。

标本 M7：1，夹砂灰陶。陶胎厚重，器形较大。圆唇，内侧微凹，敞口，立领，肩饰从左向右粗斜条纹。口径 28、残高 6 厘米（图一一二，1）。

标本 M7 填：1，夹砂浅灰陶。器形与标本 M7：1 相同，但非同 1 件。口沿内面有一刻划符号。口径约 20.2、残高 5.3 厘米（图一一二，3）。

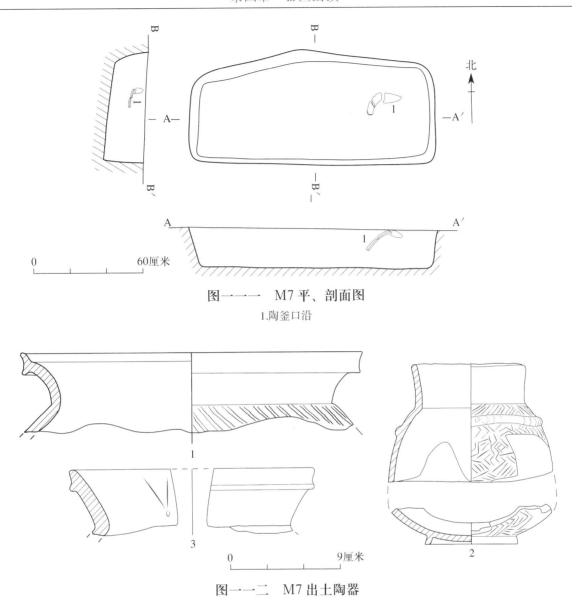

图一一一　M7 平、剖面图
1.陶釜口沿

图一一二　M7 出土陶器
1、3.陶釜口沿M7：1、M7填：1　2.圈足罐M7填：2

7. M12

位于T2246西北角，墓口东宽西窄，距地表深0.45米，长1.51、宽0.48～0.69、深0.15～0.17米（图一一三；彩版八四，1、2）。填土为微带黏性较疏松灰红土，杂有风化岩土斑，内含小石子、自然石块及零星碎陶片。

随葬1件石锛、2件陶圜底罐和1件陶豆，陶器均残，主要置放于墓底东北部和中部等。

圜底罐　2件。

标本 M12：4，夹细砂浅灰胎硬陶，内外施红褐色陶衣。口沿严重变形，腹残，可复原。敞口，外宽方唇，内侧微凹，矮立领，鼓腹。器身饰从右向左斜条纹，较细且规整。口径12.6、高14厘米（图一一四，1；彩版八四，3）。

标本 M12：1，夹细砂软黄陶。残损严重，仅有口沿、肩部和腹部碎片，缺3/4，不可复原，疑为二次葬器物。外方唇，唇内侧凹痕明显，高领，敞口，口较大，圆鼓腹。器腹饰从左向右斜

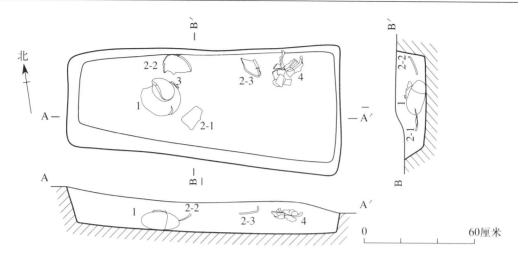

图一一三　M12 平、剖面图

1、4.圈底罐　2.陶豆　3.石锛

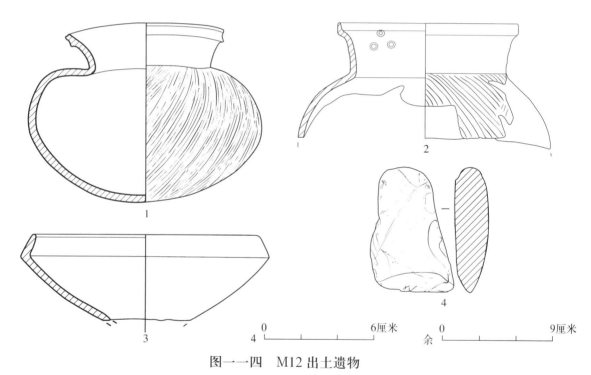

图一一四　M12 出土遗物

1、2.圈底罐M12：4、M12：1　3.陶豆M12：2　4.石锛M12：3

条纹，较细但清晰，口沿内侧有 3 个呈品字状分布的圆形戳印。下腹有烟炱痕。口径 14.6、残高 9 厘米（图一一四，2；彩版八四，4）。

陶豆　1 件。

标本 M12：2，泥质浅灰胎黑皮硬陶，外壁抹光。残，仅存部分豆盘，缺2/3。尖圆唇，敛口，浅弧腹，圈底。口径 18.5、残高 6.5 厘米（图一一四，3）。

石锛　1 件。

标本 M12：3，中型，双肩明显，不对称，弓背，斜刃，刃部有崩损，器身有大片打制痕。长 6.6、刃宽 4.6、厚 2 厘米（图一一四，4；彩版八四，5）。

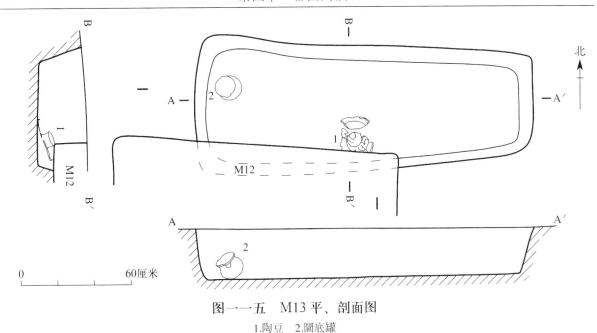

图一一五　M13平、剖面图

1.陶豆　2.圜底罐

8. M13

位于T2246西北角，墓口西宽东窄，距地表深0.41米，长1.85、宽0.54~0.64、深0.27米（图一一五；彩版八五，1、2）。填土为微带黏性较疏松灰红土，杂有风化岩土斑，内含小石子、自然石块及零星碎陶片。

随葬1件完整陶圜底罐和1件可复原陶豆，主要置放于墓室中部靠南壁和西北角。

圜底罐　1件。

标本M13：2，夹砂灰陶。完整，腹壁较厚且匀称，器形规整。尖圆唇，侈口，卷沿，口沿内面圆弧，束颈。器身饰曲折纹，不清晰。口沿内侧有一三角形内填圆点戳印的刻划符号。口径10、高10.3厘米（图一一六，1；彩版八五，3、4）。

陶豆　1件。

标本M13：1，泥质灰胎黑皮陶。口沿及豆盘残，缺1/2，可复原。敛口、短沿、深弧腹、圜底。圈足足面与标本M10：4类似，但器形小。口径15.3、足径10.7、通高9.9厘米（图一一六，2；彩版八五，5）。

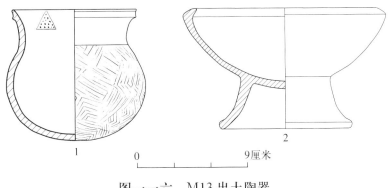

图一一六　M13出土陶器

1.圜底罐M13：2　2.陶豆M13：1

9. M14

位于 T2246 北部，墓口距地表深 0.47～0.55 米，长 1.89、宽 0.52～0.61、深 0.17～0.2 米（图一一七；彩版八六，1、2）。填土为微带黏性较疏松灰红土，杂有风化岩土斑，内含小石子和较多风化岩石块，特别是墓口填土中风化岩石块分布较密集。

随葬 1 件砺石（或磨盘），及陶圈足罐、陶圜底罐、陶豆等各 1 件，陶器多破碎，主要置放于墓底的东部和中部等。

圈足罐　1 件。

标本 M14：1，带把，泥质浅灰胎硬陶。把端残。圆唇，直口微敞，高立领，鼓腹，圜底附低矮圈足。上腹饰从左向右斜条纹，下腹饰交错条纹，纹饰拍印较深且粗，器腹最大径上饰两周印有绳痕的条带状附加堆纹，一侧贴筑牛角状把手，角尖上翘，末端残。口径 8.4、足径 6.7、通高 13.1 厘米（图一一八，1；彩版八六，3）。

圜底罐　1 件。

标本 M14：3，夹砂灰胎硬陶。肩、腹残，缺 1/3，可复原，器形规整。侈口，卷沿，口沿内面圆弧，矮立颈，领内壁有旋槽，微垂腹。器身饰从左向右斜条纹，粗且清晰。腹底有烟炱痕。口径 14、高 12 厘米（图一一八，2；彩版八六，4）。

陶豆　1 件。

标本 M14：4，泥质灰黄胎黑皮软陶。口残，缺 1/4，可复原。敛口，浅弧腹，腹壁上薄下厚，外壁下部粘接浅凸棱，圜底附喇叭状圈足，圈足粗矮，胎质陶色与标本 M4：3、M9：1 相近。口径 22、足径 12、通高 11 厘米（图一一八，3；彩版八六，5）。

砺石（或磨盘）　1 件。

标本 M14：2，圆角近长方形，稍经打磨，双面有磨痕。长 16.2、宽 6.5～9.6、厚 2.6～4 厘米（图一一八，4；彩版八六，6）。

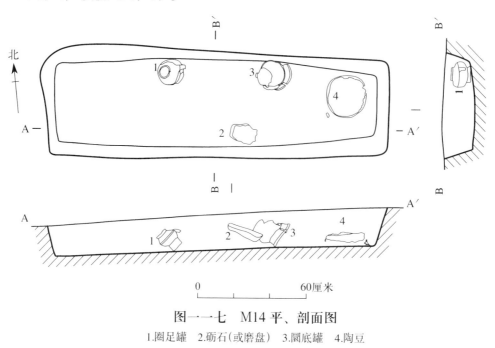

图一一七　M14 平、剖面图

1.圈足罐　2.砺石（或磨盘）　3.圜底罐　4.陶豆

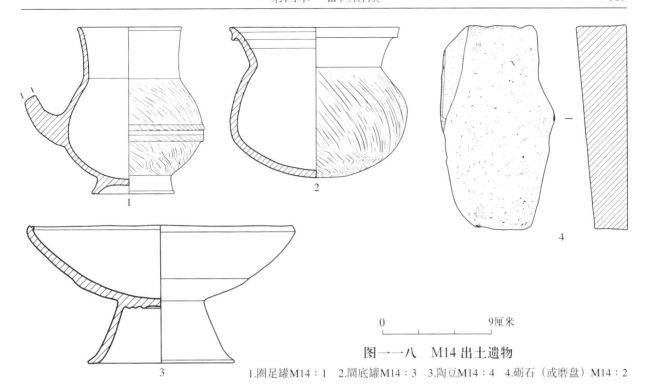

图一一八　M14出土遗物

1.圈足罐M14：1　2.圜底罐M14：3　3.陶豆M14：4　4.砺石（或磨盘）M14：2

10. M15

位于T2246东隔梁北部，墓口距地表深0.65米，长1.95、宽0.5～0.57、深0.05～0.19米（图一一九；彩版八七，1）。填土为微带黏性较致密灰红土，内含小石子、风化岩石块及零星碎陶片。墓底凹凸不平。

随葬可复原陶圈足罐、残陶豆、残陶鼎等各1件，主要置放于墓底中部和东部。

圈足罐　1件。

标本M15：1，泥质浅灰胎硬陶。口沿变形，残少许，可复原。大口，高领，尖圆唇，敞口，圆鼓腹，矮圈足。器身饰曲折纹，较凌乱，局部不清，肩、腹饰三周粗绳状附加堆纹。口径11、

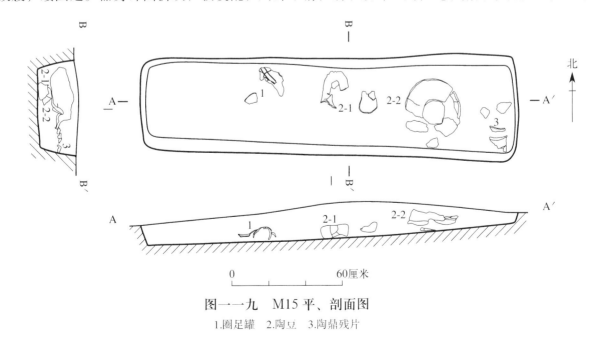

图一一九　M15平、剖面图

1.圈足罐　2.陶豆　3.陶鼎残片

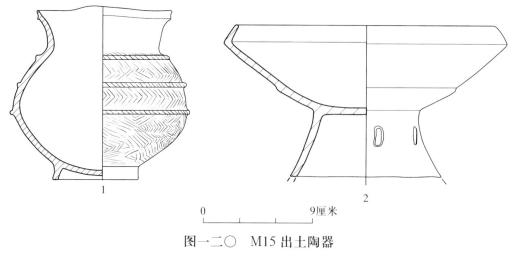

图一二〇　M15 出土陶器
1.圈足罐M15∶1　2.陶豆M15∶2

足径 7、通高 13.9 厘米（图一二〇，1；彩版八七，2）。

陶豆　1 件。

标本 M15∶2，泥质浅灰胎黑皮陶。盘口和足跟残，缺 1/3，不可复原。尖圆唇，斜腹，上腹较薄，下腹略厚，外壁有一周粘接凸棱。圈足有 5 个新月形镂孔。口径 21、残高 11.9 厘米（图一二〇，2；彩版八七，3）。

陶鼎残片　1 件。

标本 M15∶3，泥质浅黄胎红色软陶。仅有极少口沿和鼎足，缺 4/5，不可复原。外方唇，敞口，立领。鼎足为上宽下窄的鸭嘴状扁足，足跟残，器腹饰曲折纹。

11. M26

位于 T2246 北隔梁中部，墓口西宽东窄，距地表深 0.3 米，长 1.59、宽 0.4～0.72、深 0.09～0.13

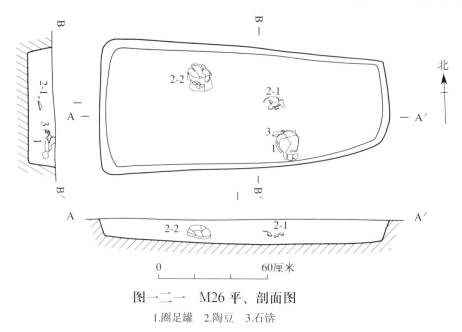

图一二一　M26 平、剖面图
1.圈足罐　2.陶豆　3.石锛

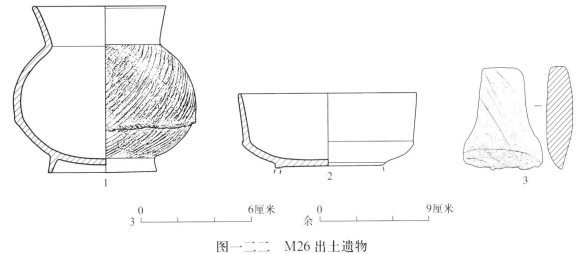

图一二二　M26 出土遗物
1.圈足罐M26：1　2.陶豆M26：2　3.石锛M26：3

米（图一二一；彩版八七，4）。填土为微带黏性较致密灰红杂土，内含小石子、风化岩石块及零星碎陶片。

随葬1件石锛、1件可复原陶圈足罐、1件残陶豆，散置于墓底中部。

圈足罐　1件。

标本M26：1，泥质浅红胎陶，内外施灰红色陶衣。口、肩残，缺1/3，可复原。圆唇，直口微敞，立领，圆腹，圜平底附矮圈足。器身饰从右向左斜条纹，纹饰较粗且清晰，最大径贴饰一周粗绳状附加堆纹。口径10.8、足径8.9、通高13厘米（图一二二，1；彩版八八，1）。

陶豆　1件。

标本M26：2，泥质灰胎黑皮软陶，表皮多脱落。仅有部分豆盘，缺3/4，不可复原。直口微敞，直腹内曲，外壁有凸棱，圜平底，圈足残缺，仅有较为平滑的圈足痕。疑为二次使用。口径14.5、残高5.9厘米（图一二二，2；彩版八八，2）。

石锛　1件。

标本M26：3，小型，双肩明显，刃部多崩损，石质差，遍布风化点。长5.7、刃宽2.2～4.4、厚1.5厘米（图一二二，3；彩版八八，3）。

12. M48

位于T2246北隔梁东部，墓口东宽西窄，距地表深0.35米，长1.53、宽0.41～0.56、深0.04～0.11米（图一二三；彩版八八，4）。填土为微带黏性较疏松红褐土，内含小石子、紫色风化土块及零星小卵石。

随葬品仅见1件基本可复原陶圈足罐，置于墓底中部。

圈足小罐　1件。

标本M48：1，泥质浅灰硬陶。口微残，足残，基本可复原。尖圆唇，直口微敞，立领，垂腹，圜平底，圈足脱落。器身饰从右向左斜条纹，纹饰粗，下腹最大径上饰一周粗绳状附加堆纹。口径7、通高8厘米（图一二四；彩版八八，5）。

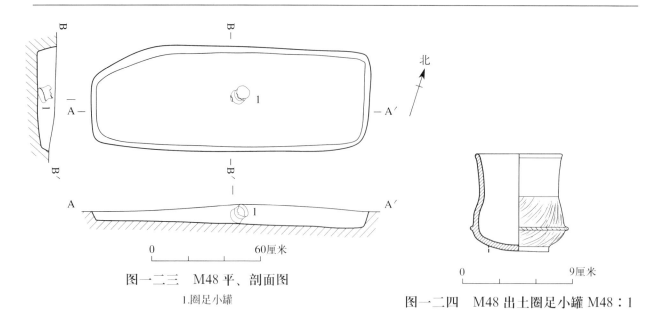

图一二三　M48 平、剖面图
1.圈足小罐

图一二四　M48 出土圈足小罐 M48：1

13. M18

位于 T2344 东南部，墓口东北宽西南窄，距地表深 0.55 米，长 1.34、宽 0.41～0.58、深 0.11～0.14 米（图一二五；彩版八九，1）。墓底西南高东北低。填土为微带黏性较致密灰红杂土，内含小石子、风化岩石块。

随葬 1 件残陶豆、1 件可复原陶圜底罐，主要置于墓底北部偏东。

圜底罐　1 件。

标本 M18：2，泥质灰红胎硬陶，器表一侧为浅灰色，一侧为黄红色，口、腹略残，可复原。单圆唇，束颈，卷沿，沿面外弧，侈口，鼓腹。肩部饰从右向左斜条纹，腹、底饰叶脉纹。口径 12、高 12.6 厘米（图一二六，1；彩版八九，2）。

陶豆　1 件。

标本 M18：1，泥质浅黄陶。仅剩少量豆盘残片，缺 3/4，不可复原。尖圆唇，敛口，浅弧腹，上腹壁较薄，下腹壁较厚，外壁下部一周粘接凸棱，盘底残缺。口径 22、残高 5.8 厘米（图

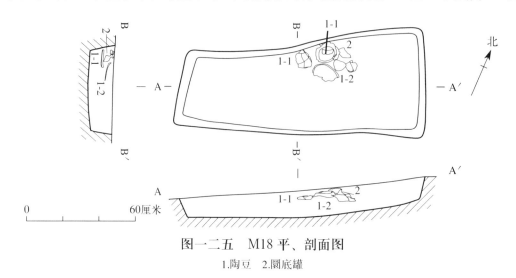

图一二五　M18 平、剖面图
1.陶豆　2.圜底罐

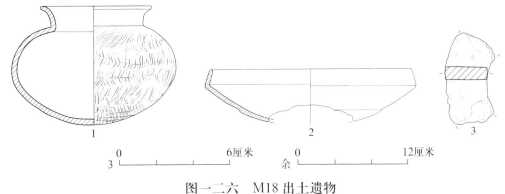

图一二六　M18出土遗物

1.圜底罐M18：2　2.陶豆M18：1　3.玉环残件M18填：1

一二六，2）。

M18填土中有1件玉环残件和夹砂陶釜残片。夹砂陶釜腹、底残片外表有烟炱痕，饰曲折纹。

玉环残件　1件。

标本M18填：1，泛白浅黄色，质地松脆。截面为扁平长方形。残长5、宽2.3、厚0.7厘米（图一二六，3）。

14. M19

位于T2344东隔梁南部，墓口距地表深0.4米，长1.9、宽0.49～0.52、深0.1～0.34米（图一二七；彩版八九，3）。填土为疏松灰红杂土，内含小石子、风化岩石块及零星碎陶片。

随葬1件可复原筒形玉镯，及可复原陶圜底罐、残陶豆、口微残陶圈足罐等各1件，主要置于墓底中部偏北。

圈足罐　1件。

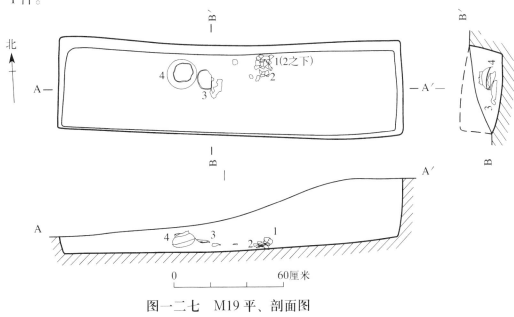

图一二七　M19平、剖面图

1.玉镯　2.圜底罐　3.陶豆残片　4.圈足罐

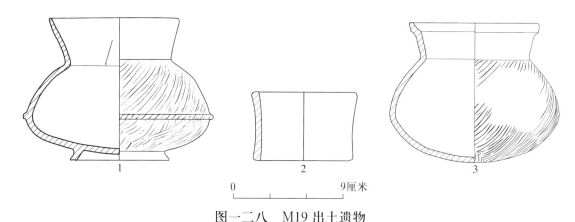

图一二八　M19 出土遗物
1.圈足罐M19：4　2.玉镯M19：1　3.圜底罐M19：2

　　标本 M19：4，器身完整，口沿略残（疑似人为敲掉后随葬），夹砂浅灰胎硬陶。直口微敞，立领，扁鼓腹，圜平底附低矮小圈足。器身饰从右向左斜条纹，纹饰较细，拍印规整且清晰，腹最大径处饰一周粗绳状附加堆纹。口径10.6、足径8、通高11.3厘米（图一二八，1；彩版八九，4）。

　　圜底罐　1件。

　　标本 M19：2，夹细砂灰陶。缺1/3，可复原。高领，口较小，敞口，唇内侧微凹，沿面微内弧，圆腹。器身饰从右向左斜条纹。口径10.4、高11.1厘米（图一二八，3；彩版八九，5）。

　　陶豆残片　1件。

　　标本 M19：3，浅黄胎黑皮软陶，胎质陶色与标本 M4：3相近。仅剩豆盘少量碎片，敛口。

　　玉镯　1件。

　　标本 M19：1，可复原，泛白浅黄色，质地松脆。宽边亚腰形圆筒状，上口稍小，孔壁薄厚匀称。直径7.8～8.4、宽5.4、厚0.6厘米（图一二八，2；彩版八九，6）。

15. M20

　　位于T2344中部偏东，墓口距地表深0.6米，长1.88、宽0.58～0.65米，深0.19～0.35米（图一二九；彩版九〇，1）。填土为较致密红褐杂土，内含小石子、风化岩石块及零星碎陶片。

　　随葬1件完整石环，及残陶豆、残陶圜底罐、可复原陶圈足罐等各1件，散置于墓底中部和东北部等。

　　圈足罐　1件。

　　标本 M20：3，泥质硬灰陶。口、腹变形，口、肩残，缺1/5，可复原。大口，高领，圆唇，直口微敞，扁鼓腹，矮圈足。器身饰曲折纹，拍印较细且清晰。领外壁有旋痕，腹最大径处饰一周粗绳状附加堆纹。口径12.8、足径9.2、通高12.4厘米（图一三〇，1；彩版九〇，2）。

　　圜底罐　1件。

　　标本 M20：2，泥质灰黄胎软陶，上腹红褐色，下腹浅黄色。残存口沿、肩腹和底部碎片，缺1/2，不可复原。圆唇，立领，直口微敞，矮领，口较小，圆腹，圜底。器身饰细曲折纹，腹

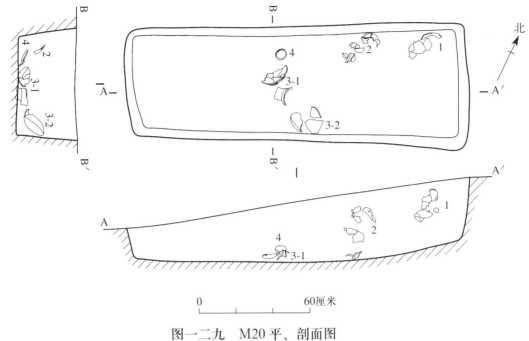

图一二九　M20 平、剖面图
1.陶豆残片　2.圜底罐　3.圈足罐　4.石环

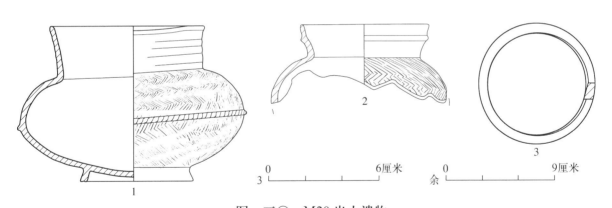

图一三〇　M20 出土遗物
1.圈足罐M20：3　2.圜底罐M20：2　3.石环M20：4

壁较薄至领口处增厚，腹颈和领口套接，接痕明显。下腹外壁多有烟炱痕，但内底亦有烟炱痕（推测此烟炱痕亦有可能是埋藏环境所致）。口径10.4、残高6.3厘米（图一三〇，2）。

陶豆残片　1件。

标本 M20：1，泥质浅黄胎黑皮软陶。仅有极少口沿、盘底碎片。敛口，胎质陶色与标本M4：3近。

石环　1件。

标本 M20：4，完整，截面呈竖长方形，形制规整。直径6.7、宽1、厚0.5厘米（图一三〇，3；彩版九〇，3）。

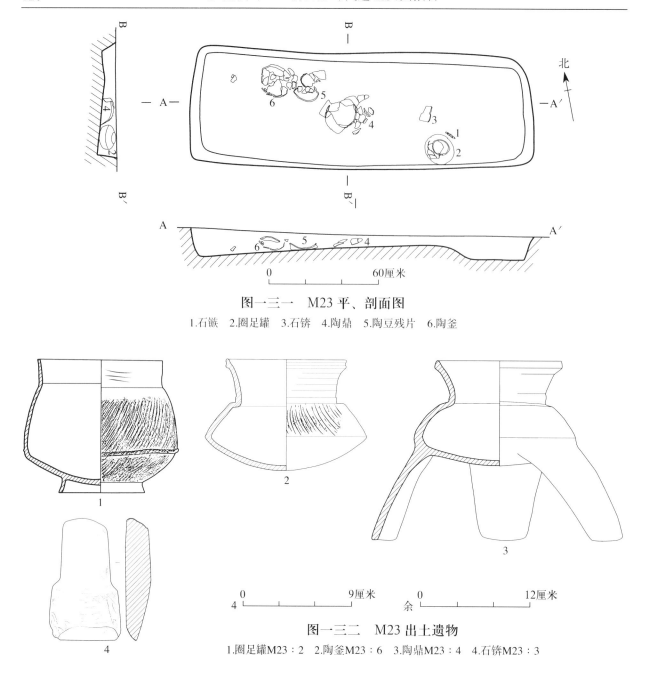

图一三一　M23 平、剖面图

1.石锛　2.圈足罐　3.石锛　4.陶鼎　5.陶豆残片　6.陶釜

图一三二　M23 出土遗物

1.圈足罐M23：2　2.陶釜M23：6　3.陶鼎M23：4　4.石锛M23：3

16. M23

位于 T2345 东南部，墓口距地表深 0.24 米，长 1.88、宽 0.59～0.62、深 0.05～0.14 米（图一三一；彩版九〇，4）。填土为疏松灰红杂土，内含小石子、风化岩石块及零星碎陶片。

随葬石锛、残石锛、残陶豆和可复原陶圈足罐、陶鼎、陶釜各 1 件，散置于墓底西北部、中部和东南部。

圈足罐　1 件。

标本 M23：2，泥质灰黄胎，器表施浅红色陶衣。器口、身稍变形，足残，缺 1/4，可复原。圆唇，直口，立领，下垂腹，圜底附小圈足。器身饰从右向左斜条纹，纹饰清晰规整，最大径上饰一周粗绳状附加堆纹。领外部有三道划痕，似刻划符号。口径 13.6、足径 9.3、通高 13.7 厘米（图一三二，1；彩版九一，1）。

陶釜　1 件。

标本 M23：6，夹粗砂灰黑陶。微残，可复原。敞口，高斜立领，口较小，唇微内凹，窄平折肩，腹浅，下腹最大径处折收成圜平底，器身像鱼篓形。外唇面和领外壁有轮旋痕。器表饰从左向右斜条纹，较细浅，局部不清。口径 13.4、高 11.8 厘米（图一三二，2；彩版九一，2）。

陶鼎　1 件。

标本 M23：4，夹砂黑胎红褐陶。残，缺 1/3，可复原。敞口，高立领，尖圆唇，唇内微凹，平折肩，扁鼓腹，下腹折收为圜平底，器身整体呈鱼篓形，宽扁平足，足面微内弧，两边凹槽较浅。器表纹饰不清。口径 14、通高 18.9 厘米（图一三二，3；彩版九一，3）。

陶豆残片　1 件。

标本 M23：5，泥质黄胎黑皮软陶。敛口，喇叭状圈足。胎质陶色同标本 M14：4。

石锛　1 件。

标本 M23：3，中型，有肩，双肩明显，棱角分明，肩近直角。刃部两侧边有少许崩损，使用痕迹不明显，器身平直面残留打制痕。长 9.5、刃宽 5.8、厚 2.1 厘米（图一三二，4；彩版九一，4、5）。

石镞　1 件。

标本 M23：1，残，三棱状，铤、身分界不明显。残长 3.9、宽 1.1、厚 0.5 厘米。

17. M25

位于 T2346 西南部，墓口距地表深 0.3 米，长 1.63、宽 0.45～0.52、深 0.09～0.11 米（图一三三；彩版九二，1、2）。填土为较致密黏性灰红杂土，内含小石子、风化岩石块及零星碎陶片。

随葬石锛、石斧、可复原陶圈足罐、残陶豆、残陶鼎等各 1 件，主要置于墓底北部。

圈足罐　1 件。

标本 M25：3，带把，泥质浅灰胎，内外施浅褐陶衣。腹、圈足、把手端残，可复原。尖圆

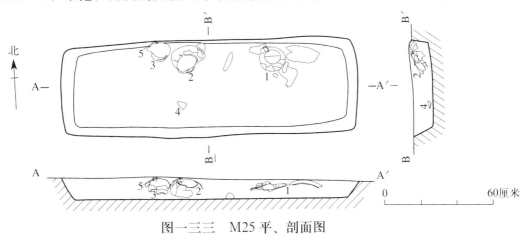

图一三三　M25 平、剖面图

1.陶豆　2.陶鼎　3.圈足罐　4.石斧　5.石锛

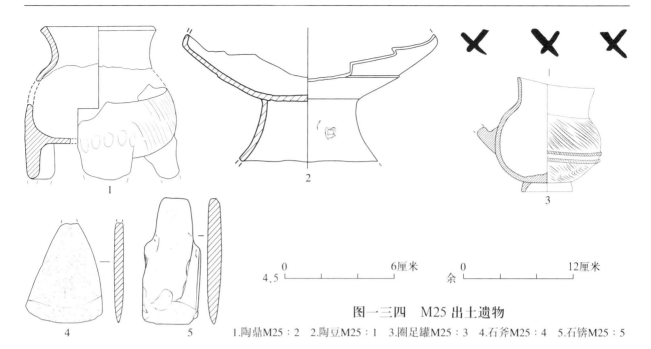

图一三四　M25 出土遗物

1.陶鼎M25：2　2.陶豆M25：1　3.圈足罐M25：3　4.石斧M25：4　5.石锛M25：5

唇，直口微敞，立领，斜垂腹，圜平底附小圈足。器身饰从左向右斜条纹，纹饰较粗且清晰，下腹部饰两周绳状附加堆纹，器腹一侧附加堆纹上置一角状上翘把手，把端残。口沿内侧有三对称"乄"形黑彩。口径 8.6、足径 5.6、通高 10.9～12.1 厘米（图一三四，3；彩版九二，3）。

陶豆　1件。

标本 M25：1，泥质浅黄胎黑皮软陶，外表抹光。残存豆盘及豆柄，缺 2/3，不可复原。圆唇，敛口，斜弧腹，圜平底，上腹较薄，下腹略厚，外壁有一周粘接凸棱。口径、足径不确、残高 13.4 厘米（图一三四，2）。

陶鼎　1件。

标本 M25：2，夹砂红褐陶。残存部分口沿及鼎足，缺 2/3，不可复原。方唇，敞口，矮立领较直，腹较圆，圜底，扁足，足与器身拼接处有五个平行排列的指窝痕，器身、底有烟炱痕。口径 12、高约 16.3 厘米（图一三四，1；彩版九二，4）。

石锛　1件。

标本 M25：5，小型，扁平，双肩明显，刃部一侧边有崩损。长 6.6、刃宽 3.2、厚 0.9 厘米（图一三四，5；彩版九二，5）。

石斧　1件。

标本 M25：4，扁平，顶端残，整体呈三角形，体型较小，磨制精细，刃口锋利。残长 5.3、刃宽 4.2、厚 0.5 厘米（图一三四，4；彩版九二，6）。

18. M27

位于 T2346 南部，墓口西宽东窄，距地表深 0.44～0.47 米，长 1.8～1.9、宽 0.56～0.65、深 0.14～0.18 米（图一三五；彩版九三，1、2）。填土为微带黏性较致密灰红杂土，内含小石子、风化岩石块及零星碎陶片。

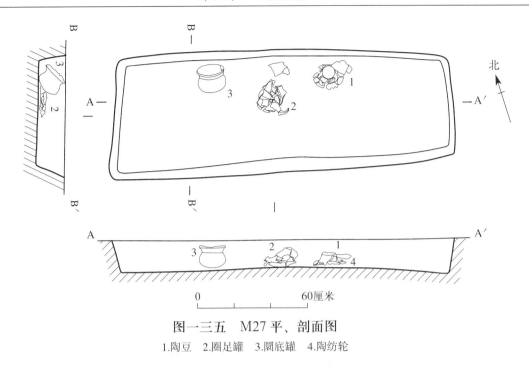

图一三五　M27 平、剖面图

1.陶豆　2.圈足罐　3.圜底罐　4.陶纺轮

　　随葬残陶豆、基本完整陶圈足罐、基本完整陶圜底罐等各 1 件，以及 1 对残陶纺轮，主要置于墓室北部。

　　圈足罐　1 件。

　　标本 M27：2，带把，泥质浅灰胎灰陶。口沿微残，基本完整。大口，高领，尖圆唇，直口，圆鼓腹，圈足较高且大，外撇。器身饰粗曲折纹，肩至腹部有四周粗绳状附加堆纹，腹一侧置一个牛角状上翘把手。口沿内壁有一"λ"形刻划符号，外壁上下刻划三条细弦纹，中间刻划一周双线菱形纹，一弦纹穿过其中，将菱形分为上、下两个三角形，三角内戳印圆点。口径 9、足径 10.2、通高 12.2 厘米（图一三六，1；彩版九三，3）。

　　圜底罐　1 件。

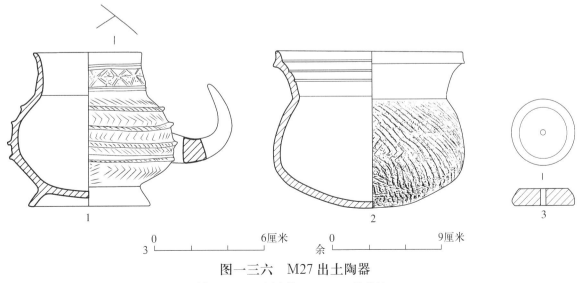

图一三六　M27 出土陶器

1.圈足罐M27：2　2.圜底罐M27：3　3.陶纺轮M27：4

标本 M27：3，夹细砂灰陶。口微残，基本完整，器形规整，内壁可见泥条盘筑痕迹。敞口、高领，内壁有旋槽，唇内侧微凹，沿面微内弧。器身饰较粗且深的曲折纹。口径 15.5、高 12.3 厘米（图一三六，2；彩版九三，4）。

陶豆　1 件。

标本 M27：1，残，泥质浅灰胎素面软陶，器表施青灰色陶衣。器身较薄易碎，仅有部分豆盘及豆柄，缺 3/4，不可复原。尖圆唇，敛口，斜折肩，深斜腹，上腹壁较薄，下腹壁稍厚，外壁下有一周凸棱。柄部较粗矮，上部有四列 4 个上下依次排列的 "D" 形镂孔，喇叭状圈足，足面较小微外撇，近边缘处有一条凸棱（彩版九三，5）。

陶纺轮　1 对。

标本 M27：4，均残，夹砂黑陶。圆饼状，素面，中间有小穿孔。直径 3.5、厚 0.8 厘米（图一三六，3）。

19. M52

位于 T2348 东南部，墓口不规则，距地表深 0.55 米，长 1.8、宽 0.6～0.65、深 0.18～0.4 米（图一三七；彩版九四，1）。墓壁墓底凹凸不平，填土为微带黏性较疏松灰红土，内含小石子、风化岩石块及零星碎陶片。

随葬 1 件陶圈足罐和 1 件陶豆，均可复原，散置于墓底。

圈足罐　1 件。

标本 M52：1，泥质硬灰陶。口、肩稍残，圈足脱落，基本可复原。尖圆唇，直口微敞，立领，扁鼓腹微下垂，圜底。上腹饰曲折纹，下腹、底饰交错条纹，模糊不清，肩至下腹部分饰三

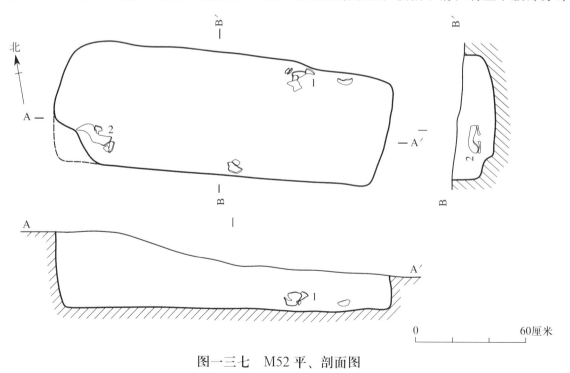

图一三七　M52 平、剖面图

1.圈足罐　2.陶豆

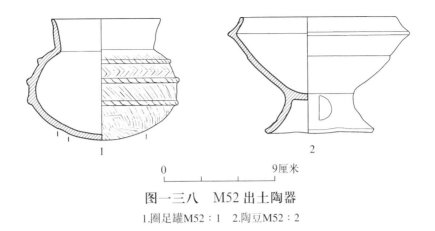

图一三八 M52 出土陶器
1.圈足罐M52：1 2.陶豆M52：2

周粗绳状附加堆纹。口径 8.6、残高 9.8 厘米（图一三八，1；彩版九四，2）。

陶豆 1件。

标本 M52：2，泥质浅灰胎黑皮陶，内外抹光。残，缺 1/2，可复原。尖圆唇，敛口、子母口、深弧腹，腹壁上薄下厚，下腹外壁下部有一周粘接凸棱，圜底，喇叭状圈足较高，圈足处有"D"形镂孔。口径 12.8、足径 8.4、通高 9.2 厘米（图一三八，2；彩版九四，3）。

20. M46

位于 T2345 东隔梁北部，墓口东窄西宽，距地表深 0.45 米，长 1.98、宽 0.5～0.6、深 0.32～0.38 米（图一三九；彩版九四，4）。填土分两层：第①层为微带黏性较致密红褐土，内含小石子、风化岩石块及零星碎陶片，厚 0.16～0.2 米。第②层为松散红灰色杂土，内含大量风化岩石块和紫色风化土斑等，厚 0.16～0.18 米。

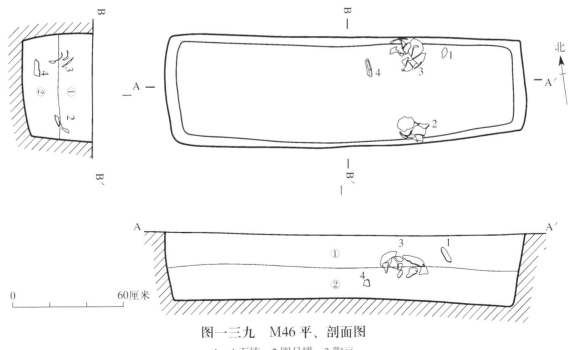

图一三九 M46 平、剖面图
1、4.石锛 2.圈足罐 3.陶豆

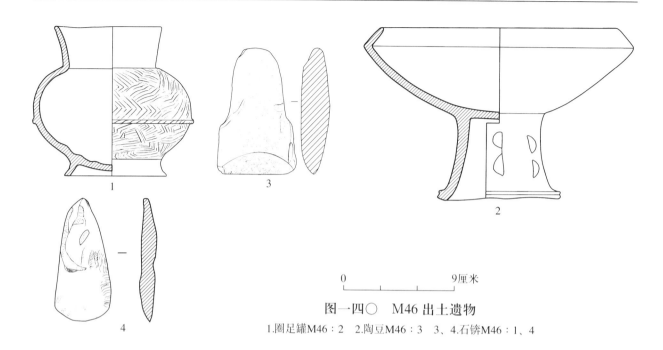

图一四〇　M46 出土遗物

1.圈足罐M46：2 2.陶豆M46：3 3、4.石锛M46：1、4

随葬品多已破碎，主要置放于墓室的东北部和东南部。墓底东部随葬 2 件石锛和 1 件陶圈足罐、1 件陶豆，陶器均可复原。

圈足罐　1 件。

标本 M46：2，泥质浅灰陶。腹略残，可复原。圆唇，直口微敞，立领，鼓腹，圜平底附矮圈足。器身饰细曲折纹，纹饰轻浅，局部不清，下腹部饰一周细绳状附加堆纹。口径 8.7、足径 8.2、通高 12 厘米（图一四〇，1；彩版九四，5）。

陶豆　1 件。

标本 M46：3，泥质浅灰胎黑皮陶，外壁抹光。缺 1/4，可复原。尖圆唇，敛口，斜弧腹，圜底，豆柄较细且高，上饰两组相对上下依次排列的"D"形镂孔，喇叭状圈足。口径 19.2、通高 13.5 厘米（图一四〇，2；彩版九四，6）。

石锛　2 件。

标本 M46：1，中型，双肩明显，刃部有少许崩疤，器身留有打制痕。长 10.2、刃宽 6.5、厚 2.3 厘米（图一四〇，3）。

标本 M46：4，整体呈三角形，顶部尖突，单面弧刃，刃部有崩疤，器表粗糙，遍布打击痕。长 9.5、刃宽 4.5、厚 1.2 厘米（图一四〇，4）。

21. M22

位于 T2344 东北角，墓口距地表深 0.4 米，长 1.93、宽 0.58～0.64、深 0.27～0.32 米（图一四一；彩版九五，1）。填土为疏松红褐杂土，内含小石子、风化岩石块及零星碎陶片。

随葬 1 件石锛、1 件陶罐口沿、1 件残陶豆和 1 件可复原陶圈足罐，散置于墓底中部。

圈足罐　1 件。

标本 M22：4，泥质灰红胎浅红陶。口、腹均残，缺 1/4，可复原。圆唇，直口微敞，立领，

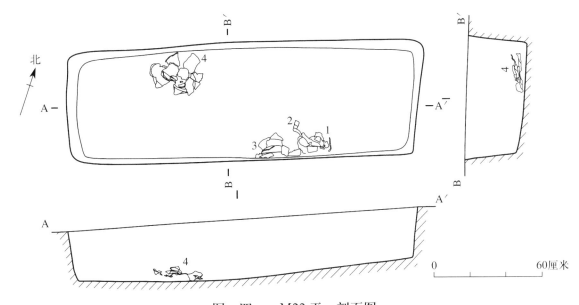

图一四一　M22 平、剖面图

1.陶罐口沿　2.石锛　3.陶豆　4.圈足罐

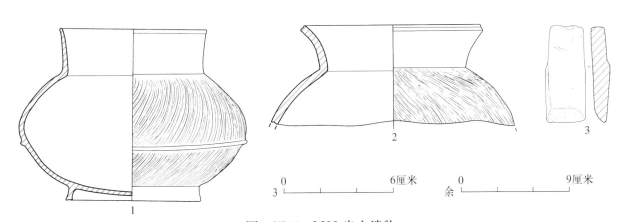

图一四二　M22 出土遗物

1.圈足罐M22：4　2.陶罐口沿M22：1　3.石锛M22：2

扁鼓腹，圜底附低矮小圈足。器身饰从右向左斜条纹，纹饰清晰，腹部最大径饰一周凸棱状附加堆纹。口径 12.2、足径 11、通高 13.8 厘米（图一四二，1）。

陶罐口沿　1件。

标本 M22：1，泥质黄白胎浅黄陶。残存口、肩碎片，缺 4/5，不可复原。方唇，敞口，唇面有一道凹槽，内侧微凹，立领。肩饰从左向右细斜条纹。口径 14.7、残高 7.8 厘米（图一四二，2；彩版九五，2）。

陶豆　1件。

标本 M22：3，残片，泥质灰胎黑皮陶，内外抹光。仅有豆盘及豆柄，缺 2/3，不可复原。敛口，斜弧腹，下腹外部有粘接痕。喇叭状圈足，柄部有半圆形镂孔。

石锛　1件。

标本 M22：2，小型，有段，长条形，形制规整，刃部保存完好。长 5.2、刃宽 2.3、厚 0.9 厘米（图一四二，3；彩版九五，3）。

22. M47

位于 T2345 东隔梁北部，墓口东宽西窄，形状不规则，距地表深 0.4 米，长 1.46～1.63、宽 0.49～0.7、深 0.34～0.4 米（图一四三；彩版九五，4）。填土分两层：第①层为微带黏性较致密红褐土，内含小石子、风化岩石块等，厚 0.23～0.26 米。第②层为松散红灰色杂土，内含大量风化岩石块，无陶片，厚 0.11～0.14 米。

墓底中部和西北部随葬 1 件石锛和 1 件可复原陶圈足罐、1 件残陶豆。

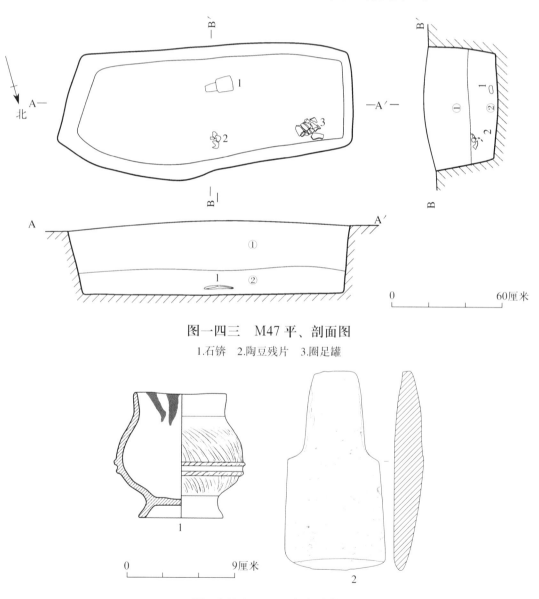

图一四三　M47 平、剖面图
1.石锛　2.陶豆残片　3.圈足罐

图一四四　M47 出土遗物
1.圈足罐 M47：3　2.石锛 M47：1

圈足罐　1件。

标本M47:3，泥质浅灰硬陶。口沿变形，缺1/3，可复原，器形小。圆唇，直口，圆腹，最大径居中，喇叭状高圈足。器身饰从左向右斜条纹，规整清晰，腹部饰两周粗绳状附加堆纹。口沿内面有黑彩。口径7.6、足径7.2、通高10厘米（图一四四，1；彩版九五，5）。

陶豆残片　1件。

标本M47:2，泥质黄胎黑皮软陶。敛口。

石锛　1件。

标本M47:1，大型，双肩明显，形制规整，磨制精细。刃部保存完好，使用痕迹不明显。长15.5、刃宽7.5、厚2.4厘米（图一四四，2，彩版九五，6）。

23. M45

位于T2444南部，墓口西宽东窄，距地表深0.38米，长1.99、宽0.52～0.75、深0.3～0.4米（图一四五；彩版九六，1）。长方形圆角竖穴土坑，坑口边界范围明显，坑边不直，坑壁也不规整，壁面凹凸不平，自上而下略向内斜，墓底圜平，填土清完后未发现特殊现象，墓壁及底面均未发现工具加工痕迹。

随葬石锛、完整陶圈足罐、可复原陶豆、残陶釜、残陶豆等各1件，主要置于墓室靠南壁处。有1件不明陶器残件，可能非随葬品。

圈足罐　1件。

标本M45:1，完整。泥质浅灰胎灰色硬陶。口腹变形。尖圆唇，直口，大口，溜肩，领、

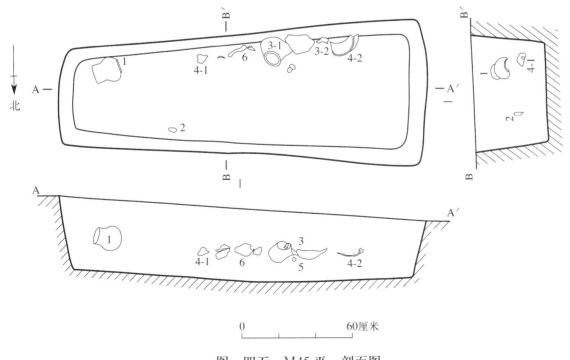

0　　　　　　　60厘米

图一四五　M45平、剖面图

1.圈足罐　2.石锛　3.陶豆残片　4.陶釜　5.不明陶器　6.陶豆

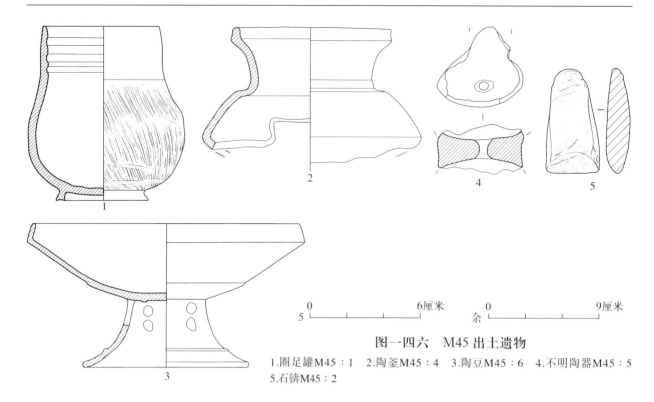

图一四六　M45 出土遗物

1.圈足罐M45：1　2.陶釜M45：4　3.陶豆M45：6　4.不明陶器M45：5
5.石锛M45：2

肩分界不明显，圆垂腹，圜底附低矮小圈足，微外撇。器身饰从左向右斜条纹，纹饰较细且清晰，其上压印横向短线。器身无附加堆纹，器底饰交错条纹。口径 9.5、足径 7.5、通高 14 厘米（图一四六，1；彩版九六，2）。

陶釜　1 件。

标本 M45：4，夹砂黑胎灰黑陶。残，仅有口沿和器肩，缺 1/2，不可复原。方圆唇，内侧微凹，敞口，斜立领，平折肩，折腹，器身像鱼篓形，底部残缺。器身饰从左向右细斜条纹，纹饰不清。口径 12.9、残高 10.5 厘米（图一四六，2）。

陶豆　2 件。

标本 M45：6，泥质浅灰胎黑皮软陶。缺 1/3，可复原。下腹外壁有粘接凸棱。喇叭状圈足，柄身有镂孔，近足端有一周凸棱。口径 22.4、足径 13.8、通高 11.4 厘米（图一四六，3）。

标本 M45：3，豆残片，泥质浅黄胎黑皮陶。敛口，喇叭状圈足。

不明陶器　1 件。

标本 M45：5，泥质黄胎，内外施浅褐色陶衣。素面。扁圆状中空，有透孔，两端似与器身连接，疑为陶器的连接部分，不知是否为管流盉的管流与器身连接部位[1]。残高 6.5、残宽 7 厘米（图一四六，4；彩版九六，3）。

石锛　1 件。

标本 M45：2，小型，梯形，刃部一侧边有崩损。长 5.4、刃宽 2.9、厚 0.7~1.4 厘米（图一四六，5；彩版九六，4）。

---

[1]　管流盉在浙江遂昌好川墓地多有发现，湖州塔地和余杭庙前等良渚文化遗址也有发现。

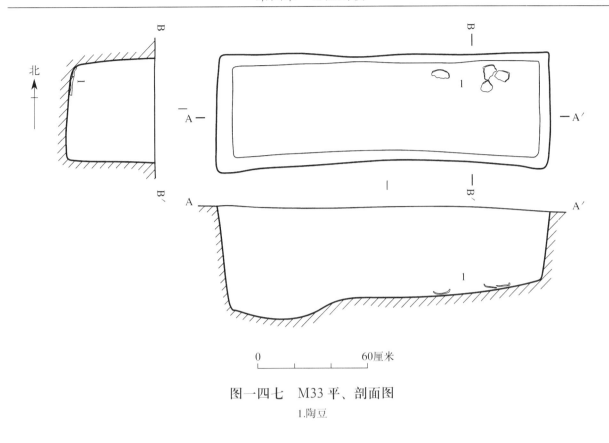

图一四七　M33 平、剖面图

1.陶豆

24. M33

位于 T2445 西南部，墓口距地表深 0.25 米，长 1.83、宽 0.54～0.62、深 0.37～0.6 米（图一四七；彩版九六，5）。墓底东高西低，西部和东南角呈小坑状凹陷。填土为微带黏性较致密灰红杂土，内含小石子、风化岩石块和零星碎陶片以及 2 件泥质软陶鼎残片。

墓底东部偏北随葬 1 件残陶豆，可复原。

陶豆　1 件。

标本 M33：1，泥质浅灰胎黑皮软陶，外表抹光。残，缺 1/2，可复原。侈口，腹较深，上腹壁内曲、折棱明显，喇叭状圈足较高，外壁饰三组双细线弦纹，等距有五组"D"形镂孔，近足底有一周凸棱。口径 18.3、足径 14.1、通高 11.5 厘米（图一四八；彩版九六，6）。

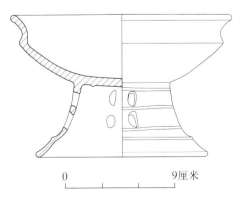

图一四八　M33 出土陶豆 M33：1

陶鼎残片　2件。

标本M33填：1，泥质红褐软陶，器表饰条纹。

标本M33填：2，泥质浅黄软陶，宽扁鼎足。

25. M34

位于T2445西南部，墓口距地表深0.3米，长1.98、宽0.64~0.66、深0.45~0.49米（图一四九；彩版九七，1、2）。填土为微带黏性较致密灰红杂土，内含小石子、风化岩石块及零星碎陶片。

随葬完整陶圈足罐、可复原陶釜、残陶鼎、残陶豆、残石镞、石锛等各1件，主要置于墓室西部。

圈足罐　1件。

标本M34：3，夹细砂浅灰胎灰色硬陶。腹壁局部内凹变形，器身完整，胎壁较薄且匀称。大口、高领、圆唇、直口、扁鼓腹、矮圈足。器身饰曲折纹，腹最大径饰一周粗绳状附加堆纹。口径10.6、足径9.6、通高12.6厘米（图一五〇，1；彩版九八，1）。

陶釜　1件。

标本M34：1，泥质浅灰胎灰黄陶。器口、身微残且变形，可复原。斜方唇，内侧微凹，敞口、束颈、圆弧腹、圜底，肩饰从左向右斜条纹，纹饰清晰规整，腹、底饰交错条纹，局部不清。口径13.2、高9.4厘米（图一五〇，2；彩版九八，2）。

陶鼎　1件。

标本M34：2，泥质灰白胎，内外施浅红色陶衣。口、腹残，缺1/3，不可复原。唇内凹，略呈盘口，高立领、溜肩、扁圆腹、圜平底、宽扁平足，横截面微内弧，两边内凹呈斜面。器身饰曲折纹，拍印轻浅，局部不清。口径12.9、残高16.8厘米（图一五〇，3；彩版九八，3）。

陶豆残片　1件。

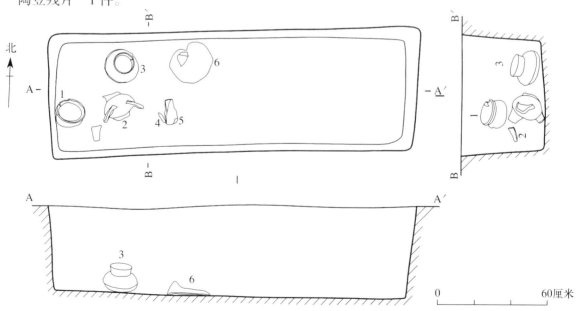

图一四九　M34平、剖面图

1.陶釜　2.陶鼎　3.圈足罐　4.石镞　5.石锛　6.陶豆残片

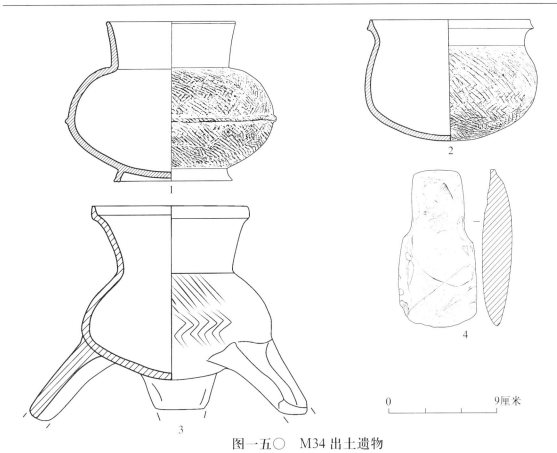

图一五〇　M34 出土遗物

1.圈足罐M34：3　2.陶釜M34：1　3.陶鼎M34：2　4.石锛M34：5

标本 M34：6，泥质黄胎软陶，内外施浅黄色陶衣。仅有口沿和盘腹碎片，不可复原。敛口。

石锛　1件。

标本 M34：5，大型，双肩明显，刃部有崩损，器身残留大片打制痕。长 12.3、刃宽 6.5、厚 2.5 厘米（图一五〇，4；彩版九八，4、5）。

石镞　1件。

标本 M34：4，残件，柳叶形，仅有镞身。残长 6.1、宽 1.8、厚 0.3 厘米（彩版九八，6）。

26. M41

位于 T2446 中部，墓口形状不太规则，距地表深 0.15 米，长 1.93、宽 0.5～0.6、深 0.35～0.4 米（图一五一；彩版九九，1、2）。填土为微带黏性较致密灰红土，内含小石子、风化岩石块及零星碎陶片。

墓室北部随葬石锛、基本完整陶圈足罐、可复原陶豆、残陶圜底罐等各 1 件。

圈足罐　1件。

标本 M41：1，泥质浅灰胎灰陶，内外施浅酱色陶衣。口沿稍变形，肩略残，基本完整。圆唇，直口微敞，大口，立领，溜肩，领、肩分界明显，斜垂腹。器腹饰竖条纹，纹饰较细，拍印规整清晰，肩、下腹各饰一周粗绳状附加堆纹，器底饰交错条纹。口径 10、足径 8.2、通高 14.2 厘米（图一五二，1；彩版九九，3）。

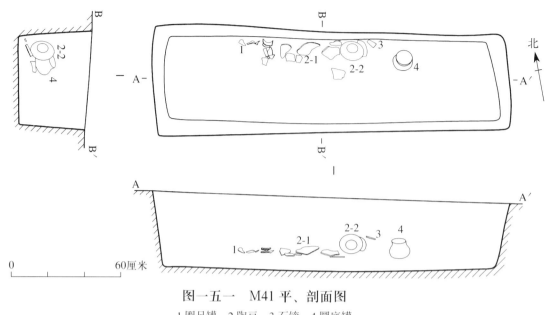

图一五一　M41 平、剖面图

1.圈足罐　2.陶豆　3.石锛　4.圜底罐

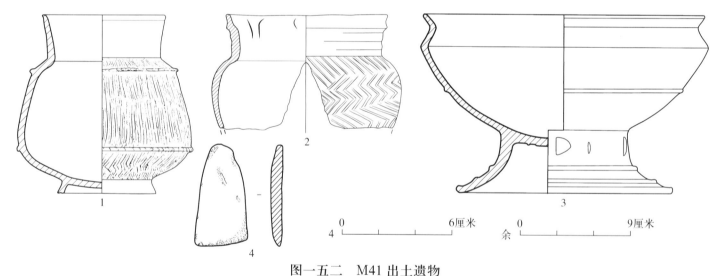

图一五二　M41 出土遗物

1.圈足罐M41：1　2.圜底罐M41：4　3.陶豆M41：2　4.石锛M41：3

圜底罐　1件。

标本 M41：4，泥质浅灰陶。腹、底残，缺 1/3，不可复原，口腹变形。束颈，圆腹。口沿下饰从左向右斜条纹，器身饰曲折纹，领内壁戳印三个指甲纹，其中两个呈倒"八"字形分布，领外壁有轮旋痕。底有烟炱痕。肩部断面可见两层泥片贴筑痕迹。口径 13.4、残高 9.2 厘米（图一五二，2）。

陶豆　1件。

标本 M41：2，泥质灰胎黑皮陶，外壁抹光。口、腹微残，缺 1/5，可复原。碗形。侈口，折腹较深，上腹壁内曲、折棱明显，下腹外壁有一周粘接凸棱，圜底。喇叭状圈足低矮粗壮，有四个"D"形镂孔，其中一镂孔两侧各有一个长椭圆形小孔。足面较大微外撇，圈足处有两周凸棱。口径 22.8、足径 18、通高 14 厘米（图一五二，3；彩版九九，5）。

石锛 1件。

标本 M41：3，小型，双肩不明显，扁平，刃部略有崩损，器身风化严重，多剥落。长 5.5、刃宽 3、厚 0.8 厘米（图一五二，4；彩版九九，4）。

27. M42

位于 T2446 东部，墓口西宽东窄，距地表深 0.15 米，长 1.63、宽 0.42~0.67、深 0.2~0.24 米（图一五三；彩版一〇〇，1、2）。填土为微带黏性较致密红褐土，内含小石子、风化岩石块，出有 1 件圜底小罐口沿残片。

墓底东部随葬 1 件石锛、1 件可复原陶圈足罐、1 件残陶豆，散乱分布。

圈足罐 1件。

标本 M42：1，泥质红褐胎红褐陶。口、肩均残，缺 1/2，可复原。高领，口较大，圆唇，直

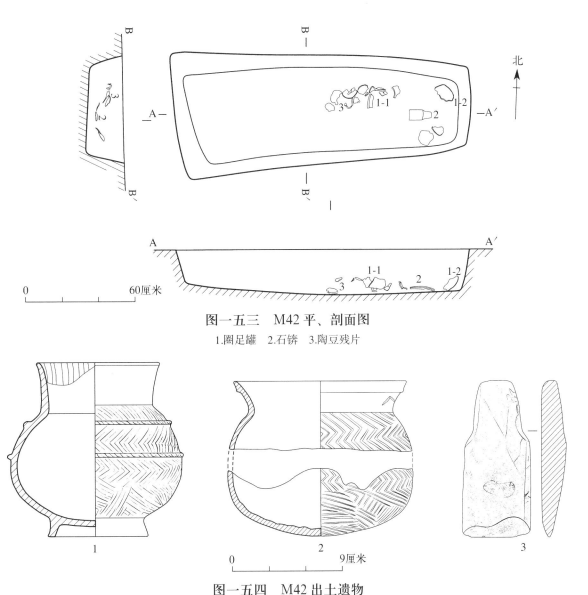

图一五三 M42 平、剖面图

1.圈足罐 2.石锛 3.陶豆残片

图一五四 M42 出土遗物

1.圈足罐M42：1 2.圜底小罐M42填：1 3.石锛M42：2

口微敞，圆弧腹，圈足较高且直。器身饰曲折纹，较凌乱，局部不清，肩、腹分饰一周粗绳状附加堆纹。领口内侧刻划有竖向平行短线。口径 10.2、足径 8.2、通高 13.8 厘米（图一五四，1；彩版一〇〇，3）。

陶豆残片　1 件。

标本 M42：3，豆圈足残片，泥质浅黄胎黑皮软陶。极少碎片。足面为方唇，圈足柄身有三组双弦纹。

石锛　1 件。

标本 M42：2，大型，有肩，形制规整，双肩明显，棱角分明，肩近直角。刃部保存完好，使用痕迹不明显。长 12.3、刃宽 5.4、厚 2.2 厘米（图一五四，3；彩版一〇〇，4、5）。

圜底小罐　1 件

标本 M42 填：1，圜底小罐，夹细砂灰胎灰陶。残，不可复原，口沿稍变形。尖圆唇，敞口，束颈，圜底。肩饰曲折纹，腹、底为曲折纹和交错条纹，领外壁有刻划符号。口径 14、残高约 12 厘米（图一五四，2）。

28. M43

位于 T2446 中部偏东，墓口距地表深 0.2 米，残长 1.34、宽 0.53～0.6、深 0.23～0.25 米（图一五五；彩版一〇一，1、2）。墓底南高北低。填土为微带黏性较疏松灰红土，内含小石子、风化岩石块及零星碎陶片。

墓底西部靠北壁随葬石锛、可复原陶圈足罐、残陶豆、残陶釜等各 1 件。

圈足罐　1 件。

标本 M43：1，泥质浅灰陶。肩、腹均残，缺 1/2，可复原。大口，高领，圆唇，直口，立领，圆鼓腹，矮圈足。领外壁有轮旋痕。腹部饰一周戳印有圆圈的条带状附加堆纹，器身饰从左向右斜条纹，纹饰较粗且清晰，肩部对称两个"↑"形黑彩，领部也有黑彩线条。口径 10、足径 9.2、通高 13.8 厘米（图一五六，1；彩版一〇一，3）。

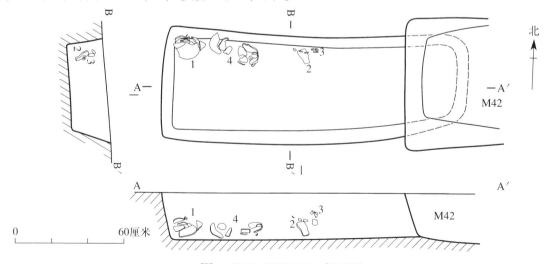

图一五五　M43 平、剖面图
1.圈足罐　2.石锛　3.陶豆残片　4.陶釜残片

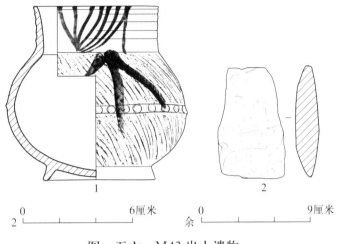

图一五六　M43 出土遗物
1.圈足罐M43：1　2.石锛M43：2

陶豆残片　1件。

标本 M43：3，泥质浅灰胎黑皮软陶。胎芯为黑色。敛口。

陶釜残片　1件。

标本 M43：4，夹砂灰黑陶。仅有腹部和底部碎片。折腹，应为鱼篓形釜。

石锛　1件。

标本 M43：2，中小型，双肩不太明显，溜肩，刃部稍有崩损。长6、刃宽3.6、厚1.4 厘米（图一五六，2；彩版一〇一，4、5）。

（二）B类墓葬

共 21 座，其中南边有 4 座：M4、M11、M16、M17。北边有 17 座：M21、M24、M28～M32、M35～M40、M44、M49～M51。以下大致按从南到北、自西向东的排列顺序逐一介绍。

1. M4

位于T2145 东北部，墓口距地表深0.55米，长1.88～2.01、宽0.76～0.8、深0.46～0.55米（图一五七；彩版一〇二，1、2）。填土分两层：第①层为微带黏性致密红褐土，含有小石子、少许石块及零星碎陶片和 1 件夹细砂陶罐口沿，厚0.15～0.22米。第②层为松散红灰色杂土，含大量风化岩石块，无陶片，厚0.31～0.33米。

随葬石锛、可复原陶釜、残陶圜底罐、残陶豆等各1件，位置高低不同，散置于墓室中部和南部等。

陶釜　1件。

标本 M4：1，夹细砂浅灰胎硬陶。口、肩残半，缺 1/3，可复原。卷沿，口沿沿面外弧，外斜方唇，唇内侧微凹，鼓腹微扁。器身饰曲折纹，拍印清晰。下腹有烟炱痕。口径15、高10.5 厘米（图一五八，1；彩版一〇二，3）。

陶豆残片　1件。

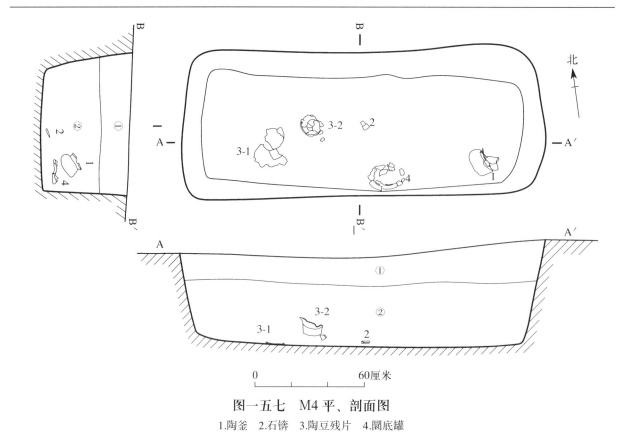

图一五七　M4 平、剖面图
1.陶釜　2.石锛　3.陶豆残片　4.圜底罐

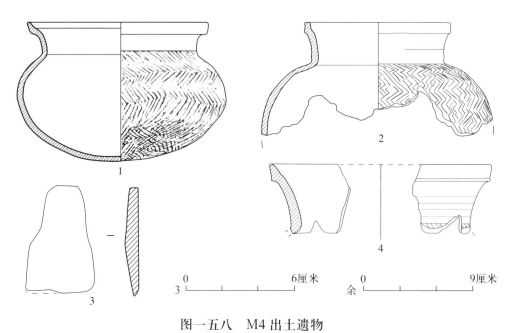

图一五八　M4 出土遗物
1.陶釜M4：1　2.圜底罐M4：4　3.石锛M4：2　4.罐口沿M4填①：1

标本 M4：3，泥质黄胎黑皮软陶。仅有极少豆盘碎片。盘形。敛口，豆柄为喇叭状。

圜底罐　1件。

标本 M4：4，泥质灰黄胎软陶。残损严重，仅有口沿和肩部碎片，缺 2/3，不可复原。唇内侧微凹，敞口，矮立领，圆鼓腹。器身饰曲折纹。口径 12、残高 9.3 厘米（图一五八，2；彩版一〇二，4）。

石锛　1件。

标本 M4：2，扁平，小型，双肩较明显，不对称，刃部有崩损。长 5.8、刃宽 3.9、厚 0.9 厘米（图一五八，3；彩版一〇二，5）。

罐口沿　1件。

标本 M4 填①：1，罐口沿，夹细砂硬灰陶。高领，直口微敞，唇内侧微凹，微呈小盘口，领外壁有轮旋痕。口径约 18、残高 5.5 厘米（图一五八，4）。

2. M11

位于 T2246 中部偏北，墓口距地表深 0.35～0.4 米，长 2.17、宽 0.64～0.7、深 0.11～0.16 米（图一五九；彩版一〇三，1、2）。填土为微带黏性较致密灰红土，内含风化岩石块、小石子及零星碎陶片。

随葬 1 件石凿、1 件可复原陶釜、1 件可复原陶豆和 1 件残陶豆，散置于墓室中部偏西。

陶釜　1件。

标本 M11：1，夹细砂浅灰胎，器表灰色微泛红。口、腹残，缺 1/2 多，可复原。外方唇，微卷沿，沿面微内弧，唇内侧内凹明显，扁鼓腹微下垂。器身饰曲折纹，较粗且清晰。器身一侧有烟炱痕，残存口沿内面有一刻划符号。口径 19.7、高 12.8 厘米（图一六〇，1；彩版一〇三，3、4）。

陶豆　2件。

标本 M11：3，盘形。泥质灰胎黑皮陶。残，缺 1/4，可复原。圆唇，敛口，深弧腹。圈足有上下排列的 "D" 形和半圆形镂孔。口径 22、足径 16、通高 15.4 厘米（图一六〇，2；彩版

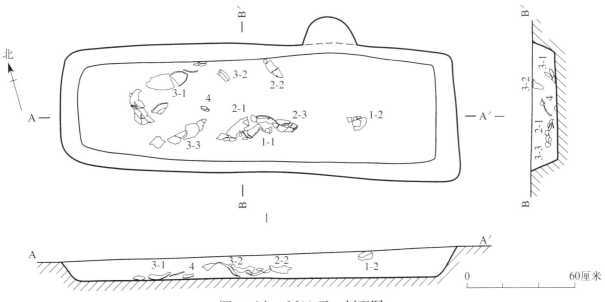

图一五九　M11 平、剖面图

1.陶釜　2、3.陶豆　4.石凿

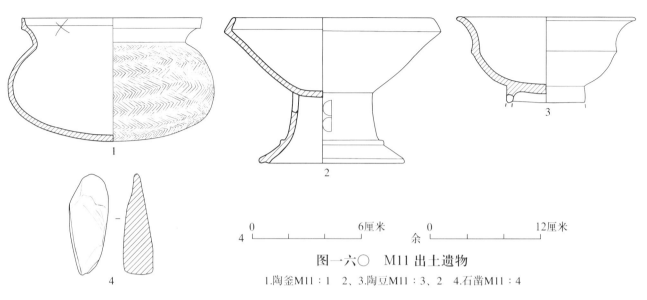

图一六〇　M11 出土遗物
1.陶釜 M11：1　2、3.陶豆 M11：3、2　4.石凿 M11：4

一〇三，5）。

标本 M11：2，碗形。泥质浅灰胎黑皮陶，内外表皮多脱落。残，缺1/3，不可复原，圈足下部残，疑为二次葬器物。侈口近敞，腹壁微曲带折，口径远大于腹径。口径 19.5、残高 9.1 厘米（图一六〇，3；彩版一〇三，6）。

石凿　1件。

标本 M11：4，为有段弓背石锛残件二次加工而成，原石锛的破裂面也经磨制处理。长 5.4、厚 1.9 厘米（图一六〇，4；彩版一〇三，7）。

3. M17

位于 T2246 东隔梁北部，墓口西宽东窄，距地表深 0.55 米，长 2.08、宽 0.46～0.56、深 0.07～0.26 米（图一六一；彩版一〇四，1）。填土为疏松红褐杂土，内含小石子、风化岩石块和

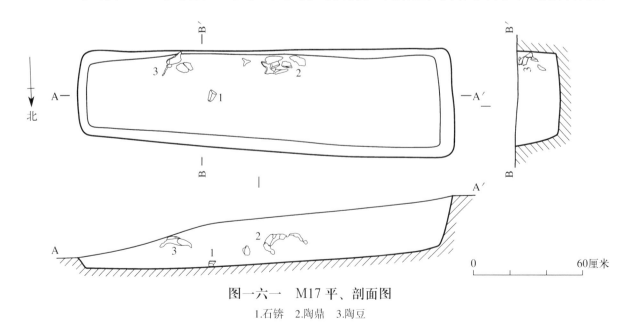

图一六一　M17 平、剖面图
1.石锛　2.陶鼎　3.陶豆

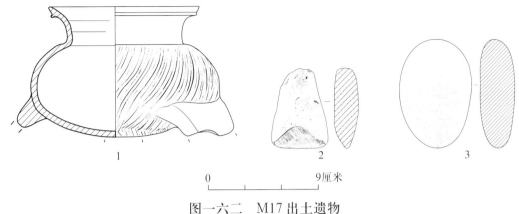

图一六二　M17出土遗物

1.陶鼎M17：2　2.石锛M17：1　3.石锤M17填：1

零星碎陶片以及1件河卵石，疑为石锤。

随葬1件石锛、1件基本可复原陶鼎和1件残陶豆，置于墓底中部偏南。

陶鼎　1件。

标本M17：2，夹砂灰红胎硬陶，外壁红褐色。口沿和肩部微残，基本可复原，足端残。矮立领、广肩、扁腹、宽扁平足，横截面微内弧，两边斜面内凹明显。器身饰从右向左斜条纹，纹饰较粗，拍印清晰。腹、底有烟炱痕。口径12.2、残高10.4厘米（图一六二，1；彩版一〇四，2）。

陶豆　1件。

标本M17：3，泥质浅灰胎黑皮陶。仅有口沿碎片，盘底和柄部。敛口，尖圆唇，斜折肩，弧壁，浅圜底，喇叭状圈足粗矮，足面窄小微外撇（彩版一〇四，3）。

石锛　1件。

标本M17：1，中型，厚身，双肩较明显，刃部有崩损，器身有风化。长6.3、刃宽4.8、厚2.1厘米（图一六二，2；彩版一〇四，4）。

石锤　1件。

标本M17填：1，椭圆形河卵石，周身光滑，两端似有砸击痕。长8.6、宽6.1、厚3厘米（图一六二，3；彩版一〇四，5）。

4. M16

位于T2246东隔梁北部，墓口距地表深0.55米，长2.01、宽0.62~0.65、深0~0.16米（图一六三；彩版一〇五，1）。填土为较疏松灰红杂土，内含小石子、风化岩石块及零星碎陶片。墓底东高西低。

随葬1件可复原陶圈足罐和1件残陶豆，主要置于墓底西部。

圈足罐　1件。

标本M16：2，泥质浅灰胎硬陶。口、腹均残，缺1/3，可复原。口、腹严重变形，原形看似扁鼓腹。大口，高领，圆唇，直口微敞，扁鼓腹，圈足矮且外撇。器身饰长方格纹，拍印杂乱，

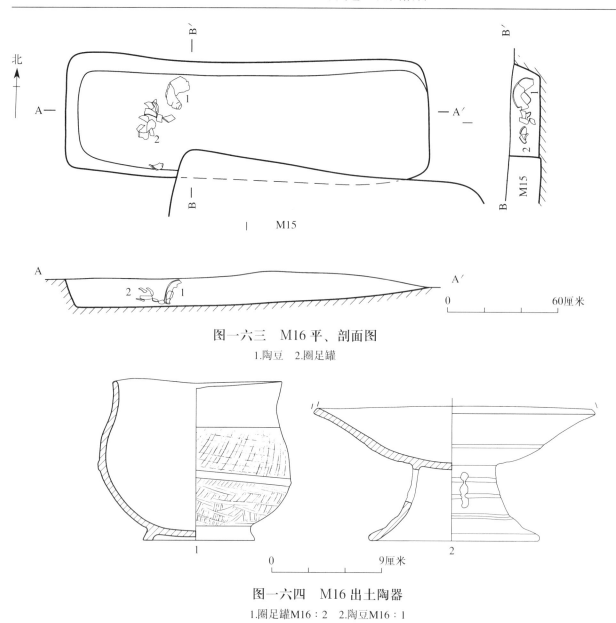

图一六三　M16平、剖面图

1.陶豆　　2.圈足罐

图一六四　M16出土陶器

1.圈足罐M16：2　2.陶豆M16：1

腹部饰一道附加堆纹。口径14、足径9.2、通高12.4厘米（图一六四，1；彩版一〇五，2）。

陶豆　1件。

标本M16：1，泥质黄胎黑皮软陶，胎质陶色与标本M14：4、M4：3相近，仅有豆盘及柄端碎片，浅弧腹，腹壁不曲折，高喇叭状圈足有圆形镂孔。足径13.5、残高10.5厘米（图一六四，2；彩版一〇五，3）。

5. M28

位于T2346东南部，墓口西宽东窄，距地表深0.5米，长2.15、宽0.69～0.87、深0.12～0.25米（图一六五；彩版一〇五，4）。填土为微带黏性较致密灰红杂土，内含小石子、风化岩石块及零星碎陶片。

随葬圈足罐、鼎、豆等3件残陶器和1件石锛，散置于墓底北部和南部。

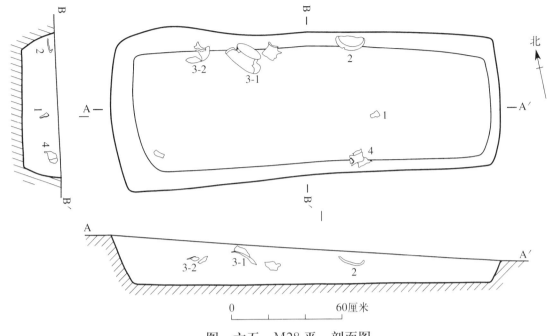

图一六五　M28平、剖面图

1.石锛　2.陶豆残片　3.圈足罐　4.陶鼎残片

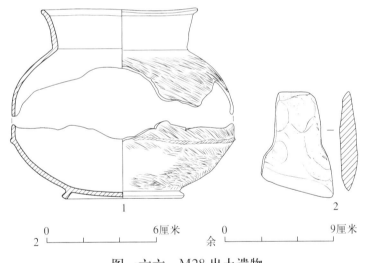

图一六六　M28出土遗物

1.圈足罐M28：3　2.石锛M28：1

圈足罐　1件。

标本M28：3，泥质浅灰胎，内外施红褐色陶衣。残存有部分口沿、底和圈足，缺2/3，不可复原。大口，尖圆唇，唇微外折呈斜沿，直口微敞，立领，矮圈足外撇。上腹饰从左向右斜条纹，清晰规整，下腹、底饰交错条纹，下腹饰一道附加堆纹。口径12.8、足径10、高约15厘米（图一六六，1；彩版一〇五，5）。

陶豆残片　1件。

标本M28：2，泥质灰胎黑皮软陶，黑皮多已脱落。残存极少的盘身和圈足碎片，喇叭状圈足。

陶鼎残片　1件。

标本 M28：4，夹砂黑胎陶。残存部分口沿及器足，缺 4/5，不可复原。圆唇，内侧微凹，敞口，小立领，鸭嘴状扁足。器身饰条纹，模糊不清。

石锛　1件。

标本 M28：1，小型，双肩较明显，不对称，斜刃，保存完好，器面残留大片打制痕。长 5.3、刃宽 4.2、厚 1 厘米（图一六六，2）。

6. M21

位于 T2344 中部偏北，墓口距地表深 0.4～0.5 米，长 2.11、宽 0.57～0.59、深 0.24～0.37 米（图一六七；彩版一〇六，1）。填土为微带黏性较疏松灰红杂土，内含小石子、风化岩石块。

随葬石锛、基本可复原陶豆、可复原陶圜底罐、可复原陶圈足罐、残陶鼎等各 1 件，散置于墓底中部。

圈足罐　1件。

标本 M21：3，泥质灰胎硬陶，器表施浅红陶衣。口沿、腹部残，缺 1/4，可复原。圆唇，小直口，立领，垂腹，圜平底附低矮小圈足。领内外壁有轮旋痕，器腹饰从左向右斜条纹，下腹和底饰交错条纹，纹饰较乱，肩、腹分别贴筑一周灰色粗绳状附加堆纹。口径 8.8、足径 8.4、通高 12.4 厘米（图一六八，4；彩版一〇六，2）。

圜底罐　1件。

标本 M21：2，夹细砂浅灰胎浅灰陶。腹、底均残，缺 1/2，可复原（与填土口沿残片拼接而成）。大敞口，高立领，唇内侧微凹，沿面微内弧，圆腹。器身拍印叶脉纹。底一侧有烟炱痕。口径 12.4、高 13.2 厘米（图一六八，1；彩版一〇六，3）。

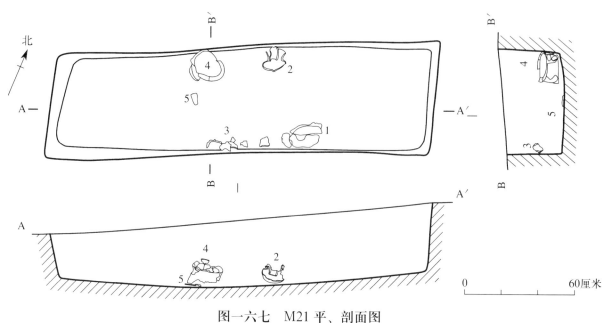

图一六七　M21 平、剖面图

1.陶豆　2.圜底罐　3.圈足罐　4.陶鼎　5.石锛

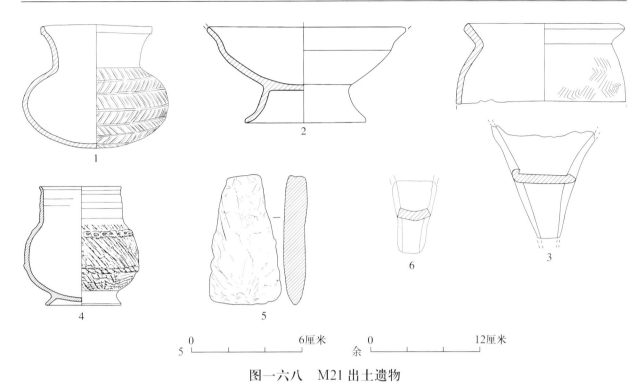

图一六八　M21 出土遗物

1.圜底罐M21：2　2.陶豆M21：1　3.陶鼎M21：4　4.圈足罐M21：3　5.石锛M21：5　6.陶鼎足M21填：1

陶鼎　1件。

标本 M21：4，夹砂黑胎陶。仅有口、肩和三鼎足碎片，不可复原。尖圆唇，唇内微凹，束颈，折沿无领，深弧腹，圜平底，宽扁鼎足，侧边往下端逐渐内折呈捺边。腹饰曲折纹。口径16.8、器身残高7.8、足残高11.6 厘米（图一六八，3；彩版一○六，5）。

陶豆　1件。

标本 M21：1，泥质浅黄胎软陶，内外施黄褐色陶衣。残，缺1/4，唇残，基本可复原。碗形。深弧腹，上腹壁微曲折，圜底，喇叭状圈足较矮。足径13、残高10 厘米（图一六八，2；彩版一○六，4）。

石锛　1件。

标本 M21：5，小型，扁平梯形，双肩不明显，刃部有崩损，器身遍布打制痕，磨制粗糙。长 7、刃宽 3.9、厚 1.3 厘米（图一六八，5）。

M21 填土中出 1件鼎足，2件陶釜口沿残片。

陶鼎足　1件。

标本 M21 填：1，夹砂红褐陶。窄梯形，外足面内凹，两侧边为斜面微内弧。残长 7.8、宽3～4.5、厚 1 厘米（图一六八，6）。

陶釜口沿　1件。

标本 M21 填：2，夹砂黑陶。型式与标本 M28：4同。

小陶釜口沿　1件。

标本 M21 填：3，夹砂红褐胎，内褐色外灰色。圆唇，敞口，溜肩。器表纹饰不清。

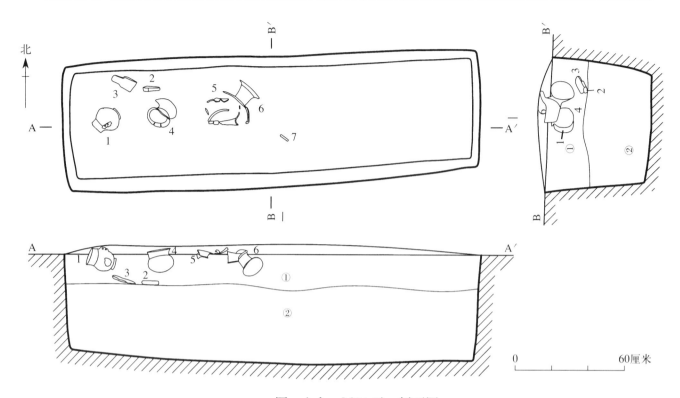

图一六九　M24 平、剖面图

1.圈足罐　2.石凿　3.石锛　4.圜底罐　5.陶釜　6.陶豆　7.石杵

7. M24

位于 T2345 中部偏北，墓口距地表深 0.3 米，长 2.3、宽 0.65～0.71、深 0.55～0.58 米（图一六九；彩版一〇七，1）。墓底西高东低。填土分两层：第①层为微带黏性较致密红褐土，内含小石子、自然石块等，厚 0.15～0.18 米。第②层为松散灰红色杂土，内含大量风化岩石块，无陶片，厚约 0.4 米。

随葬器物置于近墓口西北部距离墓底高约 0.5 米的第①层填土中，有石锛、石凿、基本完整陶圈足罐、基本完整陶圜底罐、可复原陶豆、可复原陶釜等各 1 件，墓底还有 1 件条形卵石，疑为石杵，推测也属随葬品。

从随葬品的完残程度和出土位置推断为一次葬，除石杵外，其他随葬品是墓主人埋葬之后放的，亦有可能有木棺类葬具，随葬品原置于棺顶，故高度几乎与墓口齐平。

圈足罐　1 件。

标本 M24：1，泥质灰胎硬陶。基本完整。大口，高领，垂弧腹，领、肩分界不太明显，高圈足。器身饰从左向右斜条纹，较粗，拍印规整。上腹一侧竖置一鸡冠耳，耳根有两个小圆孔。下腹部饰一周条带状附加堆纹，其上戳印圆圈纹，器底饰交错条纹。口径 9.4、足径 9.6、通高 13.4 厘米（图一七〇，1；彩版一〇七，2）。

圜底罐　1 件。

标本 M24：4，夹细砂灰胎硬陶。口沿变形，肩、腹稍残，基本完整。高立领，垂腹。器身饰深且粗的曲折纹。口径 10.6、高 11.6 厘米（图一七〇，2；彩版一〇七，3）。

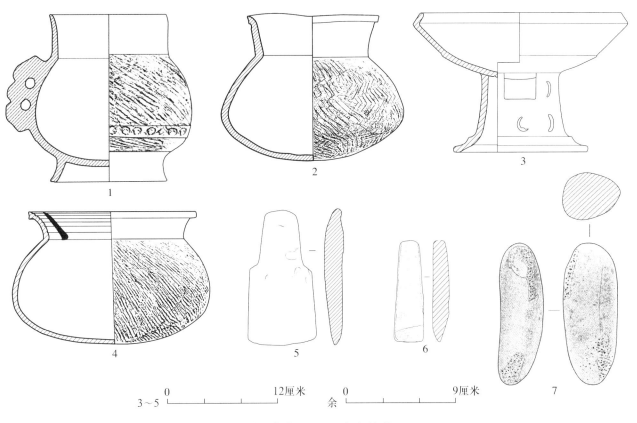

图一七〇　M24 出土遗物

1.圈足罐M24：1　2.圜底罐M24：4　3.陶豆M24：6　4.陶釜M24：5　5.石锛M24：3　6.石凿M24：2　7.石杵M24：7

陶豆　1件。

标本 M24：6，浅灰胎黑皮陶。盘口、身残，可复原。盘形。敛口，尖圆唇，斜弧腹，上腹较薄，下腹略厚，外壁有一周粘接凸棱。圈足较细且高，上端开一方形孔，周边戳印指甲纹。口径22、足径14.5、通高14.8厘米（图一七〇，3；彩版一〇七，4）。

陶釜　1件。

标本 M24：5，夹砂灰红陶。器身残，缺1/3，可复原。敞口，卷沿，口沿沿面外弧，外方唇，领内壁有旋槽，鼓腹微下垂。器身饰从左向右斜条纹，细而清晰，口沿约等距画单线黑彩，底部一侧有烟炱痕。口径18.1、高14厘米（图一七〇，4；彩版一〇七，5）。

石锛　1件。

标本 M24：3，大型，有肩，形制规整，双肩明显，棱角分明，肩近直角。刃部略有崩损。长14.4、刃宽7.4、厚2.1厘米（图一七〇，5；彩版一〇七，6）。

石凿　1件。

标本 M24：2，长条形，通体磨光，刃部一侧边有崩损，器身一侧有一道切割痕。长8.1、刃宽2.5、厚1.5厘米（图一七〇，6；彩版一〇七，7）。

石杵　1件。

标本 M24：7，条形卵石，疑为石杵，但使用痕迹不明显。长11、宽4、厚3.4厘米（图一七〇，7；彩版一〇七，8）。

8. M44

位于 T2344 北隔梁东部，墓口距地表深 0.4 米，长 2.3、宽 0.51～0.67、深 0.3～0.38 米（图一七一；彩版一〇八，1、2）。填土为较疏松红褐杂土，内含大量小石子和少量风化岩石块及零星碎陶片。填土中还出土 1 件石镞残片，不确定是否属于二次葬遗物。

墓室随葬可复原陶圈足罐、陶釜和陶豆各 1 件，以及 1 件残陶圜底罐，散置于墓室各处。

圈足罐　1 件。

标本 M44：1，夹砂黄红胎浅褐硬陶。口、肩微残，缺 1/4，可复原，器形小。圆唇，直口，扁腹微下垂，最大径偏下，矮圈足。器身饰曲折纹，腹最大径饰一周附加堆纹。口径 8、足径

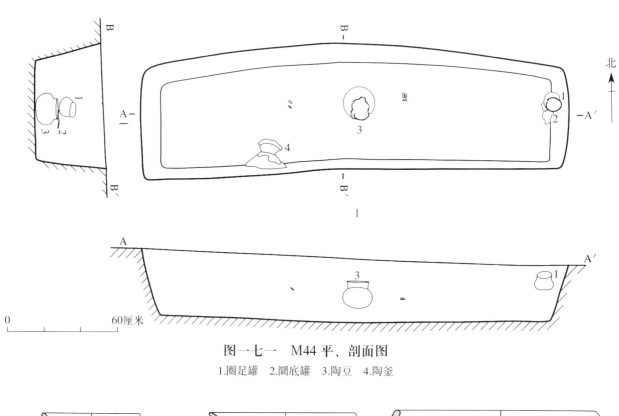

图一七一　M44 平、剖面图

1.圈足罐　2.圜底罐　3.陶豆　4.陶釜

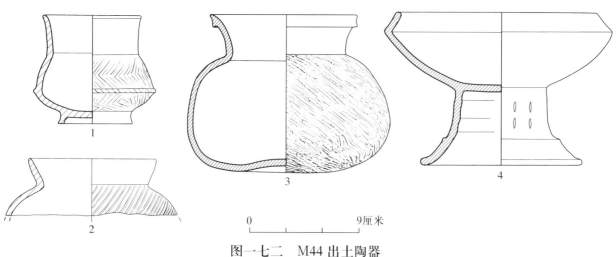

图一七二　M44 出土陶器

1.圈足罐M44：1　2.圜底罐M44：2　3.陶釜M44：4　4.陶豆M44：3

6.2、通高 8.4 厘米（图一七二，1；彩版一〇八，3）。

圜底罐　1 件。

标本 M44：2，泥质黄胎浅黄陶。胎薄质软，仅存 1/3 口沿和腹部残片，不可复原。单圆唇，敞口、卷沿、沿面外弧，束颈，圆鼓腹。肩、上腹饰从右向左斜条纹。口径 10.4、残高 4.5 厘米（图一七二，2）。

陶釜　1 件。

标本 M44：4，泥质浅灰陶。口、腹残，缺 1/4，可复原。尖圆唇、敞口、束颈、扁腹、圜平底变形内凹。器身饰从左向右斜条纹，纹饰清晰规整，下腹有烟炱痕。口径 12.3、高 12.5 厘米（图一七二，3；彩版一〇八，4）。

陶豆　1 件。

标本 M44：3，泥质浅灰胎黑皮陶，抹光。缺 1/3，可复原。盘形。尖圆唇、敛口、呈子母口状，浅弧腹、圜底，喇叭状圈足较细高，对饰一组竖向并列的长条形镂孔，足面外撇，上端一周凸棱。亦可作器盖使用。口径 16.5、足径 13、通高 12.1 厘米（图一七二，4）。

石镞残件　1 件。

标本 M44 填：1，柳叶形，锋部残件，非随葬品。残长 5.1、宽 1.2、厚 0.5 厘米。

9. M49

位于 T2345 北部，墓口距地表深 0.3 米，长 2.1、宽 0.65～0.77、深 0.26～0.29 米（图一七三；彩版一〇九，1）。填土为微带黏性较致密红褐土，内含小石子、风化岩石块、零星陶片，以及 1 件陶釜残片。

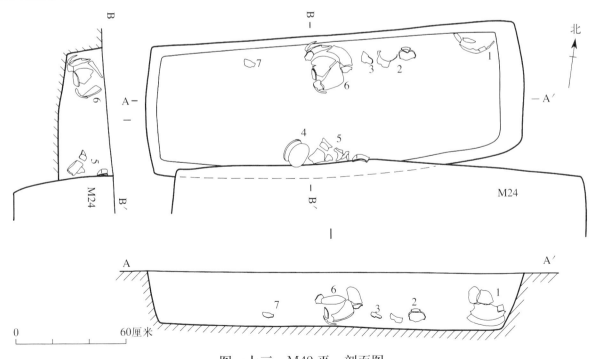

图一七三　M49 平、剖面图

1.圜底罐　2.圈足罐　3、7.石锛　4.陶釜　5.陶鼎残片　6.陶豆

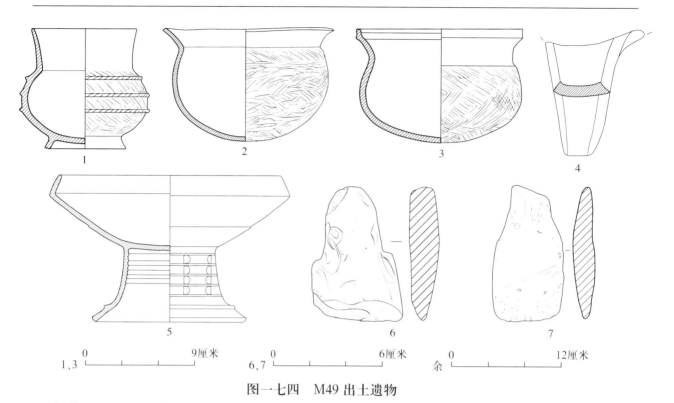

图一七四　M49 出土遗物

1.圈足罐M49：2　2.圜底罐M49：1　3.陶釜M49：4　4.陶鼎残片M49：5　5.陶豆M49：6　6、7.石锛M49：3、M49：7

随葬品较为丰富，有 2 件石锛和完整陶釜、可复原陶圜底罐、可复原陶圈足罐、可复原陶豆、残陶鼎等各 1 件，散置于墓室中部、东北部。

圈足罐　1 件。

标本 M49：2，器形较小，泥质浅灰陶。口、腹微残，可复原。大口，高领，尖圆唇，直口，圆鼓腹，矮圈足。肩和上腹饰从左向右斜条纹，下腹、底饰交错条纹，局部不清，肩至腹部饰三圈粗绳状附加堆纹。口径 8.6、足径 6.6、通高 9.2 厘米（图一七四，1；彩版一〇九，2）。

圜底罐　1 件。

标本 M49：1，泥质浅灰胎浅灰黄陶，口、腹变形，腹残，缺 1/3，可复原。大口，折沿无领，弧腹。肩部饰从左向右斜条纹，腹、底饰较为凌乱的交错条纹，腹部又饰横条纹，一侧有烟炱痕。口径 18.5、高 11.8 厘米（图一七四，2；彩版一〇九，3）。

陶釜　1 件。

标本 M49：4，泥质灰胎硬陶。完整，器形规整。微卷沿，沿面微内弧，唇内侧内凹明显，弧腹。器身饰曲折纹，细而清晰。腹部有墨彩，模糊不清。口径 13.8、高 9.2 厘米（图一七四，3；彩版一〇九，4）。

陶鼎残片　1 件。

标本 M49：5，泥质灰黄胎土黄色软陶。胎壁较薄，口、腹残，缺 3/4，仅有极少器腹碎片和三鼎足。敞口，立领，鸭嘴状大扁足。肩、腹饰从左向右斜条纹，外表有烟炱痕。足上端宽 10.8、下宽 3、高 13.3、厚 1 厘米（图一七四，4）。

陶豆　1 件。

标本 M49：6，泥质浅灰胎黑皮陶，外壁抹光。盘身残，缺 1/3，可复原。盘形。尖圆唇，敛口，斜弧腹，圜底。腹壁上薄下厚，下腹壁有一周粘接凸棱，喇叭状圈足较粗且高，周围分饰六组相互对称上下依次排列的 4 个"D"形镂孔，足面较小近平，其上有一周凸棱。口径 24.5、足径 16.8、通高 15.6 厘米（图一七四，5；彩版一〇九，5）。

石锛　2 件。

标本 M49：3，中型，双肩较明显，刃部有崩损和风化剥落。长 7.3、刃宽 5.1、厚 1.4 厘米（图一七四，6；彩版一〇九，6）。

标本 M49：7，扁平，小型，双肩不太明显，溜肩。顶端略残，刃部有崩损，器面风化严重。长 7.4、刃宽 3.5、厚 1 厘米（图一七四，7；彩版一〇九，7）。

陶釜残片　1 件。

标本 M49 填：1，泥质浅灰胎黄褐陶。尖圆唇，敞口，束颈，器身饰粗曲折纹。

10. M29

位于 T2346 西北部，墓口距地表深 0.4 米，长 2.2、宽 0.52～0.69、深 0.13～0.2 米（图一七五；彩版一一〇，1）。墓口北壁偏西部有柱洞状小圆坑打破。填土为微带黏性较致密灰红杂土，内含小石子、风化岩石块及陶釜残片。

随葬 1 件残陶圜底罐和 1 件可复原陶圈足罐，主要置于墓室中部偏西。

圜底罐　1 件。

标本 M29：1，泥质灰胎灰陶。残存部分口、腹、底，缺 1/2，不可复原（残片与 M42 填土陶片可拼接，疑为"碎物葬"）。圆唇，内侧微凹，敞口，立领，垂腹，圜平底。器表饰曲折纹，较凌乱。口径 10、高约 12.4 厘米（图一七六，1；彩版一一〇，2）。

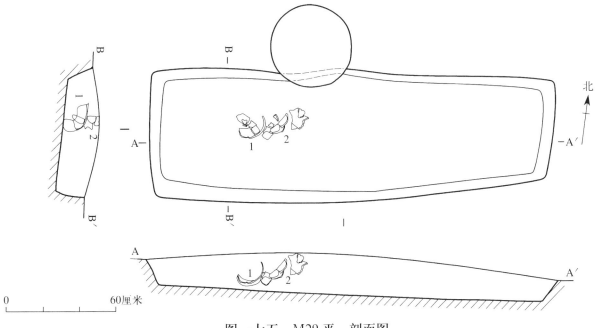

图一七五　M29 平、剖面图

1.圜底罐　2.圈足罐

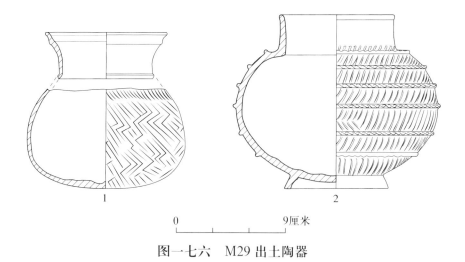

图一七六　M29 出土陶器
1.圜底罐M29：1　2.圈足罐M29：2

圈足罐　1件。

标本 M29：2，泥质浅灰胎浅灰陶。器身缺半，但可复原。尖圆唇、直口、立领、球腹、圜底附小圈足，形似壶。器身饰从右向左斜条纹，局部纹饰不清。肩至腹部饰六周粗绳状附加堆纹。口径 9.5、足径 8.4、通高 13.5 厘米（图一七六，2；彩版一一〇，3）。

11. M50

位于 T2347 东北角，墓口距地表深 0.35 米，长 2.05～2.2、宽 0.42～0.62、深 0.19～0.53 米（图一七七；彩版一一〇，4）。墓壁不规整，填土为疏松红褐杂土，内含小石子、风化岩石块，无陶片。

随葬 1 件可复原陶圈足罐、2 件残陶鼎，置于墓室中部。

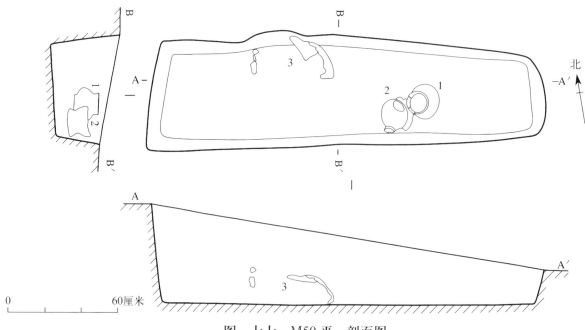

图一七七　M50 平、剖面图
1.圈足罐　2、3.陶鼎

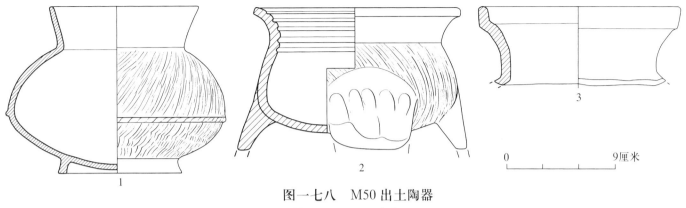

图一七八　M50 出土陶器
1.圈足罐M50：1　2、3.陶鼎M50：2、3

圈足罐　1件。

标本 M50：1，泥质浅灰胎浅黄陶。口微残，足跟残，可复原，口、足微变形。圆唇，直口微敞，立领，扁鼓腹，圜底附圈足。上腹部饰从右向左斜条纹，下腹、底部饰交错条纹，纹饰清晰，腹最大径处饰一周粗绳状附加堆纹。口径 12.2、足径 10.2、通高 13.3 厘米（图一七八，1；彩版一一○，5）。

陶鼎　2件。

标本 M50：2，夹砂灰黄胎，器表施黑色陶衣，多脱落，内为黄褐色。口、腹、足残，不可复原。领稍斜，内沿面有旋槽，垂弧腹，圜底，窄厚鼎足，足跟压印 5 个指窝纹。器身饰从左向右斜条纹，局部不清。器腹遍布烟炱痕。口径 17.1、残高 11.2 厘米（图一七八，2；彩版一一○，6）。

标本 M50：3，夹砂陶釜（或鼎）口沿，黑胎，器表土黄色，仅有口、肩碎片，不可复原。圆唇，内侧微凹，敞口，窄斜折肩，折腹。口径 16.8、残高 6.5 厘米（图一七八，3）。

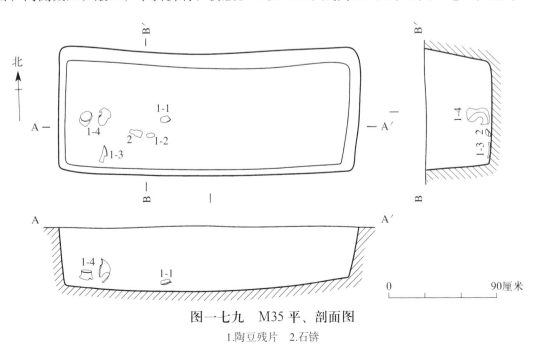

图一七九　M35 平、剖面图
1.陶豆残片　2.石锛

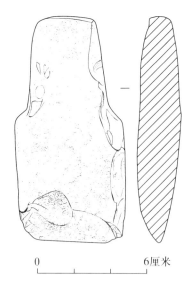

图一八〇　M35 出土石锛 M35：2

12. M35

位于 T2445 东南部，墓口距地表深 0.25 米，长 2.49、宽 0.98～1.02、深 0.44～0.53 米（图一七九；彩版一一一，1）。填土为微带黏性较致密灰红杂土，内含小石子、风化岩石块及零星碎陶片。

墓底西部随葬 1 件石锛和 1 件残陶豆。

陶豆残片　1 件。

标本 M35：1，泥质黄胎黑皮软陶。仅有极少豆盘和柄部碎片，不可复原。敛口。

石锛　1 件。

标本 M35：2，大型，双肩明显，刃部有少许崩损，器身边缘残留打制痕。长 12.2、刃宽 5.8、厚 2.3 厘米（图一八〇；彩版一一一，2）。

13. M36

位于 T2445 东隔梁南部，墓口距地表深 0.15 米，长 2.28、宽 0.72～0.74、深 0.44～0.54 米（图一八一；彩版一一一，3）。填土为较致密灰红杂土，内含小石子、风化岩石块及零星碎陶片。

墓底中部和西部随葬 1 件石锛和 1 件可复原陶圜底罐、1 件基本复原陶豆。

圜底罐　1 件。

标本 M36：1，泥质浅灰胎浅黄陶。腹微残，可复原。外方唇、大口、斜领、折沿、圆腹。肩饰横条纹，腹饰较凌乱的涡纹，口沿内侧有"一"形刻划符号。底内外均有烟炱痕。口径 12.2、高 13 厘米（图一八二，1；彩版一一一，4）。

陶豆　1 件。

标本 M36：3，泥质浅灰胎黑皮陶，外壁抹光。盘腹稍残，圈足跟略残，基本复原。盘形。尖圆唇、敛口、略呈子母口、斜弧壁腹、圜底附柱状圈足，足面残缺。外壁有接痕。亦可作为器盖使用。口径 18.8、残高 11.4 厘米（图一八二，2；彩版一一一，5）。

石锛　1 件。

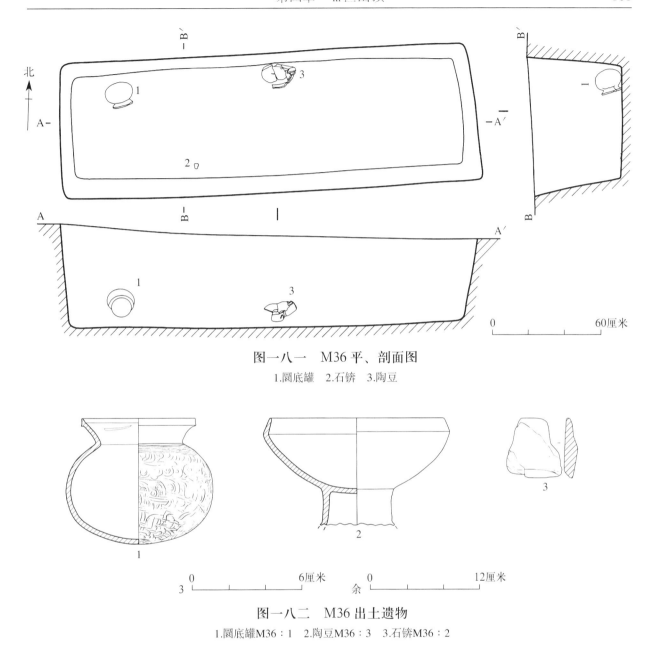

图一八一　M36平、剖面图
1.圜底罐　2.石锛　3.陶豆

图一八二　M36出土遗物
1.圜底罐M36：1　2.陶豆M36：3　3.石锛M36：2

标本M36：2，小型，双肩明显，不太对称，刃部有崩损，器身风化严重，有剥落。长3、刃宽2.9、厚0.8厘米（图一八二，3；彩版一一一，6）。

14. M40

位于T2446南部，墓口形状不太规则，距地表深0.2米，长2.04～2.34、宽0.5～0.59、深0.08～0.12米（图一八三；彩版一一二，1）。墓底凹凸不平，略呈东南高西北低。填土为微带黏性较致密灰红土，内含小石子、风化岩石块及零星碎陶片。

墓底东部随葬1件可复原陶圈足罐和1件石锤。

圈足罐　1件。

标本M40：1，器形较小，泥质浅灰硬陶。口、身微变形，腹微残，可复原。斜方唇，直口

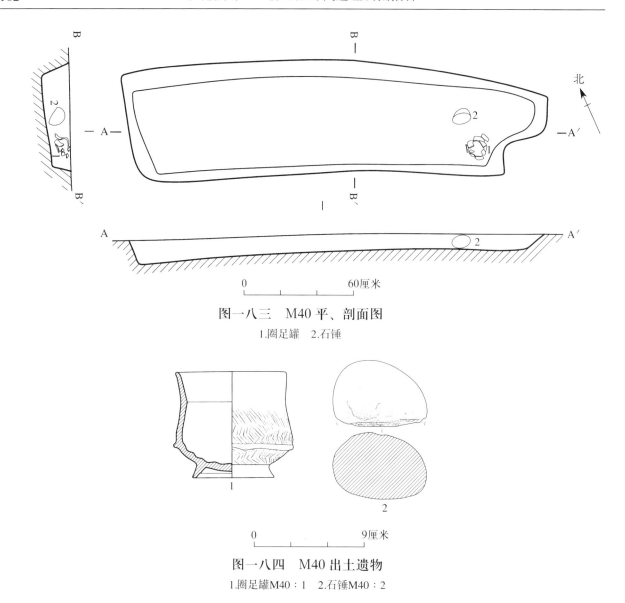

图一八三　M40 平、剖面图

1.圈足罐　2.石锤

图一八四　M40 出土遗物

1.圈足罐M40：1　2.石锤M40：2

微敞，立领，垂腹，圜底附矮圈足。器身饰曲折纹，腹最大径上饰一周粗绳状附加堆纹。口径 9、足径 6.4、通高 8.3 厘米（图一八四，1；彩版一一二，2）。

　　石锤　1件。

　　标本 M40：2，由残断河卵石加工而成，底面磨光，残断面亦经磨制。长 7.7、残宽 5.1、厚 5.1 厘米（图一八四，2；彩版一一二，3）。

15. M51

　　位于 T2447 东南部，墓口距地表深 0.45 米，长 2.08、宽 0.92、深 0.17～0.29 米（图一八五；彩版一一二，4、5）。填土为疏松红灰杂土，内含大量紫褐色风化岩块和石子等，未见陶片。

　　墓室西端随葬 1 件可复原小陶釜。

　　陶釜　1件。

　　标本 M51：1，泥质黄胎黄褐软陶，器身残半，可复原。尖圆唇，斜立领，口沿内面较平，

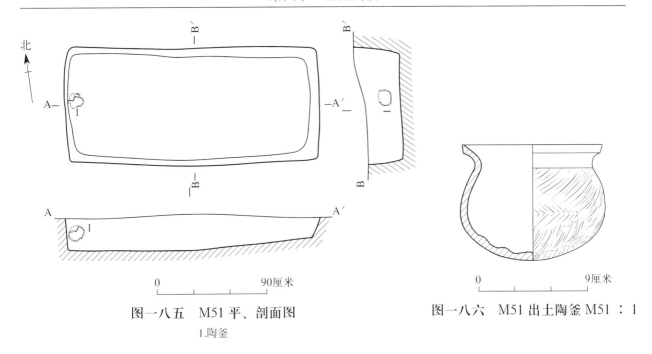

图一八五　M51平、剖面图
1.陶釜

图一八六　M51出土陶釜 M51：1

唇内侧基本不凹。圆弧腹。上腹饰从右向左斜条纹，下腹、底饰交错条纹。口径11.9、高9厘米（图一八六；彩版一一二，6）。

16. M30

位于T2444中部，墓口距地表深0.25米，长2.12、宽0.6~0.7、深0.48~0.54米（图一八七；彩版一一三，1）。填土为微带黏性较致密灰红杂土，内含小石子、风化岩石块及零星碎陶片。

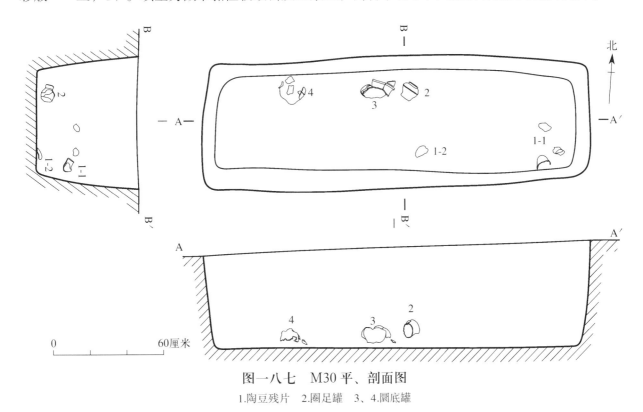

图一八七　M30平、剖面图
1.陶豆残片　2.圈足罐　3、4.圜底罐

图一八八　M30 出土陶器
1.圈足罐M30∶2　2、3.圜底罐M30∶3、4

随葬口微残陶圈足罐、可复原陶圜底罐、残陶圜底罐、残陶豆等各1件，散置于墓底中部、西北部、东南部。

圈足罐　1件。

标本 M30∶2，泥质浅灰胎灰黄陶。口、腹变形，微残，器形小。圆唇，直口微敞，垂腹微弧，最大径略上移，矮圈足。器身饰曲折纹，腹下部饰一周附加堆纹。口径9.4、足径6.8、通高9.6厘米（图一八八，1；彩版一一三，2）。

圜底罐　2件。

标本 M30∶3，夹细砂灰胎浅灰陶。口沿变形，腹残，缺1/3，可复原。高领、口较小，敞口，唇内侧微凹，沿面微内弧，圆腹。器身饰粗曲折纹，局部杂乱，口沿内壁有两道刻划线。口径12.9、高14厘米（图一八八，2；彩版一一三，3）。

标本 M30∶4，泥质浅灰胎灰黄陶。残存口沿和肩部碎片（与M49填土陶片可拼接，疑为"碎物葬"）。外方唇，唇内侧微凹，高领，敞口，口较大，圆鼓腹。器身饰从左向右斜条纹，外壁周身有烟炱痕。口径11.7、残高6.2厘米（图一八八，3）。

陶豆残片　1件。

标本 M30∶1，仅有口沿、圈足碎片，泥质浅灰胎黑皮软陶。盘形，敛口。

17. M32

位于T2444东隔梁北部，墓口距地表深0.3米，长2.3、宽0.7～0.8、深0.16～0.27米（图一八九；彩版一一三，4）。墓底西高东低。填土为微带黏性较致密灰红杂土，内含小石子、风化岩石块及零星碎陶片。

墓室东部偏北随葬1件石锛、1件可复原陶圈足罐、1件残陶鼎和1件残陶豆。

圈足罐　1件。

标本 M32∶2，泥质浅灰胎浅灰陶。口沿略变形，口残，可复原。尖圆唇，立领，直口微敞，鼓腹，圜平底附圈足。领外壁有轮旋痕，器身饰从左向右斜条纹，腹部饰一周印有圆戳的条带状附加堆纹，肩部对饰两个"↑"状黑彩。口径11、足径9.4、通高13.3厘米（图一九〇，1；彩

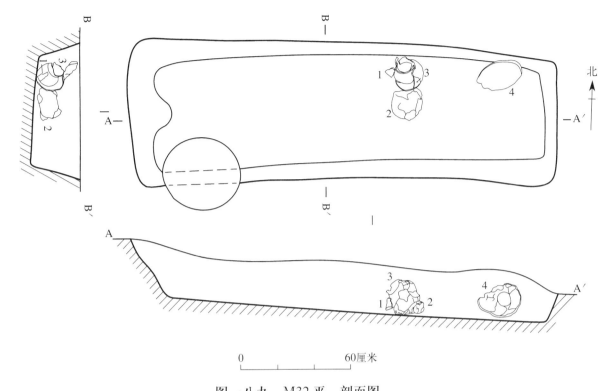

图一八九　M32 平、剖面图

1.石锛　2.圈足罐　3.陶鼎残片　4.陶豆残片

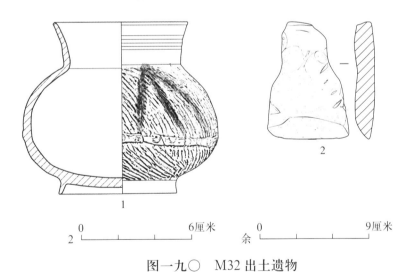

图一九〇　M32 出土遗物

1.圈足罐M32：2　2.石锛M32：1

版一一三，5、6）。

　　陶鼎残片　1件。

　　标本M32：3，泥质浅黄胎灰黄色软陶。仅存部分口沿及鼎足，缺4/5。尖圆唇，敞口，束颈，器底饰粗条纹。

　　陶豆残片　1件。

　　标本M32：4，泥质浅黄胎黑皮软陶。仅有豆盘，缺2/3，不可复原。碗形。圆唇，侈口。

　　石锛　1件。

标本 M32：1，中型，扁平，双肩明显，刃部使用痕迹不明显，器身近边缘有多处打制痕。长 6.3、刃宽 4.4、厚 1.1 厘米（图一九〇，2）。

18. M37

位于 T2445 西部，墓口距地表深 0.3 米，长 2.3、宽 0.7～0.81、深 0.5～0.65 米（图一九一；彩版一一四，1，2）。填土分两层：第①层为微带黏性较致密红褐土，内含小石子、风化岩石块及泥质软黄陶圜底罐残片，厚 0.21～0.27 米。第②层为松散红灰色杂土，内含大量风化岩石块和小石子等，无陶片，厚 0.29～0.38 米。

墓底西部偏北随葬 1 件陶圜底罐、1 件陶豆，均可复原。

圜底罐　1 件。

标本 M37：1，夹细砂浅灰胎灰黄陶。微残，可复原，腹部变形。圆唇、敞口、矮立领、扁圆腹、圜平底。器身上腹饰从右向左斜条纹，纹饰清晰，下腹、底为交错条纹，有烟炱痕。口径

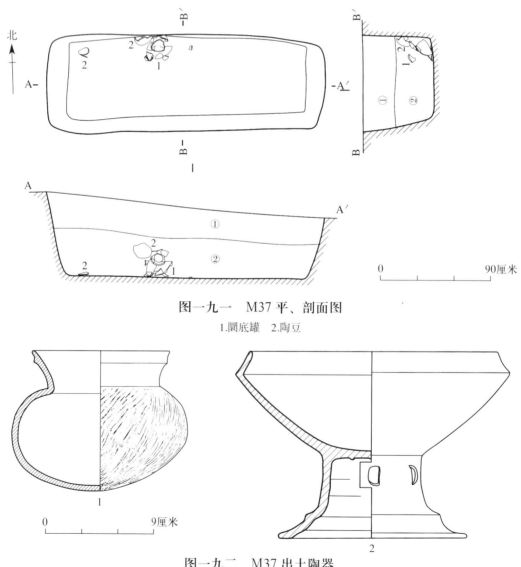

图一九一　M37 平、剖面图

1.圜底罐　2.陶豆

图一九二　M37 出土陶器

1.圜底罐M37：1　2.陶豆M37：2

11.4、通高 11 厘米（图一九二，1；彩版一一四，3）。

陶豆　1 件。

标本 M37：2，泥质灰胎黑皮陶，外壁抹光。残，缺 1/3，可复原。盘形。尖圆唇，敛口，子母口，深弧腹，圜底，圈足较细且高，上部饰一组相对的"D"形镂孔，足面较小近平。口径 20.4、足径 15.2、通高 14.3 厘米（图一九二，2；彩版一一四，4）。

19. M38

位于 T2445 中部，墓口东宽西窄，距地表深 0.3 米，长 2.8、宽 0.84～1.04、深 0.53～0.58 米（图一九三；彩版一一五，1）。填土分两层：第①层为疏松红褐杂土，内含小石子、风化岩石块及 1 件圜底罐残片，厚 0.26～0.29 米。第②层为松散红灰色杂土，内含大量风化岩石块，厚 0.24～0.32 米。

随葬 2 件石锛、1 件基本完整陶圈足罐、2 件可复原陶豆、1 件残陶豆，散置于墓室中部。

圈足罐　1 件。

标本 M38：4，泥质硬灰陶。圈足脱落，器口稍变形，基本完整。圆唇，直口，立领，扁腹，圜底附小圈足，圈足几乎残脱无存。器身饰曲折纹，纹饰较浅且细，凌乱，最大径处饰一周粗绳状附加堆纹。口沿内侧可见轮旋痕，器身外壁制作粘接痕明显。口径 11.4、通高 10.5 厘米（图一九四，1；彩版一一五，2）。

陶豆　3 件。

标本 M38：1，泥质灰胎黑皮陶，外壁抹光。口、盘身和柄足残，缺 1/2，可复原。盘形。尖唇，敛口，深斜腹，腹壁上薄下厚，下腹外壁有一周粘接凸棱，圈足较高，豆柄上部有三道弦纹，五组镂孔，每组两列的一大一小"D"形镂孔，足面上部有两周凸棱，并有三周戳印纹。口径 26、足径 21.5、通高 19.5 厘米（图一九四，3；彩版一一五，3）。

标本 M38：5，泥质浅灰胎黑皮陶。器身残半，缺 1/4，可复原。盘形。圆唇，敛口，深斜

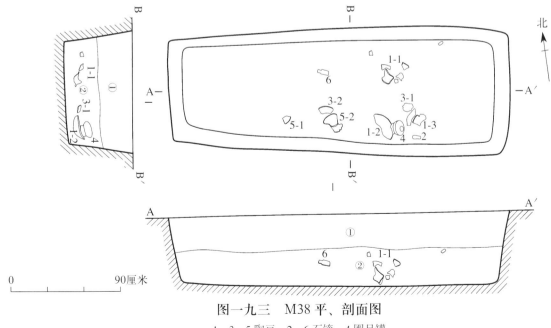

图一九三　M38 平、剖面图

1、3、5.陶豆　2、6.石锛　4.圈足罐

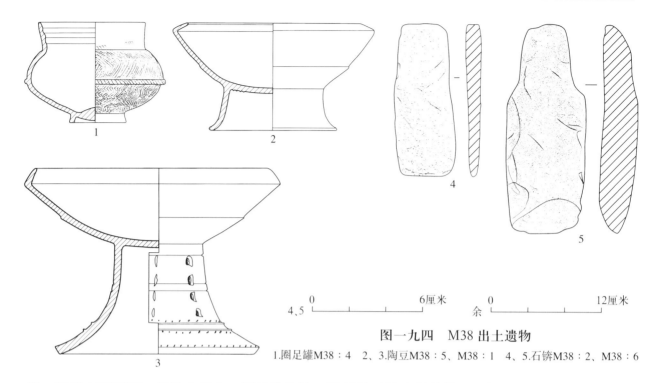

图一九四　M38 出土遗物
1.圈足罐M38：4　2、3.陶豆M38：5、M38：1　4、5.石锛M38：2、M38：6

腹，腹壁上薄下厚，外壁中间有一周粘接凸棱。圈足足面较小微外撇。口径 19.2、足径 14.4、通高 11.5 厘米（图一九四，2；彩版一一五，4）。

标本 M38：3，口、底残片，泥质浅灰胎黑皮软陶。盘形。敛口，喇叭状圈足。

石锛　2件。

标本 M38：2，小型，无肩无段，扁平条形，锋刃不明显，石质差，器身风化严重，遍布风化点。长 8.2、刃宽 3.2、厚 0.6～0.8 厘米（图一九四，4；彩版一一五，5）。

标本 M38：6，中型，双肩明显，弓背，刃部有崩损，器身留有大片打制痕，风化严重。长 11.2、刃宽 3.8、厚 1.6～2 厘米（图一九四，5；彩版一一五，6）。

圜底罐腹片　1件

标本 M38 填①：1，圜底罐腹片，器形小，夹细砂，饰从右向左斜条纹。

20. M39

位于 T2445 中部偏东，墓口距地表深 0.35 米，长 2.38、宽 0.69～0.75、深 0.52～0.58 米（图一九五；彩版一一六，1、2）。填土为较致密灰红色杂土，内含小石子、风化岩石块及零星碎陶片。

随葬 1 件石斧和 1 件可复原陶豆、1 件残陶釜，散置于墓底北部。

陶釜　1件。

标本 M39：2，残半，泥质黄色软陶。唇残，斜立领，口沿内面较平，唇内侧基本不凹，垂腹，圜平底外壁有烟炱痕。肩部饰从右向左斜条纹，底饰曲折纹，纹饰较细，拍印清晰。口径不确、残高 9.2 厘米（图一九六，1；彩版一一六，3）。

陶豆　1件。

标本 M39：3，泥质浅灰胎黑皮软陶，外壁抹光。微残，可复原。碗形。侈口，折腹较深，

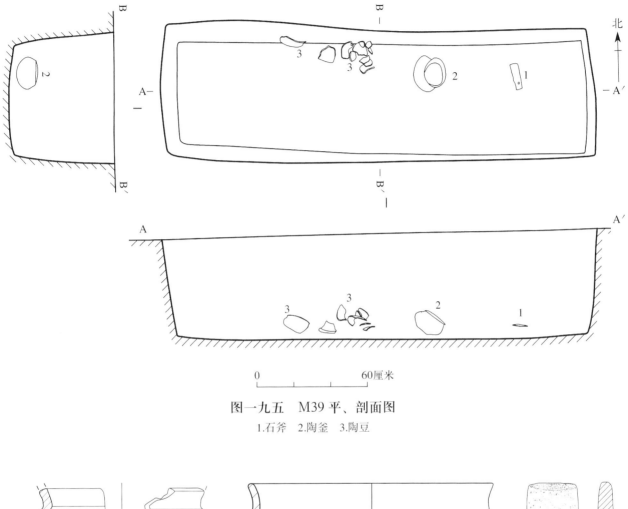

图一九五　M39平、剖面图
1.石斧　2.陶釜　3.陶豆

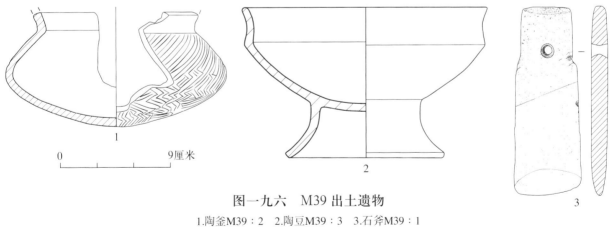

图一九六　M39出土遗物
1.陶釜M39：2　2.陶豆M39：3　3.石斧M39：1

上腹壁内曲、折棱明显，圜底，喇叭状圈足较粗矮，足面较小。口径20、足径12.5、通高11.6厘米（图一九六，2；彩版一一六，4）。

石斧　1件。

标本M39：1，长身穿孔，孔在柄部，对钻。双肩较明显，形制规整，磨制精细，刃部有少许崩损，使用痕迹不明显。长14.8、刃宽5.7、厚1厘米（图一九六，3；彩版一一六，5）。

21. M31

位于 T2444 中部偏北，墓口距地表深 0.3 米，长 2.04、宽 0.58～0.65、深 0.23～0.32 米（图一九七；彩版一一七，1、2）。填土为微带黏性较致密红褐杂土，内含小石子、风化岩石块及零星碎陶片。

墓室中部偏北随葬 1 件残陶豆和 1 件可复原陶釜。

陶釜　1 件。

标本 M31：2，泥质浅黄胎灰黄软陶。口、肩均残，缺 1/2，可复原。尖圆唇，敞口，斜立领，口沿内面较平，唇内侧基本不凹，圆鼓腹。器身饰曲折纹，不清晰。腹底有烟炱痕。口径 11.8、高 8.8 厘米（图一九八，1；彩版一一七，3）。

陶豆　1 件。

标本 M31：1，泥质浅灰胎黑皮陶。残存豆盘及豆柄，缺 1/4，不可复原。浅弧腹，外壁有一周粘接凸棱，圜底，圈足柄较矮，上部有 D 形镂孔，近足跟处有一周凸棱。口径和足径不确、残

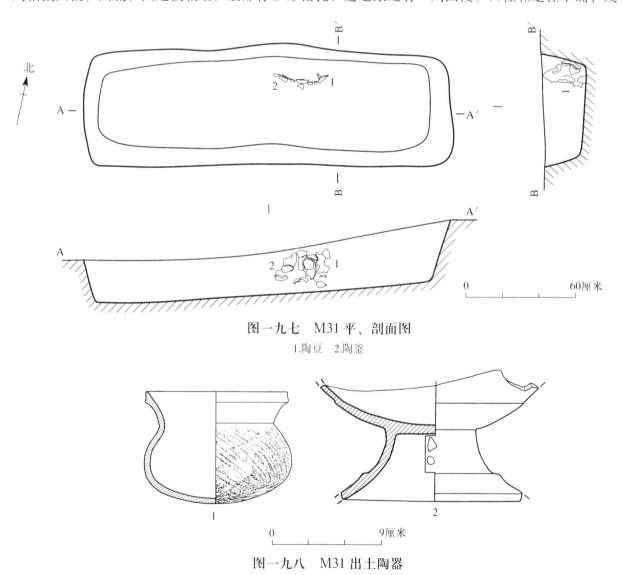

图一九七　M31 平、剖面图

1.陶豆　2.陶釜

图一九八　M31 出土陶器

1.陶釜M31：2　2.陶豆M31：1

高 10.6 厘米（图一九八，2；彩版一一七，4）。

墓葬分布和出土遗物来看，随葬 5～7 件器物的墓葬共有 9 座，除 M6 之外都分布在墓地北边，墓室规模有大有小，随葬器物陶、石器均有。随葬 3～4 件器物的墓葬南北均有，共 24 座。随葬 1～2 件器物的墓葬也是南北均有，共 16 座。随葬器物的多寡不与墓室规模成正比。随葬品中石器以锛比较普遍，多数为 1 件，且出环镯、纺轮者不出锛、镞，大概能说明墓主人性别的差异。就墓室规模大小和随葬品丰俭情况来看，墓主人的身份等级存在一定的差别，但并不十分突出。

（三）灰沟
1 条。

G4
位于 T2145 东南部，开口于第④层下，打破生土（图一九九；彩版一一八，1）。

沟口平面为不规则长条形，东北宽西南窄，沟壁极不规整，沟底较圆平，东北高西南低状。沟口距地表深 0.3 米，长 3.6、宽 0.37～0.85、深 0.18～0.35 米。填土为灰红色，质松软，含有大量石块、小石子和风化岩土斑，以及很少量碎陶片，沟底粗砂和小石子较多，似自然冲积而成。

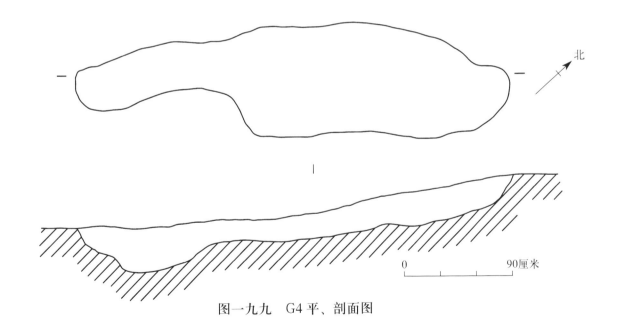

图一九九 G4 平、剖面图

（四）灰坑
3 个。

1. H34
位于 T2447 东南部，开口于第③层下，打破生土（图二〇〇；彩版一一八，2）。

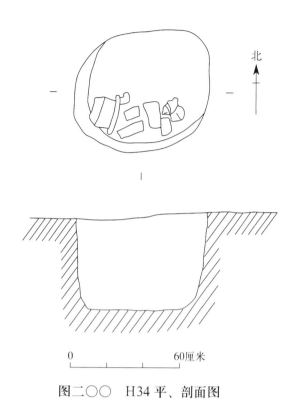

图二〇〇　H34 平、剖面图

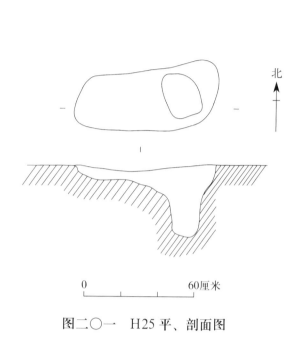

图二〇一　H25 平、剖面图

平面近椭圆形，直壁内斜，圜平底。坑口距地表深 0.35 米，直径 0.64～0.76、深 0.45～0.51 米。填土为灰红色砂土，质松软，内含小石子、炭灰等，出土少量陶片。底部填土中发现有碎陶片，碎陶片下发现有一柱洞状小坑，性质不明。

2. H25

位于 T2448 西南部，开口于第③层下，打破生土（图二〇一）。

平面呈长圆形，斜壁，圜底，坑壁明显但不规整。距地表深 0.28 米，长 0.75、宽 0.28～0.32、深 0.04～0.37 米。填土为灰土，质地较疏松。含有炭灰、烧土粒和少量陶片、石块等。陶片有斜条纹、曲折纹泥质硬陶。

3. H35

位于 T2447 东南角，开口于第③层下，打破生土（图二〇二；彩版一一八，3）。

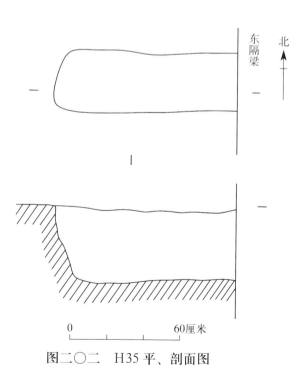

图二〇二　H35 平、剖面图

平面呈东西向长方形，直壁，坑壁明显规整，坑底圜平。距地表深 0.25 米，长 1.06、宽 0.3～0.32、深 0.35～0.39 米。填土为灰红色砂土，质松软，内含风化岩土斑和小石块等，未发现陶片等文化遗物。原标为墓葬，后改为灰坑。性质不明，也有可能是一座空墓。

三　地层出土遗物

地层出土人工制品有陶器、玉器和少量红烧土块，器类、器形、质色与Ⅱ区、Ⅲ区山下差别不大。

（一）陶器

476 件。器形大致可分为罐、釜、鼎、豆、钵、纺轮等几类，以罐、釜、豆、鼎数量最多，为常见器形。质地以泥质和夹细砂为主，夹粗砂者数量相对较少，主要是部分的鼎和釜。

罐　392 件。数量最多，均为泥质和夹细砂，以泥质为主。按口沿形状的差异亦大致分为小口立领罐、小口卷沿罐、大口卷沿罐、大口折沿罐等四大类。

1. 小口立领罐

127 件。数量多、样式丰富，可按领部相对高矮分为高领和矮领两种，高领者口领较直，矮领者口领稍卷。

（1）高领罐

117 件。口沿唇部主要有单唇、外方唇、外宽方唇唇面有轮旋槽三种。参照可复原器，器形有矮圈足和圜底两种，以矮圈足为主。

1）单唇罐

54 件，直口，直领或斜立领。几乎均为泥质，陶色以浅灰、灰、浅褐、浅黄等为主。肩部多饰斜向条纹，不少又饰附加堆纹，部分口沿内壁可见刻划符号和"乂"形等黑彩。从可复原器看应为圈足罐。

标本 T2344④：1，泥质浅灰硬陶。肩部断面可见泥片贴筑现象，口沿稍变形。方唇，直口，直领，广肩，口沿下饰从左向右斜条纹。口径 9～10、残高 4.8 厘米（图二〇三，1；彩版一一九，1）。

标本 T2144④：7，夹细砂浅灰硬陶。直口，直领，领外壁有轮旋痕，内壁有刻划符号。口沿下饰从左向右斜条纹。口径 12、残高 4.7 厘米（图二〇三，2）。

标本 T2246④：4，泥质橙黄胎浅灰陶。唇面内斜平，斜立领，折沿。口径 15、残高 4.1 厘米（图二〇三，3）。

标本 T2146④：3，夹细砂灰色硬陶。唇微外卷。口径 11、残高 4 厘米（图二〇三，4）。

标本 T2249④：27，泥质灰褐硬陶。口沿下饰从左向右斜条纹。圆唇，直口，直领。口径约 12、残高 3.8 厘米（图二〇三，5）。

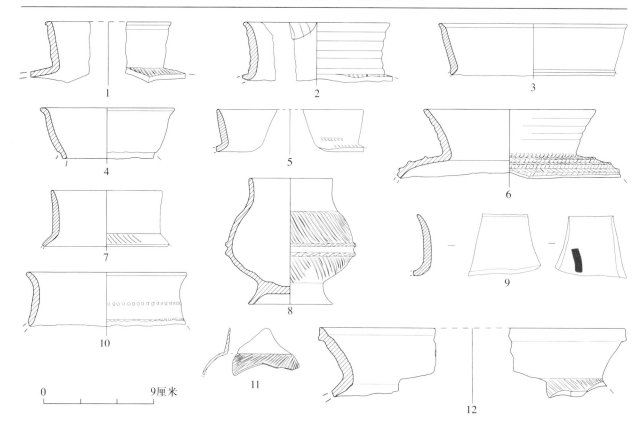

0　　　　　　9厘米

图二〇三　Ⅲ区山顶地层出土小口立领罐

1~12.小口立领罐T2344④：1、T2144④：7、T2246④：4、T2146④：3、T2249④：27、T2248①：17、T2343③：2、T2345③：2、T2249③：22、T2245③：7、T2248③：20、T2145③：15

　　标本 T2248①：17，泥质浅灰硬陶，器表施褐色陶衣。圆唇，直口微敞，广肩，圆鼓腹。肩腹饰从右向左斜条纹，上加三周绳索状附加堆纹，外沿面有轮旋痕。口径14.1、残高5.5厘米（图二〇三，6）。

　　标本 T2249③：22，泥质灰色硬陶。直口微敞，斜立领，口沿内面有黑彩线条，肩部饰从左向右斜条纹。口径约10、残高4.7厘米（图二〇三，9）。

　　标本 T2345③：2，圈足小罐，可复原。泥质灰陶。直口，直领，溜肩弧腹，圈足较高。肩腹饰从左向右粗斜条纹，腹部饰两周绳索状附加堆纹。口径6.8、足径6.8、通高10厘米（图二〇三，8；彩版一一九，2）。

　　标本 T2145③：15，泥质灰陶。口沿下饰从左向右斜条纹。口径约25、残高5.5厘米（图二〇三，12）。

　　标本 T2343③：2，泥质灰陶。直口，垂腹。肩腹饰从左向右粗斜条纹。口径9、残高4.4厘米（图二〇三，7）。

　　标本 T2245③：7，泥质浅灰陶。直口微敞，口沿下饰从左向右斜条纹。口径13、残高4.3厘米（图二〇三，10）。

　　标本 T2248③：20，圈足小罐口沿，泥质灰白陶。唇残，直口，直领，溜肩弧腹。肩部饰从右向左斜条纹。口径不确、残高4.1厘米（图二〇三，11）。

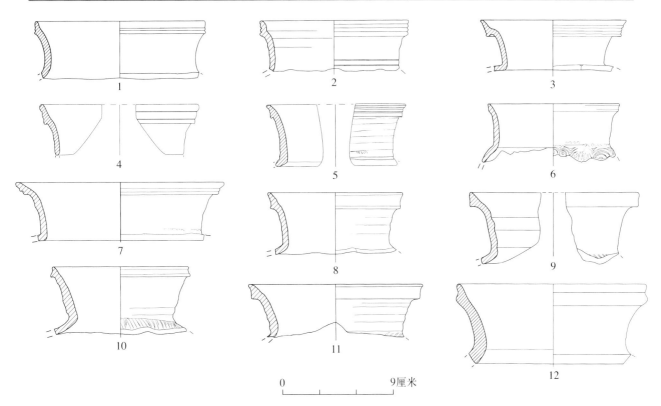

图二〇四　Ⅲ区山顶地层出土小口立领罐

1～12.小口立领罐T2248③：7、T2245④：10、T2144①：3、T2248③：9、T2248③：19、T2245③：6、T2347③：4、T2445④：1、T2144③：6、T2146④：6、T2145③：8、Ⅲ采：3

2）外方唇罐

58件，口领略敞。少量外方唇规整平直。质地以夹细砂为主，细泥质次之，不少小口细泥质罐口沿唇面有轮旋痕。口径和器形相对单唇罐略大，参照可复原器细泥质硬陶者绝大多数为圈足罐，夹细砂者多为圜底罐。

标本T2248③：7，泥质浅灰陶。直口微敞，唇内侧凹，呈小盘口，外唇面有轮旋痕。口径14、残高4.5厘米（图二〇四，1）。

标本T2245④：10，泥质浅黄陶，内外施褐色陶衣。直口微敞，唇内侧微凹。外唇面有轮旋痕。口径12、残高4厘米（图二〇四，2）。

标本T2144①：3，泥质浅灰硬陶。微敞口，唇内侧凹，呈小盘口，广肩。外唇面有轮旋痕，口沿下饰从左向右斜条纹。口径12、残高4.1厘米（图二〇四，3）。

标本T2248③：9，泥质白陶。直口微敞，唇内侧微凹，外唇面有轮旋痕。口径约13、残高4厘米（图二〇四，4）。

标本T2248③：19，泥质浅灰硬陶。敞口，唇内侧不凹，高立领。外唇面和领外壁有细轮旋纹。口径约11、残高5.1厘米（图二〇四，5）。

标本T2245③：6，泥质灰陶，内外施褐色陶衣。简化外方唇，直口微敞，高立领，圆肩。肩部饰重圈纹。口径10.7、残高4.6厘米（图二〇四，6；彩版一一九，3）。

标本T2347③：4，泥质浅灰胎浅黄陶。敞口，外方唇，唇面有轮旋痕，高领。口径17.1、残高 4.5 厘米（图二〇四，7）。

标本 T2445④：1，夹细砂灰陶。直口微敞，唇内侧微凹。领外壁有轮旋痕，口沿下饰从左向右斜条纹。口径 11、残高 4.9 厘米（图二〇四，8）。

标本 T2144③：6，夹细砂灰陶，内外施褐色陶衣。直口微敞，唇内侧微凹。口沿下饰从左向右斜条纹，领内壁有轮旋痕。口径约 14、残高 5.7 厘米（图二〇四，9）。

标本 T2146④：6，夹细砂灰胎浅灰硬陶，内外施浅褐色陶衣。口沿稍变形。直口微敞，唇内侧不凹。口沿下饰从左向右斜条纹。口径 11、残高 5.4 厘米（图二〇四，10）。

标本 T2145③：8，夹细砂灰陶，内外施灰褐色陶衣。直口微敞，唇内侧微凹。领外壁有轮旋痕，口沿下饰从右向左斜条纹。口径 14、残高 4.2 厘米（图二〇四，11）。

标本 Ⅲ采：3，泥质浅黄硬陶。简化外方唇，唇内侧微凹，领微卷。口径约 15.6、残高 6.5 厘米（图二〇四，12）。

标本 T2345③：7，夹细砂浅黄陶。直口微敞，唇内侧不凹，广肩。口沿下饰从右向左斜条纹。口径 14～16、残高 4.6 厘米（图二〇五，1）。

标本 T2249③：16，夹砂灰胎黄陶，器表施黄褐色陶衣。直口微敞，唇内侧不凹。口径 14、

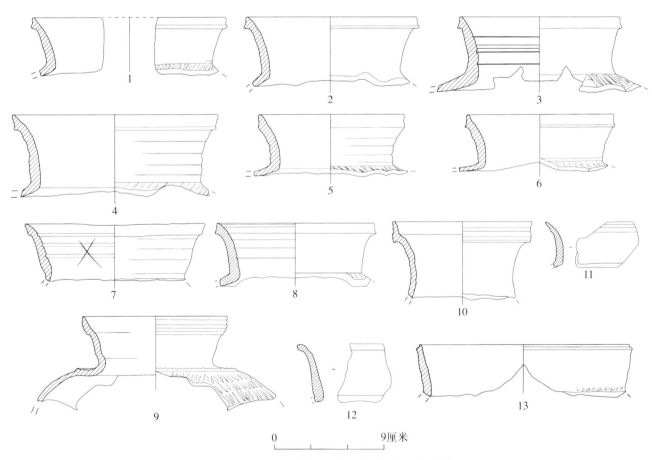

图二〇五　Ⅲ区山顶地层出土小口立领罐

1～13.小口立领罐T2345③：7、T2249③：16、T2249③：15、T2442①：2、T2249③：12、T2447③：2、T2248③：6、
T2148①：3、T2346③：8、T2248③：14、T2249③：28、T2047①：2、T2248③：18

残高 5.5 厘米（图二〇五，2）。

标本 T2249③：15，夹细砂灰陶，内外施褐色陶衣。口沿稍变形。直口微敞，外方唇，唇内侧不凹。口沿下饰从左向右斜条纹，领内壁有轮旋痕。口径 13.5、残高 5.8 厘米（图二〇五，3）。

标本 T2442①：2，夹砂灰陶，内外施浅褐色陶衣。敞口，唇内侧不凹，高领，广肩，领外壁有轮旋痕，口沿下饰从右向左粗斜条纹。口径 17、残高 6.5 厘米（图二〇五，4；彩版一一九，4）。

标本 T2249③：12，夹细砂灰陶。直口微敞，唇内侧不凹。口沿下饰从左向右斜条纹，领外壁有轮旋痕。口径 12、残高 4.9 厘米（图二〇五，5）。

标本 T2447③：2，夹细砂灰陶，质较硬，器表施褐色陶衣。直口微敞，唇内侧微凹。广肩，肩部饰从左向右斜条纹。口径 12、残高 4.5 厘米（图二〇五，6；彩版一一九，5）。

标本 T2248③：6，夹细砂灰陶，器表施浅褐色陶衣。口沿稍变形。直口微敞，斜立领，唇内侧不凹，领外壁有轮旋痕，内壁有轮旋槽和刻划符号，口沿下饰从左向右斜条纹。口径 15、残高 4.5 厘米（图二〇五，7；彩版一一九，6）。

标本 T2148①：3，夹细砂浅黄陶，内外施浅灰色陶衣。唇内侧不凹，领内壁有细轮旋槽，口沿下饰从左向右斜条纹。口径 13、残高 5 厘米（图二〇五，8）。

3）外宽方唇唇面有轮旋槽

5 件。多为圈足罐。

标本 T2346③：8，泥质浅灰硬陶。直口微敞，斜立领，广肩，外唇面有轮旋槽，内壁有轮旋痕，口沿下饰从左向右斜条纹，肩部饰一道绳索状附加堆纹。口径 12、残高 7.5 厘米（图二〇五，9）。

标本 T2248③：14，泥质浅黄胎浅灰陶。小盘口，唇内侧凹，外唇面有轮旋槽。领部断面可见明显泥片贴筑。口径 11.2、残高 6.1 厘米（图二〇五，10）。

（2）矮领罐

10 件。领略矮，口较大。其中 5 件为圆唇，5 件为方唇。

标本 T2249③：28，泥质灰陶，内外施浅褐色陶衣。圆唇，直口微敞，矮立领。口径不确、残高 3.6 厘米（图二〇五，11）。

标本 T2047①：2，泥质黄褐陶。圆唇，侈口，直领。口径不确、残高 4.6 厘米（图二〇五，12）。

标本 T2248③：18，泥质灰陶。方唇，唇面有浅槽，直口微敞。口沿下饰从右向左斜条纹。口径 17、残高 4.2 厘米（图二〇五，13）。

2. 小口卷沿罐

57 件。仅 1 件为方唇，余为外方唇，夹细砂居多，底有圜底和圈足两种，推测多为圜底。根据领部的相对高低分为两类，高领者口领稍斜直，矮领者口领较外卷。

（1）高领罐

21 件。泥质为主，少量夹细砂，当以圜底罐为主，有的领内壁或外壁有粗细不等的轮旋槽或轮旋痕。

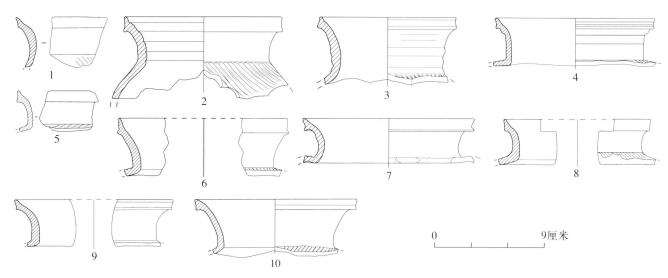

图二〇六　Ⅲ区山顶地层出土小口卷沿罐

1~10.小口卷沿罐T2145④：16、T2345③：6、T2344③：4、T2145④：17、T2248④：16、T2247③：7、T2247③：2、T2144④：11、T2249③：26、T2347③：3

标本 T2145④：16，夹细砂浅灰硬陶。口沿变形。口领稍直，唇内侧凹，微呈小盘口。口沿下饰从左向右斜条纹。口径不确、残高3.9厘米（图二〇六，1）。

标本 T2345③：6，夹细砂浅灰陶，内外施褐色陶衣。敞口，唇内侧微凹，领内壁有轮旋痕，肩部饰从左向右斜条纹。口径13、残高6.5厘米（图二〇六，2）。

标本 T2344③：4，夹细砂灰胎灰褐陶。唇内侧微凹，领较直。领外壁有轮旋痕，口沿下饰从左向右斜条纹。口径11、残高5.4厘米（图二〇六，3）。

标本 T2145④：17，泥质灰胎浅灰硬陶。敞口，唇内侧微凹，外唇面有轮旋痕。广肩，口沿下饰从左向右斜条纹。口径13、残高3.5厘米（图二〇六，4）。

标本 T2248④：16，夹砂浅黄陶。敞口，唇内侧微凹，立领，广肩，口沿下饰从右向左斜条纹。器形较小，残高3.2厘米（图二〇六，5）。

标本 T2247③：7，泥质黄褐陶。直口微敞，唇内侧微凹，立领，广肩，口沿下饰从左向右斜条纹。口径约14.1、残高4.5厘米（图二〇六，6）。

标本 T2247③：2，泥质浅灰陶。敞口，唇内侧不凹，束颈，广肩。肩部饰从左向右斜条纹。口径14、残高3.5厘米（图二〇六，7）。

标本 T2144④：11，泥质浅灰陶，内外施浅褐色陶衣。敞口，唇内侧不凹。口沿下饰从左向右斜条纹。口径约12、残高3.6厘米（图二〇六，8）。

标本 T2249③：26，泥质浅灰硬陶，内外施浅褐色陶衣。口沿稍变形。敞口，唇内侧不凹。口径约13、残高3.7厘米（图二〇六，9）。

标本 T2347③：3，夹细砂浅黄陶，内外施浅灰色陶衣。敞口，唇内侧不凹。口沿下饰从右向左斜条纹。口径13.2、残高4.5厘米（图二〇六，10）。

（2）矮领罐

36件。夹细砂为主，少量泥质，部分领内壁有旋槽，推测多为圈足罐。

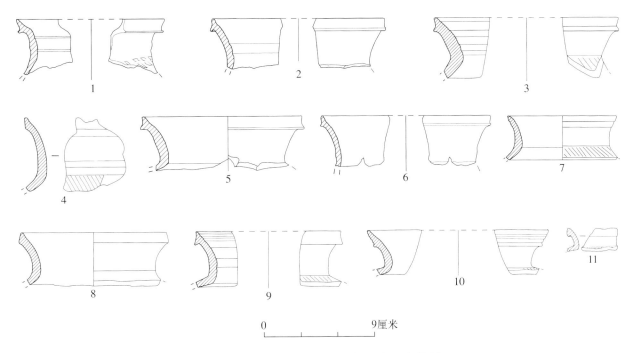

图二〇七　Ⅲ区山顶地层出土小口卷沿罐

1～11.小口卷沿罐T2248④：15、T2145③：10、T2144④：12、T2245③：15、T2245③：12、T2249③：23、T2245①：14、T2249③：29、Ⅲ采：1、T2348③：5、T2145③：9

标本 T2248④：15，夹细砂浅灰陶。微敞口，唇内侧凹，溜肩。口沿下饰从左向右斜条纹，领内壁有轮旋痕。口径约 12、残高 4.4 厘米（图二〇七，1）。

标本 T2145③：10，夹细砂灰陶，口沿内壁施褐色陶衣。口微敞，唇内侧凹，立领，领内壁有轮旋纹。口径约 14、残高 4 厘米（图二〇七，2）。

标本 T2144④：12，泥质浅黄陶。唇内侧微凹，领内壁有轮旋槽，口沿下饰从左向右斜条纹。口径 15～17、残高 4.8 厘米（图二〇七，3）。

标本 T2245③：15，夹细砂灰黄陶。口微敞，唇内侧凹，口沿下饰从左向右斜条纹。口径不确、残高 5.8 厘米（图二〇七，4）。

标本 T2245③：12，夹砂灰胎浅灰陶，内外施浅褐色陶衣。敞口，唇内侧微凹。口径 13、残高 4.3 厘米（图二〇七，5）。

标本 T2249③：23，泥质浅灰陶。口微敞，唇内侧微凹。立领。口径约 14、残高 4 厘米（图二〇七，6）。

标本 T2348③：5，泥质浅灰陶。敞口，唇内侧基本不凹，外唇面有轮旋痕，束颈，肩部饰从左向右斜条纹。口径约 15、残高 3.5 厘米（图二〇七，10）。

标本 T2145③：9，夹细砂灰陶，内外施浅褐色陶衣。敞口，唇内侧不凹，束颈，肩部饰从左向右斜条纹。口径不确、残高 1.8 厘米（图二〇七，11）。

标本 Ⅲ采：1，夹细砂浅灰陶。敞口或侈口，唇内侧不凹。内唇面和领内壁有轮旋痕。口沿下饰从左向右斜条纹。口径约 12、残高 4.4 厘米（图二〇七，9）。

标本 T2245①：14，夹细砂浅灰陶。简化薄外方唇，微敞口，唇内侧不凹，溜肩。口沿下饰从左向右斜条纹。口径9、残高3.5厘米（图二〇七，7）。

标本T2249③：29，泥质浅灰陶。敞口，唇内侧不凹。口径12、残高4.2厘米（图二〇七，8）。

3. 大口卷沿罐

38件。均外方唇，矮领卷沿。根据外唇面有无轮旋槽分为两类。

（1）外唇面无轮旋槽

26件。

标本T2343④：9，夹砂黄陶，质较脆，内外表皮多脱落。直口微敞，领略卷，唇内侧基本不凹，立领，圆肩。肩部饰从左向右粗斜条纹，模糊不清。口径17、残高4.3厘米（图二〇八，1）。

标本T2343③：8，夹砂黄陶，质较脆，内外表皮多脱落。规整斜方唇，直口微敞，领略卷，唇内侧基本不凹，溜肩。肩部饰从左向右粗斜条纹，模糊不清。口径22.8、残高6.1厘米（图二〇八，5）。

标本T2248④：13，泥质灰胎浅黄陶，器表施浅褐色陶衣。口略直，唇内侧凹，束颈。肩部饰从左向右斜条纹。口径约19、残高3.8厘米（图二〇八，2）。

标本T2145④：19，泥质灰陶。唇内侧凹。领内壁戳印两个重圈纹。口沿下饰从左向右斜条纹。口径约16、残高3.7厘米（图二〇八，3）。

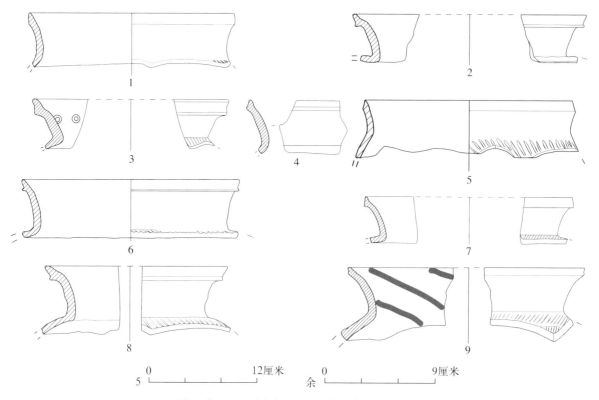

图二〇八　Ⅲ区山顶地层出土大口卷沿罐

1～9.大口卷沿罐T2343④：9、T2248④：13、T2145④：19、T2247④：9、T2343③：8、T2145③：11、T2247③：8、T2348①：1、T2345③：4

标本 T2247④∶9，泥质灰陶。唇内侧微凹。口径不确、残高 4.2 厘米（图二〇八，4）。

标本 T2145③∶11，泥质浅黄陶。直口微敞，唇内侧不凹。立领，口沿下饰从左向右斜条纹。口径 18、残高 4.6 厘米（图二〇八，6）。

标本 T2247③∶8，泥质浅黄陶，质稍软，内外施浅褐色陶衣。唇内侧凹。口沿下饰从右向左斜条纹。口径 16～18、残高 3.7 厘米（图二〇八，7）。

标本 T2348①∶1，泥质浅黄陶。敞口，唇内微凹，广肩。口沿下饰从左向右斜条纹。口径 15～18、残高 5.5 厘米（图二〇八，8；彩版一一九，7）。

标本 T2345③∶4，泥质黄胎灰黄陶。规整斜方唇，唇面有浅槽，敞口，斜立领，微卷沿，广肩。肩部饰从右向左斜条纹和附加堆纹，口沿内面有黑彩条纹。口径 18～20、残高 5.8 厘米（图二〇八，9）。

标本 T2249③∶17，泥质浅黄陶。口沿变形。唇微内凹，口沿下饰从右向左粗斜条纹。口径 30、残高 6 厘米（图二〇九，7）。

标本 T2244③∶3，夹砂浅灰陶，内外施浅褐色陶衣。唇内凹，斜立领，内面有刻划符号。口沿下饰从左向右斜条纹。口径 24、残高 4.4 厘米（图二〇九，8）。

标本 T2343③∶7，夹砂灰陶，器表施褐色陶衣。领略卷，唇内侧微凹。口径约 20、残高 4.6 厘米（图二〇九，1）。

标本 T2343③∶4，泥质浅灰陶，器表施浅褐色陶衣。唇内凹，略呈盘口，口沿下肩部饰从右向左斜条纹。口径约 14.2、残高 4.4 厘米（图二〇九，2）。

标本 T2047③∶1，泥质浅灰硬陶。敞口，唇内侧微凹，斜立领，广肩。口沿下饰从左向右斜条纹。口径 14、残高 3.9 厘米（图二〇九，3）。

标本 T2144③∶9，泥质灰陶。敞口，唇内凹，斜立领，广肩。肩部饰从左向右斜条纹，口沿内面有刻划符号。口径 16～18、残高 3.5 厘米（图二〇九，4）。

标本 T2343④∶6，夹砂灰陶，内外施褐色陶衣。口沿变形。敞口，束颈，唇内侧微凹，圆肩。肩部饰从左向右斜条纹，领内壁有数道轮旋槽，内面有黑彩。口径 20、残高 5.8 厘米（图二〇九，9；彩版一一九，8）。

标本 T2247④∶5，泥质硬灰陶，内外施褐色陶衣。斜领。口沿下饰从左向右斜条纹，内面有轮旋槽。口径约 25.2、残高 6.2 厘米（图二〇九，10）。

（2）外唇面有轮旋槽

12 件。多泥质硬陶，外宽方唇有轮旋槽，部分口沿内壁有黑彩。

标本 T2145④∶18，泥质橙黄陶。口领较直，唇内侧微凹。口径不确、残高 4 厘米（图二〇九，6）。

标本 T2344④∶7，泥质黄褐陶。口领较直，唇内侧不凹。口径不确、残高 3.8 厘米（图二〇九，5）。

标本 T2245③∶9，夹细砂浅灰胎浅灰黄陶。唇内凹，略呈盘口，斜立领。口径约 24、残高 4.5 厘米（图二〇九，11）。

标本 T2347③∶2，夹细砂浅灰陶。唇微内凹，斜立领。口径 20、残高 4 厘米（图二〇九，

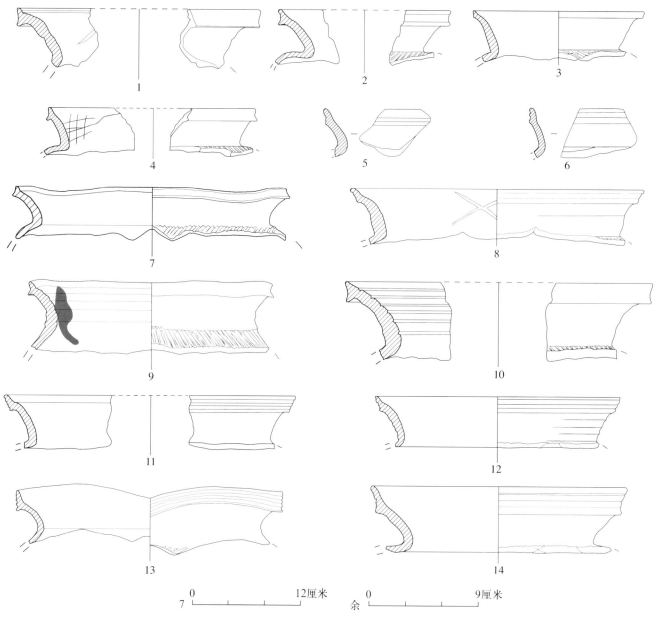

图二〇九　Ⅲ区山顶地层出土大口卷沿罐

1~14.大口卷沿罐T2343③：7、T2343③：4、T2047③：1、T2144③：9、T2344④：7、T2145④：18、T2249③：17、T2244③：3、T2343④：6、T2247④：5、T2245③：9、T2347③：2、T2249③：18、T2348③：4

12）。

　　标本T2249③：18，泥质灰胎硬陶，内外施褐色陶衣。口沿变形。唇内凹，略呈盘口，束颈。口沿下饰从右向左粗斜条纹。口径约22、残高5厘米（图二〇九，13）。

　　标本T2348③：4，泥质浅黄陶，内外施浅褐色陶衣。敞口，外宽方唇，斜领，唇内侧微凹，略呈盘口，折沿。口沿下饰从右向左斜条纹。口径20.5、残高5.2厘米（图二〇九，14）。

4. 大口折沿罐

　　35件。均为大敞口，斜领、折沿，以泥质为主，少量夹细砂。推测以圜底器为主，少量圈足

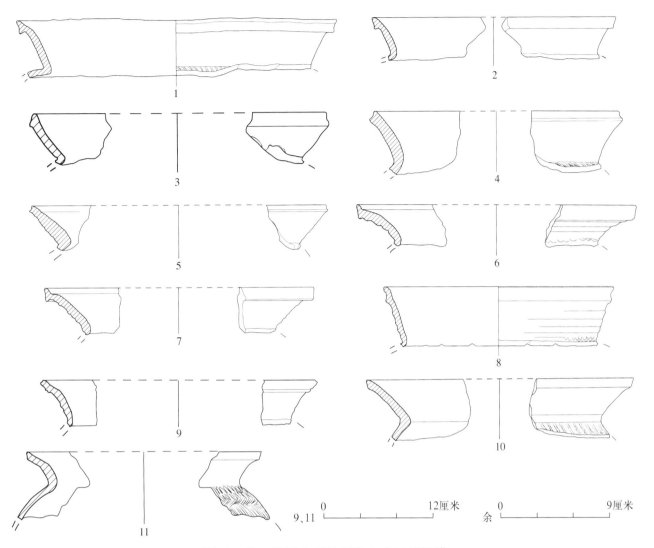

图二一〇　Ⅲ区山顶地层出土大口折沿罐

1～11.大口折沿罐T2245④：8、T2248③：10、T2248③：12、T2148④：1、T2344③：5、T2247③：3、T2344③：6、
T2249③：20、T2345③：9、T2247③：6、T2249③：25

器。按器形相对大小可分两类。

（1）大口折沿大罐

25件。其中方唇18件，简化外方唇7件。

标本T2245④：8，泥质浅黄褐陶。矮斜领，方唇，唇内侧微凹，广肩。肩部饰从左向右斜条纹。口径26、残高4.5厘米（图二一〇，1）。

标本T2248③：10，泥质红褐陶。矮斜领，方唇，唇内侧不凹。口径约20.4、残高3.7厘米（图二一〇，2）。

标本T2248③：12，夹细砂灰陶。方唇，略呈盘口，口沿面凹弧。口径约24、残高4.2厘米（图二一〇，3）。

标本T2148④：1，夹细砂黄胎浅黄陶，内外施浅褐色陶衣。规整方唇，唇面有浅槽，口沿下饰从左向右斜条纹。口径约20、残高5厘米（图二一〇，4）。

标本 T2344③：5，泥质浅灰陶。方唇，唇面有浅槽，唇内侧不凹，斜领，大敞口。口径22～25、残高3.5厘米（图二一〇，5）。

标本 T2247③：3，夹细砂浅黄陶。大敞口，方唇，唇微内凹，略呈盘口，领外壁有轮旋痕。口沿下饰从左向右斜条纹。口径约23.1、残高3.4厘米（图二一〇，6）。

标本 T2344③：6，夹细砂浅灰陶。大敞口，方唇，唇微内凹，略呈盘口。口径约22、残高3.6厘米（图二一〇，7）。

标本 T2249③：20，泥质灰胎硬陶，内外施褐色陶衣。口沿略变形。简化外方唇，直口微敞，高立领，领外壁有轮旋痕。口径19、残高4.7厘米（图二一〇，8）。

标本 T2345③：9，泥质橙黄陶。口沿稍变形。简化外方唇，外唇面有一道浅槽，大敞口，领微外卷。口径25～30、残高4.8厘米（图二一〇，9）。

标本 T2247③：6，夹砂黑陶，器表黄褐色。简化外方唇，大敞口，斜领。肩部有纹饰但不清晰。口径约21.4、残高4.8厘米（图二一〇，10）。

标本 T2249③：25，夹细砂浅灰硬陶。口、腹、底残片。简化外方唇，唇内侧不凹，大敞口，领微卷，圆肩，圜平底，下有圈足，缺失。口沿下饰从左向右细斜条纹，腹、底饰交错细条纹。口径24～28、残高7厘米（图二一〇，11）。

（2）大口折沿小罐

10件。器形较小，均为方唇或简化外方唇，多为泥质。

标本 T2248③：21，泥质灰陶。方唇，唇面有凹槽，矮斜领，广肩。肩部饰从左向右斜条纹。口径约15、残高3.4厘米（图二一一，1）。

0　　　　　　　9厘米

图二一一　Ⅲ区山顶地层出土大口折沿小罐

1～3.大口折沿小罐T2248③：21、T2248④：25、T2343④：11

标本 T2248④：25，夹细砂橙黄陶。方唇，唇面微凹，斜领，沿面微内弧。口沿下饰从左向右斜条纹。口径15.2、残高3.5厘米（图二一一，2）。

标本 T2343④：11，泥质灰陶。简化外方唇，唇内侧微凹，斜领，口沿面内弧。口沿下饰从左向右斜条纹。口径14.5、残高3.7厘米（图二一一，3）。

5. 罐圈足

135件。其中泥质陶114件，夹细砂陶21件，根据圈足变化分三式。

Ⅰ式　15件。矮圈足，内外均外撇。

标本 T2144③：10，泥质灰陶。下腹至底饰重圈纹。足径约16、残高2.7厘米（图二一二，1；彩版一二〇，1）。

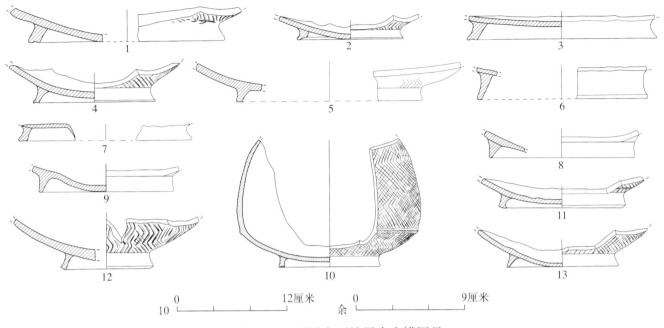

图二一二　Ⅲ区山顶地层出土罐圈足

1~4.Ⅰ式罐圈足T2144③：10、T2343③：13、T2245④：13、T2145④：12　5~9、13.Ⅱ式罐圈足Ⅲ采：2、T2343③：12、T2248③：24、Ⅲ采：4、Ⅲ采：5、T2145④：13　10~12.Ⅲ式罐圈足T2245④：5、T2248③：23、T2345③：10

标本T2343③：13，泥质浅灰陶。下腹至底饰交错条纹。足径8.7、残高1.9厘米（图二一二，2）。

标本T2245④：13，泥质灰陶。足径15.8、残高1.9厘米（图二一二，3）。

标本T2145④：12，泥质浅灰陶。下腹至底饰交错条纹。足径10、残高3厘米（图二一二，4）。

标本T2248③：24，泥质浅灰陶。足径约14、残高1.2厘米（图二一二，7）。

Ⅱ式　20件。圈足略高，外壁较直，内壁呈斜面。

标本T2145④：13，泥质浅灰陶。下腹至底饰交错条纹。足径9.2、残高3厘米（图二一二，13）。

标本T2343③：12，泥质浅灰陶。足径约14、残高2.5厘米（图二一二，6）。

标本Ⅲ采：2，泥质红褐陶。下腹饰交错条纹。足径约15、残高3厘米（图二一二，5）。

标本Ⅲ采：4，泥质灰褐陶。足径12、残高2.1厘米（图二一二，8）。

标本Ⅲ采：5，泥质灰陶。足径11、残高2厘米（图二一二，9）。

Ⅲ式　100件。圈足略高，内外均较直。

标本T2245④：5，泥质灰陶，内外施浅褐色陶衣。肩腹饰凌乱曲折纹，似交错条纹，下腹饰一道绳索状附加堆纹。足径11、残高13.5厘米（图二一二，10）。

标本T2248③：23，泥质灰陶。足径9.5、残高2.4厘米（图二一二，11）。

标本T2345③：10，泥质浅灰陶。足径7.6、残高4.1厘米（图二一二，12）。

Ⅲ区山顶探方地层出土釜类器物除1件高领小釜外，余皆为敞口釜。

6. 敞口釜

53 件。外斜方唇。夹细砂为主,少量夹粗砂和泥质。器表颜色以红褐、黄褐、灰褐为主。其中 28 件口沿内壁有轮旋槽,器形较大。

标本 T2146④:2,夹细砂浅灰胎硬灰陶。矮斜领、微卷沿、唇内侧微凹。口沿内面有刻划符号。口径 22、残高 3.5 厘米(图二一三,1)。

标本 T2344③:2,夹砂灰陶。矮斜领,微卷沿,唇内侧微凹。口径约 25、残高 5.1 厘米(图二一三,2)。

标本 T2347③:1,夹细砂灰胎浅灰陶,内外施浅黄褐色陶衣。矮领,卷沿,唇内侧微凹。肩部饰粗曲折纹。口径 38.5、残高 10.4 厘米(图二一三,9;彩版一二〇,2)。

标本 T2249③:19,夹细砂硬灰陶。矮领,卷沿,唇内侧微凹,束颈。领外壁有轮旋痕。口径约 21、残高 4 厘米(图二一三,3)。

标本 T2146④:4,夹细砂黄陶,器表施浅黄褐色陶衣。斜领较直,唇内侧不凹。口沿下饰从左向右粗斜条纹。口径约 23、残高 4.3 厘米(图二一三,4)。

标本 T2145③:15,泥质灰陶。敞口,斜领,唇内侧微凹。口沿下饰从左向右粗斜条纹。口

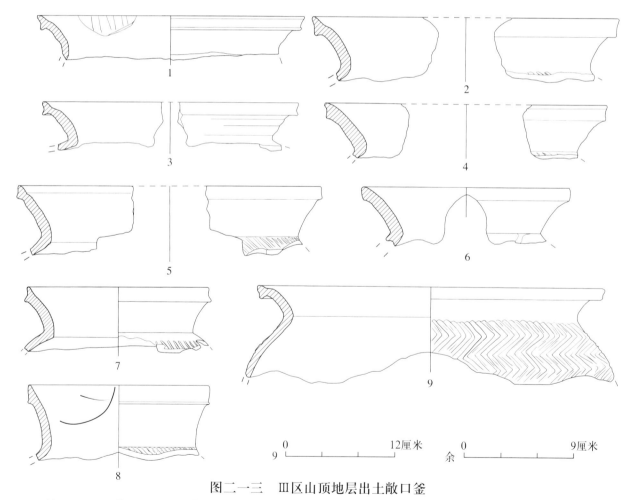

图二一三　Ⅲ区山顶地层出土敞口釜

1~9.敞口釜 T2146④:2、T2344③:2、T2249③:19、T2146④:4、T2145③:15、T2345③:5、T2144④:5、T2145③:6、T2347③:1

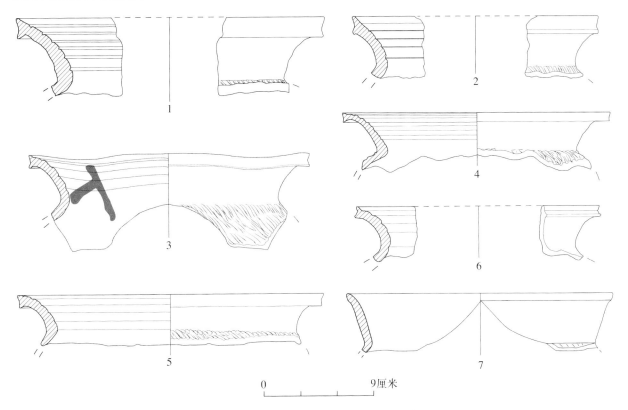

0　　　　　　　　9厘米

图二一四　Ⅲ区山顶地层出土敞口釜、高领小釜

1～6.敞口釜T2247④：5、T2345③：8、T2249③：24、T2249③：13、T2249③：14、T2146④：5　7.高领小釜T2347③：5

径约25、残高5.5厘米（图二一三，5）。

标本T2345③：5，夹细砂黄胎灰黄陶。敞口，斜立领，唇内侧不凹。口径17、残高4.4厘米（图二一三，6）。

标本T2144④：5，夹细砂灰陶，内外施灰褐色陶衣。敞口，唇内侧不凹，斜立领，圆肩。口沿下饰从左向右斜条纹。口径15、残高5.2厘米（图二一三，7；彩版一二〇，3）。

标本T2145③：6，夹细砂褐胎，内外施灰色陶衣。口沿稍变形。直口微敞，斜领，唇内侧不凹。口沿下饰从左向右斜条纹，内壁有刻划符号。口径15、残高6厘米（图二一三，8；彩版一二〇，4、5）。

标本T2247④：5，泥质硬灰陶，内外施褐色陶衣。敞口，斜领较直，微卷沿，唇内侧微凹，领内壁有轮旋槽。口沿下饰从左向右斜条纹。口径约25、残高6.2厘米（图二一四，1）。

标本T2345③：8，泥质浅灰陶，内外施浅黄褐色陶衣。敞口，斜领较直，微卷沿，唇内侧不凹，领内壁有轮旋槽。口沿下饰从左向右斜条纹。口径18～22、残高5厘米（图二一四，2）。

标本T2249③：24，泥质灰褐陶。口沿变形。卷沿，唇内侧不凹，领内壁有轮旋槽。口沿下饰从左向右斜条纹。口径23、残高7.6厘米（图二一四，3；彩版一二〇，6、7）。

标本T2249③：13，夹细砂浅黄胎，内外施浅灰色陶衣。卷沿，矮斜领，唇内侧不凹，领内壁有轮旋槽。口沿下饰从左向右粗斜条纹。口径22、残高5厘米（图二一四，4）。

标本T2249③：14，夹细砂浅灰胎，内外施浅褐色陶衣，质较硬。卷沿，矮斜领，唇内侧不凹，领内壁有轮旋槽。口沿下饰从左向右粗斜条纹。口径25、残高4厘米（图二一四，5）。

标本T2146④：5，夹细砂浅黄陶，内壁施浅褐色陶衣。卷沿，唇内侧不凹，领内壁有轮旋槽。口径约20、残高4.3厘米（图二一四，6）。

7. 高领小釜

1件。

标本T2347③：5，夹细砂灰褐陶。微敞口，高斜领，折沿。器底残片内外有烟炱痕，腹、底饰较凌乱粗曲折纹。口径22、残高4.6厘米（图二一四，7）。

8. 鼎足

4件。其中可辨形者2件。

标本T2348③：3，泥质黑胎浅黄陶。疑似扁平状斜边，正立面外弧，整体似呈三角形。残高5.1～6、残宽2.4～9.3、厚0.7～1.6厘米（图二一五，1）。

标本T2145③：20，2件，为同1件鼎所有。夹砂黑胎褐陶，大宽扁瓦状，侧边卷、内折，正立面内凹。残高5.1～6.6、残宽7～9.2、厚0.7～2厘米（图二一五，2；彩版一二〇，8）。

9. 豆

以圈足统计最小个体数为24件，均残损严重，泥质。以黑皮陶占多数，少量橙黄陶，后者质地较松脆。口沿残片多见敛口较大者，当以盘形豆为主。

10. 钵

1件。

标本T2144④：8，夹砂灰胎黄褐陶。圆唇，直口，直腹。器表有纹饰，模糊不清。口径18～22、残高4.5厘米（图二一五，3）。

11. 纺轮

1件。

标本T2244③：1，泥质黄陶。完整，算珠状。直径2.8、厚2厘米（图二一五，4）。

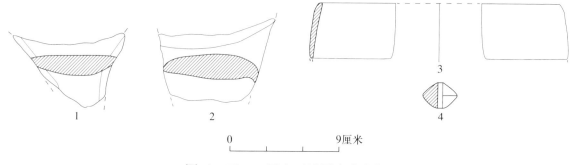

0　　　　　　　　9厘米

图二一五　Ⅲ区山顶地层出土陶器

1、2.陶鼎足T2348③：3、T2145③：20　3.陶钵T2144④：8　4.陶纺轮T2244③：1

（二）石器

55件。工具类有锛、斧、凿、刀、矛、镞、锤、砺石等，装饰品有环。

石锛　13件。其中1件残损严重，型式不辨，其余12件可分为有段、有肩、无肩无段三类。

1. 有段石锛

1件。

标本T2144④：1，中型。片岩，硬度为6，微风化。通体磨光，刃部有崩缺，长8、刃宽3、厚2.4厘米（图二一六，1；彩版一二一，1）。

2. 有肩石锛

9件。

标本T2346④：5，中型，表皮风化严重。疑原为双肩，后损坏后再加工成单肩，肩部明显，靠近器身中部。长8.8、刃宽3.5、厚1.9厘米（图二一六，2；彩版一二一，2）。

标本T2246①：3，中型。片岩，硬度为5，未风化。弓背，双肩明显，肩近直角，靠近器身中部。长8.3、刃宽4.3、厚1.5厘米（图二一六，3；彩版一二一，3）。

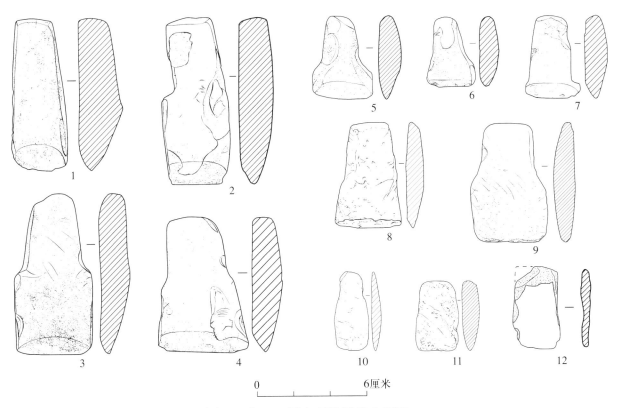

图二一六　Ⅲ区山顶地层出土石锛

1.有段石锛T2144④：1　2～10.有肩石锛T2346④：5、T2246①：3、T2345①：1、T2249③：10、T2447④：3、T2145④：2、T2146④：1、T2346④：7、T2246④：1　11、12.无肩无段石锛T2246④：5、T2446①：2

　　标本 T2345①：1，中型。硅质岩，硬度为6，未风化。通体磨光，双肩较明显，靠近器身中部。长 7.2、刃宽 4.9、厚 1.7 厘米（图二一六，4；彩版一二一，4）。

　　标本 T2249③：10，小型。硅质岩，硬度为6，微风化。双肩明显，肩近直角，靠近器身中部。长 4.5、刃宽 3.3、厚 1.2 厘米（图二一六，5；彩版一二一，5）。

　　标本 T2447④：3，小型。片岩，硬度为2.5，强风化。双肩较明显，靠近器身中部，刃部风化有脱落。长 3.8、刃宽 2.5、厚 1.1 厘米（图二一六，6；彩版一二一，6）。

　　标本 T2145④：2，小型。硅质岩，硬度为6，微风化。通体磨光，双肩接近刃部，一侧肩明显。长 4.6、刃宽 3、厚 1.2 厘米（图二一六，7；彩版一二二，1）。

　　标本 T2146④：1，中型。变质砂岩，硬度为6，微风化。器身扁平，双肩不明显，溜肩，靠近器身中部，刃部有使用崩疤。长 5.6、刃宽 3.6、厚 1 厘米（图二一六，8；彩版一二二，2）。

　　标本 T2346④：7，中型。变质砂岩，硬度为5.5，微风化。通体磨光，器身扁平，双肩不明显，溜肩，靠近器身中部，刃部有崩疤。长 6.2、刃宽 4.3、厚 1.2 厘米（图二一六，9）。

　　标本 T2246④：1，小型。硅质岩，硬度为6，未风化。石质较松软。器身扁平，双肩不明显，溜肩，靠近柄部。长 4.1、刃宽 1.85、厚 0.5 厘米（图二一六，10）。

3. 无肩无段石锛

　　2件。均长条形，器形较小。

　　标本 T2246④：5，硅质岩，硬度为5.5，中风化。略残，刃部有崩缺，风化较严重。长 3.7、刃宽 2.4、厚 1 厘米（图二一六，11；彩版一二二，3）。

　　标本 T2446①：2，残。角岩，硬度为7，未风化。器身一面剥落，或未完成磨光程序。长 4.4、刃宽 2.4、厚 0.3～0.4 厘米（图二一六，12）。

4. 石锛坯

　　4件。2件原石，2件半成品。

　　标本 T2346③：1，原石，中型。硅质岩，硬度为6，未风化。刃部已基本打制成形，未磨制。长 8.1、宽 4.6、厚 3 厘米（图二一七，1）。

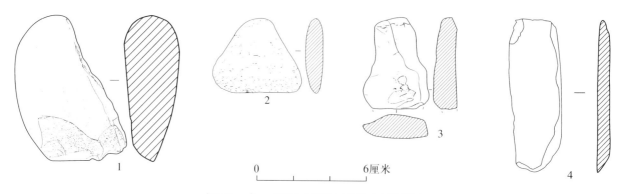

图二一七　Ⅲ区山顶地层出土石锛坯

1～4.石锛坯 T2346③：1、T2346③：4、T2343④：3、T2348③：2

标本 T2346③：4，原石，疑为小型扁平石锛或石斧坯。云英岩，硬度为 4.5，微风化。自然石面，磨制痕不明显，整体呈圆角三角形，刃部有崩疤。长 4.1、宽 1.9～5.1、厚 0.9 厘米（图二一七，2；彩版一二二，4）。

标本 T2343④：3，小型双肩石锛坯。绿泥石片岩，硬度为 2.5，强风化。打制基本成形，但未经深磨，下端残断，或为制作过程中失败后废弃。残长 4.7、宽 3.6、厚 1.3 厘米（图二一七，3）。

标本 T2348③：2，扁平长条形，无肩无段，打制成形，刃部已磨出，一侧崩缺。长 8、宽 2.8、厚 0.5～0.6 厘米（图二一七，4；彩版一二二，5）。

5. 石斧

6 件。2 件残损严重，其余 4 件大致可辨器形。

标本 T2249①：1，穿孔石斧，硅质岩，硬度为 5，微风化。通体磨光，长条形，中上部有一个穿孔，孔为对钻，刃部有大片崩疤。长 12.9、刃宽 5.4、厚 1.2 厘米（图二一八，12；彩版

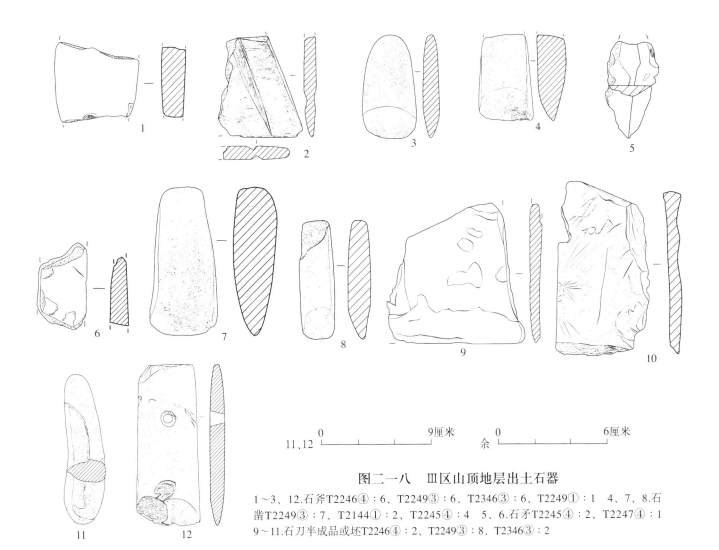

图二一八　Ⅲ区山顶地层出土石器

1～3、12.石斧T2246④：6、T2249③：6、T2346③：6、T2249①：1　4、7、8.石凿T2249③：7、T2144①：2、T2245④：4　5、6.石矛T2245④：2、T2247④：1　9～11.石刀半成品或坯T2246④：2、T2249③：8、T2346③：2

一二三，1）。

标本 T2246④：6，穿孔石斧残件，角岩，硬度为 7，未风化。残长 4.3、宽 4～4.6、厚 1.3 厘米（图二一八，1）。

标本 T2249③：6，疑为石斧刃部残件。硅质岩，硬度为 6，未风化。原器应呈梯形，上端残，刃部锋利，器身一侧边断裂，双面有一道凹槽。残长 5.5、残宽 4.6、厚 0.7 厘米（图二一八，2；彩版一二三，2）。

标本 T2346③：6，云英岩，硬度为 5.5，未风化。整体呈圆角长方形，扁平，利用自然卵石加工刃部而成，刃部锋利。长 5.4、刃宽 3.1、厚 1.3 厘米（图二一八，3；彩版一二三，3）。

6. 石凿

3 件。

标本 T2249③：7，凝灰岩，硬度为 5.5，微风化。上段残，长梯形，刃部有崩疤。残长 4.8、宽 3、厚 1.6 厘米（图二一八，4；彩版一二三，4）。

标本 T2144①：2，中型。片岩，硬度为 5，强风化。厚长条形。长 8、宽 3.7、厚 2.5 厘米（图二一八，7）。

标本 T2245④：4，片岩，硬度为 5，中风化。长条形，刃部有崩缺。长 6.3、宽 2、厚 1.3 厘米（图二一八，8；彩版一二三，5）。

7. 石刀半成品或坯

3 件。

标本 T2246④：2，疑为石刀或石戈半成品残片。硅质岩，硬度为 6，未风化。一端有打击痕。残长 7.6、残宽 7.6、厚 0.7 厘米（图二一八，9；彩版一二三，6）。

标本 T2249③：8，疑为石刀半成品。片岩，硬度为 5.5，微风化。刃部初步打出，未磨光，锋刃尚不明显。长 9.1、宽 5.2、厚 0.8 厘米（图二一八，10）。

标本 T2346③：2，疑似石刀坯。硅质岩，硬度为 6，未风化。利用弧状条形卵石打制成形，刃为单面凹弧刃。长 12、宽 3.4、厚 1.8 厘米（图二一八，11）。

8. 石矛

2 件。亦有可能为大型宽叶石镞残件或半成品。

标本 T2245④：2，疑为石矛坯残片。硅质岩，硬度为 6，未风化。中脊突出，剑身呈三角形。残长 4.8、宽 2.7、厚 0.6 厘米（图二一八，5）。

标本 T2247④：1，疑为石矛中段残件。硅质岩，硬度为 6，未风化。双面磨光，一面磨出中脊。残长 3～4.5、宽 2.8、厚 0.8～1 厘米（图二一八，6）。

9. 石镞

12 件。其中柳叶形 10 件，形体偏小。宽叶形 2 件，形体相对较大。

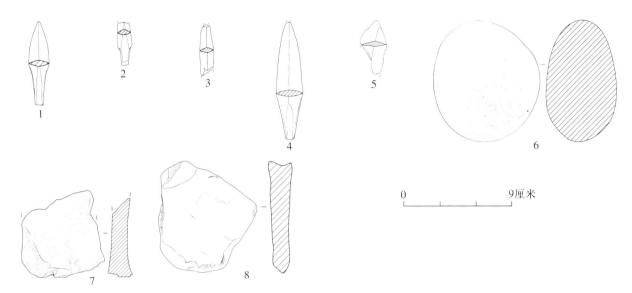

图二一九　Ⅲ区山顶地层出土石器

1~5.石镞T2245③：1、T2248③：3、T2249③：5、T2249③：3、T2144④：4　6.石锤T2346③：3　7、8.砺石T2345③：3、T2446①：1

标本T2245③：1，柳叶形，保存完好。长6.6、宽1.7、厚0.4厘米（图二一九，1；彩版一二四，1）。

标本T2248③：3，硅质岩，硬度为6，未风化。柳叶形，残，仅存器身，中脊明显。残长3.4、宽1.3、厚0.4厘米（图二一九，2）。

标本T2249③：5，硅质岩，硬度为6，未风化。柳叶形，锋尖和铤末端均残，铤、锋分界不明显。残长4.1、宽1.3、厚0.4厘米（图二一九，3）。

标本T2249③：3，硅质岩，硬度为5.5，微风化。宽叶形，镞尖残。身、铤界限较明显，中脊突出。残长9.4、宽2.2、厚0.5厘米（图二一九，4；彩版一二四，2）。

标本T2144④：4，片岩，硬度为6，未风化。宽叶形。残长4.1、宽2.1、厚0.4厘米（图二一九，5）。

10. 石锤

1件。

标本T2346③：3，石英砂岩，硬度为6.5，未风化。自然卵石，一面有砸击痕。长9.6、宽8.8、厚5.7厘米（图二一九，6；彩版一二四，3）。

11. 砺石

2件。

标本T2345③：3，砺石残件，不规则状，一面为磨蚀面。残长6.9、宽6.8、厚1.8厘米（图二一九，7）。

标本T2446①：1，绢云母片岩，硬度为5，微风化。不规则形，一面为磨蚀面。长9、宽8.1、厚1.8厘米（图二一九，8）。

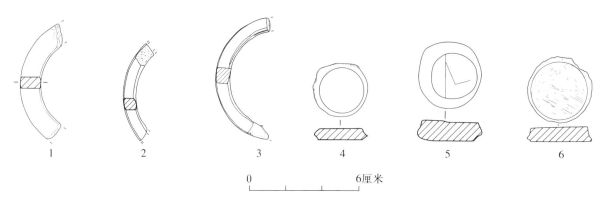

图二二〇　Ⅲ区山顶地层出土石器

1~3.石环T2249③：9、T2447③：1、T2249③：11　4~6.石环芯T2249③：4、T2145④：3、T2145③：1

12. 石环

4件。均残，外缘面无凹槽，孔为对钻。

标本T2249③：9，硅质岩，硬度为5，未风化。截面呈圆角长方形。外径7、宽1.1、厚0.6厘米（图二二〇，1）。

标本T2447③：1，截面呈方形。外径8、宽0.6、厚0.5厘米（图二二〇，2）。

标本T2249③：11，硅质岩，硬度为5，未风化。截面略呈方形。外径7、宽0.8、厚0.8厘米（图二二〇，3；彩版一二四，4）。

13. 石环芯

3件。均为小型环对钻留下的石环芯。

标本T2249③：4，硅质岩，硬度为6，未风化。直径2.9、厚0.6厘米（图二二〇，4）。

标本T2145④：3，硅质岩，硬度为6，未风化。直径3.5、厚1~1.1厘米（图二二〇，5）。

标本T2145③：1，硅质岩，硬度为6，未风化。直径3.5、厚0.8厘米（图二二〇，6；彩版一二四，5）。

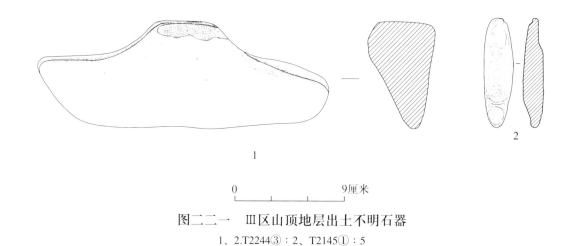

图二二一　Ⅲ区山顶地层出土不明石器

1、2.T2244③：2、T2145①：5

14. 不明石器

2 件。

标本 T2244③：2，云英岩，硬度为 6，未风化。实际用途不明，器形厚重，器表光滑。长 24.6、宽 8.6、厚 2.6～5.4 厘米（图二二一，1；彩版一二四，6、7）。

标本 T2145①：5，片岩，硬度为 6，未风化。条形卵石，作用不明，疑为石杵。长 8.7、宽 2.4、厚 0.9～1.7 厘米（图二二一，2；彩版一二四，8）。

（三）陶泥块

Ⅲ区山顶发掘区地层当中也出有少量红烧土和烧成温度不高的陶泥块，在此选择 1 件陶泥块标本以彩版的形式予以介绍。

陶泥块

1 件。

标本 T2447③：10，梯形，顶端略残。长 6.8～7.2、宽 3～4.9、厚 1.2 厘米（彩版一二四，9）。

第五章 典型陶器类型学分析与遗存分期

　　横岭遗址发掘区新石器时代晚期遗存主要分布于Ⅱ区、Ⅲ区山下和Ⅲ区山顶三个区域，Ⅱ区和Ⅲ区山下地层堆积总体较厚，Ⅲ区山顶地层堆积较薄，且分布很不均匀，但三个发掘区出土遗物的文化特征差别不是很大。从土质土色来看，Ⅱ区和Ⅲ区山下探方地层大致可以对应，由于主要都是坡状堆积，文化层中的包含物年代早晚应该不单纯，尤其是分布于山坡探方的第③、④层。Ⅲ区山顶探方土质土色与山下差别较大，只能从出土遗物的特征上判断Ⅲ区山顶第③、④层堆积年代与Ⅱ区和Ⅲ区山下第③~⑤层大体对应。

　　Ⅱ区M2开口于第④层下，M3开口于第⑤层下，层位上M2要晚于M3。Ⅲ区山顶共49座墓葬，其中有32座开口于第③层下，即M8~M12、M21~M22、M24~M27、M30~M47、M49~M51。17座开口于第④层下，即M4~M7、M13~M20、M23、M28~M29、M48、M52。但第③层和第④层分布极不均匀，第③层下开口的墓葬多未打破第④层，且有不少第③层和第④层的陶片可以拼接，所以两个文化层年代分期的地层学依据并不十分充分。虽有4组墓葬之间存在打破关系：T2246③→M12→M13，T2246④→M15→M16，T2446③→M42→M43，T2345③→M24→M49，但打破关系都不是很明显，均是打破一端或一侧边，基本未整体打破墓室，说明相互之间年代差别不是很久远，甚或墓葬地表有标识，可辨别大致方位。所以，横岭遗址新石器时代晚期遗存的分期主要是依据出土遗物的类型学研究来得出的。

　　陶器是横岭遗址发掘中出土最多的文化遗物，也是最能反映文化面貌和时代特征的文化遗物，文化遗存的分期主要以陶器的变化为依据。地层和灰坑中出土的陶器碎片很多，但可复原器很少。综合墓葬随葬品来看，整个发掘区圜底器最普遍，其次是圈足器和三足器，有极个别平底器，不见凹底器。器形以圈足罐、圜底罐、釜、豆最为常见，有少量的鼎，纺轮很少。陶质以泥质及夹细砂为主，二者不易截然区分，夹粗砂陶器不多，主要是部分釜和鼎。罐、釜、鼎等器物制法以贴片泥筑为主，口沿普遍使用慢轮修整，烧制变形不规整的釜、罐比较多。豆则为轮制，器形规整。口沿、器身、圈足多是分制粘接而成。除了豆器身素面外，其他类器物均拍印纹饰，以斜向条纹最常见，其次是交错条纹、曲折纹和附加堆纹，有少量长方格纹（或称梯格纹）和涡纹（或称圆圈纹）。少量罐、釜口沿内壁有刻划符号，以"×"形最常见。有3件泥质罐口沿外壁有"×"形刻划符号。还有一些罐、釜的器身表面和口沿内壁有黑彩，图案有圆点、"×"形、"↑"形等，多不规则，饰彩陶器以圈足罐最多。

　　地层和墓葬出土陶器的质地存在一定的差别：地层和灰坑、灰沟出土的陶器尤其釜罐类，多数质地好、器形大、类型多，胎普遍较硬较厚，且不少属高温硬陶。而墓葬虽然可复原器多，但完整器并不多，多为残器复原或不可复原的残片，且不见大型的釜、罐可复原器，多数胎质较差、胎较薄、易碎，不似实用器。这种差别说明地层出土陶器多为生活实用器，墓葬随葬则多为明器。

横岭遗址典型陶器为罐、釜、鼎、豆四大类，无论是墓葬随葬品组合，还是地层、灰坑里面的出土物，均以此四类器物数量最多，样式种类、型式变化也最为丰富。但由于地层、灰坑里面出土的几乎都是不可复原的残器，不少残器口沿还烧制变形，总体型式不太好把握，典型陶器的型式分类和变化主要依靠可辨形器来反映，所以陶器分型分式的标本主要是墓葬出土的可辨形器，以及少量地层和灰坑出土的可辨整体器形的典型器。部分保存相对完好的鼎足，虽然整体器形不可辨，但作为足部的型式特征明显，也选择标本予以介绍，以作为遗存分期的依据之一。

罐数量最多，型式也最复杂。按器底不同分为圈足罐和圜底罐两大类，前者口较小，形似壶。后者口较大，其中一部分亦可归为釜类。质地以泥质硬陶为主，其次是夹细砂陶，质地较硬，也有很少量泥质软陶。口领、器身、圈足分制套接，多数内外壁接痕明显，口领轮制，内壁或外壁多见轮旋痕。

1. 圈足罐

45件。质地以细泥质占绝对多数，少量夹细砂。陶色以浅灰色、灰色为主，其次是灰褐、红褐、浅黄色等。肩部至器底遍饰纹饰，常见粗、中的斜向条纹、交错条纹和曲折纹，有少量交错条纹加横条纹组成的叶脉纹和横条纹间涡纹，较为凌乱。多数饰有附加堆纹，少则一道，多则六道，以器腹中部饰一道者常见，纹样以绳索状为主，余多为扁泥条状。随葬器物仅M15：1为很薄的外方唇，但地层中近半数为外宽方唇，且多数胎质较硬、器形较大，说明同釜一样，功用上存在实用器和随葬品的差异。以下主要根据腹部不同分为三型（表一）。

A型　30件。圆腹。根据口沿和圈足的细微差异分为四式。

Ⅰ式　11件。大口，圈足矮且外撇。标本M20：3、M34：3、M38：4、M19：4、M2：1、M6：1、M28：3、M22：4、M50：1、M16：2、M23：2。

Ⅱ式　7件。口略小，圈足略高。标本M49：2、M52：1、M26：1、M46：2、M32：2、M42：1、M43：1。

Ⅲ式　11件。口略小，多高圈足。标本M15：1、M21：3、M14：1、M25：3、M24：1、M27：2、M47：3、T1940③a：15、T2345③：2、T1922④：16、T1939③a：26。

Ⅳ式　1件。口略小，领、肩不分界，高圈足。标本M10：2。

B型　5件。鼓腹，器身多道附加堆纹。根据唇、口差异分为两式。

Ⅰ式　1件。圆唇，大口。标本M29：2。

Ⅱ式　4件。外方唇，小口。标本T2141④：8、T2036③a：3、T2038③b：15、T1939③a：17。

C型　10件。垂腹。根据口径相对大小分为两亚型。

Ca型　3件。小口，领、肩分界明显。根据肩、腹细微差异分为三式。

Ⅰ式　1件。肩、腹不折。标本M7填：2。

表一　横岭遗址典型陶器分型分式表

	圈足罐		罐			圆底罐			
	A型	B型	C型 Ca型	C型 Cb型	A型	B型	C型	D型	E型
I式	I式(M34:3)	I式(M29:2)	I式(M7填:2)	I式(M45:1) / I式(T2038②:17)	I式 M13:2	I式 M12:4	I式(M12:1)	I式(M44:2)	I式(M49:1) / I式(T1826⑤:68)
II式	II式(M42:1)	II式(T2141④:8)	II式(M2:2)	II式(M30:2)	II式 M19:2	II式 M20:2 / II式(T2141④:12)	II式(M30:4)	II式(M18:2)	II式(M36:1)
III式	III式(M21:3) / III式(T1940③a:15)		III式(M41:1)		III式(M24:4)	III式 M41:4			
IV式	IV式(M10:2)					IV式(M29:1)			

Ⅱ式　1件。肩、腹微折。标本 M2：2。

Ⅲ式　1件。肩、腹较折。标本 M41：1。

Cb 型　7件。大口，领、肩分界不明显。根据器形差异分为两式。

Ⅰ式　3件。器形较高，体形瘦长，矮圈足。标本 M45：1、T2145④：14、T2038②：17。

Ⅱ式　4件。器形矮胖，圈足略高。标本 M48：1、M44：1、M40：1、M30：2。

2. 圜底罐

26件。质地以夹细砂为主，泥质次之。陶色以灰、浅灰、黄褐为主，有的器表施灰色或浅灰色陶衣。器表均有纹饰，肩部至器底遍施纹饰，常见粗、中的斜向条纹、交错条纹和曲折纹，有少量交错条纹加横条纹组成的叶脉纹和横条纹间涡纹，较为凌乱。此类器物部分底、腹亦有烟炱痕，似被火烧过，但从其质地和器形来看，不宜作炊器使用，考虑到存在明器和二次葬器物的可能性，将其归为罐类。以下按照口部特征不同分为五型（表一）。

A 型　10件。外方唇，高领，口较小，器身多饰曲折纹。根据腹部差异分为三式。

Ⅰ式　6件。圆腹或鼓腹。标本 M13：2、M6：3、M6：5、M30：3、M21：2、M6：2。

Ⅱ式　3件。微垂腹。标本 M14：3、M27：3、M19：2。

Ⅲ式　1件。垂腹微折。标本 M24：4。

B 型　7件。外方唇，矮领，口较大，器身多饰曲折纹。根据肩、腹部差异分为四式。

Ⅰ式　2件。广肩，圆鼓腹。标本 M12：4、M37：1。

Ⅱ式　2件。圆肩，圆腹。标本 M20：2、T2141④：12。

Ⅲ式　2件。溜肩，弧腹。标本 M41：4、M42填：1。

Ⅳ式　1件。垂腹。标本 M29：1。

C 型　2件。规整外方唇，无凸棱，高领，小口。根据唇、肩差异分为两式。

Ⅰ式　1件。唇内侧微凹，圆肩。标本 M12：1。

Ⅱ式　1件。唇内侧不凹，微溜肩。标本 M30：4。

D 型　2件。圆唇，大口，矮领。根据口、腹不同分为两式。

Ⅰ式　1件。敞口，斜领，折沿，圆腹。标本 M44：2。

Ⅱ式　1件。侈口，束颈，卷沿，鼓腹。标本 M18：2。

E 型　5件。方唇，大口，折沿。按照口、腹不同分为两式。

Ⅰ式　3件。折沿较大，弧腹。标本 M49：1、T1826⑤：68、T1940③a：13。

Ⅱ式　2件。折沿较小，圆腹。标本 M22：1、M36：1。

3. 釜

14件。数量亦不少，按说釜作为炊器质地应多为夹砂，器形应为圜底、口宜阔大且以盘口或敞口为主。但检视横岭墓葬出土可复原器，圜底陶器从器形上很难明确区分出釜和罐，且泥质、夹砂器均可见底腹有烟炱痕者。本报告的"釜"，总体特征是大口、矮领，口沿多外卷，大多数为外方唇。质地以夹细砂或泥质的硬陶为主，少量泥质软陶。陶色不均，黄、褐、浅黄、浅灰均有，有的器表施灰色陶衣。器身均有纹饰，从肩部遍施至底部，常见粗、中的斜向条纹、交错条纹和曲折纹。按照腹部不同分为两型（表二）。

表二　横岭遗址典型陶器分型分式表

釜		
A 型		**B 型**
Aa 型	**Ab 型**	
I 式（M4：1）	I 式（M51：1）	I 式（M23：6）
II 式（M24：5） II 式（T1624③a：9）	II 式（M34：1）	II 式（M10：3）
	III 式（M39：2）	

A 型　11 件。罐形，夹细砂或泥质。根据器形大小不同分为两亚型。

Aa 型　6 件。器形大，均夹细砂，质较硬。依据口沿、腹差异分为两式。

I 式　4 件。唇内侧微凹，鼓腹微扁。标本 M4：1、M11：1、M44：4。M7：1 口沿形态与 M11：1 相同，但器形大，亦可归入此式。

II 式　2 件。唇内侧不凹，微垂腹。标本 M24：5、T1624③a：9。

Ab 型　5 件。器形小，均泥质，软硬都有。依据腹部差异分为三式。

I 式　2 件。圆弧腹。标本 M51：1、M31：2。

II 式　2 件。弧腹。标本 M49：4、M34：1。

III 式　1 件。垂腹。标本 M39：2。

B 型　3 件。鱼篓形。均夹粗砂。敞口、高领、口较小，器身像鱼篓形，肩和下腹折，腹浅，下腹最大径处折收成圈平底，器形与 M23：4 鼎身相近。根据肩部差异分为两式。

I 式　2 件。平折肩，肩部有纹饰。标本 M45：4、M23：6。

II 式　1 件。斜折肩，肩部似无纹饰。标本 M10：3。

4. 鼎

按鼎足统计最小个体数为20件。器身虽可分为釜形、罐形、鱼篓形等，但口沿特征多与釜罐相同，更像是在圜底釜罐底部加三个鼎足而已。制法是腹、领套接，鼎足贴筑，与器底相接处有抹痕。质地夹粗砂、夹细砂和泥质均有，均不太硬实。夹粗砂者以黑胎灰褐色为主，夹细砂和泥质者以浅黄胎浅黄色、红褐色、浅褐色为主。器表均有纹饰，个别夹砂陶鼎纹饰漫灭不清。纹饰以斜向条纹为主，其次是交错条纹，部分足跟与器底连接处有指窝按纹。绝大多数鼎足下端残，部分鼎足疑似有意打残。按照领、腹、足特征不同分为三型（表三）。

表三　横岭遗址典型陶器分型分式表

A 型　14件。有领，扁鼓腹，圜平底，宽扁平铲状足。根据鼎足形状不同分为两亚型。

Aa 型　6件。足面两边有浅槽。标本M28∶4不可复原，但按鼎足特征可归入此型。标本T1922④∶26、T1826④∶97、M21填∶1鼎足为扁平铲状，上宽下窄呈梯形，薄斜边，亦属此型。2件可辨器形按领、腹、足细部差异分为两式。

Ⅰ式　1件。立领，足外撇，足面内弧，两边凹槽较深。标本M3∶1。

Ⅱ式　1件。斜领，折肩，足面微内弧，两边凹槽较浅。标本M23∶4。

Ab 型　8件。足两侧边内凹呈斜面。标本M49∶5、M15∶3、T1826④∶64、M33填∶1、M33填∶2等均不可复原，但按鼎足特征可归入此型。有3件可复原，按领、腹、足细部差异分为两式。

Ⅰ式　1件。高立领，溜肩，足两边斜面微内凹。标本M34∶2。

Ⅱ式　2件。矮立领，广肩，足两边斜面内凹明显。标本M17∶2、M5∶1。T1826⑤层和T2238④层所出鼎足残件与M5∶1鼎足类似。

B 型　共3件。有领，深弧腹，圜底，窄厚鼎足，足跟有按窝纹，标本M32∶3鼎足亦属此型。可复原器2件，按领、腹、足细部差异分为两式。

Ⅰ式　1件。领较直，内沿面无轮旋槽，腹较圆。标本 M25∶2。

Ⅱ式　1件。领稍斜，内沿面有轮旋槽，垂弧腹。标本 M50∶2。

C 型　共2件。折沿无领，深弧腹，圜平底，宽扁鼎足，侧边往下端逐渐内折呈捺边。标本 M21∶4。标本 H19∶1鼎足（与 T1826④层和 T1926④层出土残片为同一件器物）两侧边内卷甚至内折呈捺边，下端或内卷呈管状，整体上宽大下细窄，与 M21∶4鼎足类似。

鼎足　标本 T1939③a∶30，立面呈长方形，方斜边，截面内弧呈三角形。此型鼎足仅此1件。

5. 豆

31件。此类圈足器未细分出豆和盘，统一归为豆类，部分亦可作器盖使用。均泥质，质地普遍较软，浅灰胎为主，其次是浅黄胎、白胎和黄胎，素面，磨光黑皮较常见。约1/3圈足残片上可见镂孔。可辨形者29件，按口、腹特征不同分为两型（表四）。

A 型　24件。盘形，敛口，浅腹。其中可辨型式者22件，根据器形大小、口和圈足差异分为四个亚型。

Aa 型　13件，高圈足，豆柄上部较直，下部为大喇叭形，足面近底部有一周凸棱。按照圈足特征分为三式。

Ⅰ式　5件。圈足较高，有多组竖排镂孔，外表多有细弦纹。腹壁上薄下厚，下腹外壁有一周粘接凸棱。标本 M38∶1、M49∶6、M27∶1。标本 M2∶3和 T1826④∶46豆圈足属此型此式。

Ⅱ式　7件。圈足较矮，竖排镂孔减少，出现半圆形或近方形窗式大镂孔，外表无弦纹。标本 M37∶2、M11∶3、M46∶3、M44∶3、M36∶3、M31∶1、M45∶6。

Ⅲ式　1件。圈足较高、较直，无竖排镂孔，仅一方形窗式镂孔。标本 M24∶6。

Ab 型　2件。器形较小，圜底，喇叭状圈足较高，敛口较甚，子母口。根据圈足不同分为两式。

Ⅰ式　1件。圈足有一半圆形镂孔。标本 M52∶2。

Ⅱ式　1件。圈足无镂孔。标本 M3∶2。

Ac 型　4件。圈足较高，截面略呈梯形，有镂孔，外壁无凸棱，口呈喇叭形。根据口、足不同分为两式。

Ⅰ式　1件。敛口较甚，圈足有一周镂孔。标本 M15∶2。

Ⅱ式　3件。敛口不甚，圈足有少量镂孔。标本 M25∶1、M6∶4、M22∶3。

Ad 型　5件。矮圈足，喇叭状，较宽大，外壁无凸棱。根据圈足相对高矮分为两式。

Ⅰ式　4件。圈足较高。标本 M38∶5、M13∶1、M14∶4、M17∶3。

Ⅱ式　1件。圈足较矮。标本 M10∶4。

B 型　7件。碗形，敞口、侈口或直口，圆唇，深腹。根据口、腹不同分为三个亚型。

Ba 型　2件。敞口，浅盘。根据腹壁和圈足差异分为两式。

Ⅰ式　1件。浅弧腹，腹壁不曲折，高圈足带竖排镂孔。标本 M16∶1，胎质陶色与 M14∶4、M4∶3相近。

表四　横岭遗址典型陶器分型分式表

豆	A型				B型		
	Aa型	Ab型	Ac型	Ad型	Ba型	Bb型	Bc型
	I式（M38：1） I式（T1826④：46）	I式（M52：2）	I式（M15：2）	I式（M13：1）	I式（M16：1）	I式（M11：2）	M26：2
	II式（M37：2）	II式（M3：2）	II式（M6：4）	II式（M10：4）	II式（M21：1）	II式（M33：1）	
	III式（M24：6）					III式（M41：2）	
						IV式（M39：3）	

Ⅱ式　1件。腹较深，上腹壁微曲折，矮圈足无镂孔。标本 M21∶1。

Bb 型　4件。侈口，深腹。根据腹壁和圈足差异分为四式。

Ⅰ式　1件。口近敞，腹壁微曲带折，较浅，口径远大于腹径。标本 M11∶2。

Ⅱ式　1件。腹较深，上腹壁内曲、折棱明显，高圈足带镂孔。标本 M33∶1。

Ⅲ式　1件。腹较深，上腹壁内曲、折棱明显，圈足较矮，有单排孔。标本 M41∶2。

Ⅳ式　1件。腹较深，上腹壁内曲、折棱明显，圈足较矮，无镂孔，足面无凸棱。标本 M39∶3。

Bc 型　1件。近直口，钵状，下腹折收。标本 M26∶2。

横岭墓葬随葬器物的基本组合是陶圈足罐、圜底罐、豆＋釜、鼎、石锛。器物的型式变化主要在典型陶器上，尤以罐、豆、釜、鼎较为明显。

圈足罐总体的变化规律是圆鼓腹→垂腹，最大腹径下移。圈足矮且外撇→较高较直，器表纹饰斜条纹＋叶脉纹／横条纹＋涡纹→斜条纹。唇部可能存在早期均为单圆唇，后来出现宽方唇的演化轨迹。圜底罐总体的变化规律是唇部由方唇→宽方唇，领部由无领／矮领→立领／高领，最大腹径下移，圆腹→圆鼓腹→垂腹。器表纹饰的演化轨迹不太明晰，大体上早期较为凌乱，晚期多规整清晰。

鼎的早晚变化主要体现在鼎足上，足侧边往下端逐渐内卷呈瓦状→足侧边为斜凹方唇，横截面微内弧→足为宽扁平板状，横截面微外弧。

豆包括盘形豆和碗形豆两类，其中盘形豆的变化轨迹较明显：豆盘浅腹→深腹。圈足高／多镂孔／柄部有细弦纹→圈足矮／镂孔少或无镂孔／柄部无弦纹。足面（唇部）稍内敛→喇叭状外撇。

总体来看，陶器的型式演化并不显著，早晚变化不存在缺环，有些器类的型式不易截然划分，说明其年代可能比较接近。从随葬陶器的出土情况判断，二次葬的情况比较普遍，相当多的器物是残器，可能属于原一次葬的随葬器物，这也为陶器型式的早晚划分增加了难度。需要指出的是，除第③和第④文化层的少量陶片可以相互拼接之外，M4 填土陶片与 T2145④层、M10 填土陶片与 T2446④层陶片可拼接。此外，标本 M15 填∶1 罐口沿和 M29 填土陶片可拼接。标本 M18∶2 与 M30 填∶1 圜底罐似为同 1 件，但不可拼接。标本 M20∶2 圜底釜残片与 M39∶2 疑为同 1 件。标本 M21∶2 圜底釜与 M7 填∶1 釜口沿残片疑为同 1 件。标本 M30∶4 圜底罐与 M49 填∶1 可拼接，器形与 M12∶1 相似，标本 M30 填∶1 陶片为 M49∶1 圜底罐腹片。这些现象说明可能存在"碎物葬"的习俗，即将有意打破的陶器随填土分置于不同的墓葬中。

根据典型陶器的类型学研究，并参照叠压打破关系，把 M2～M7、M11、M13、M14、M16、M17、M19、M20、M23、M28、M34、M38、M40、M44、M45、M48、M49、M51、M52 共 24 座墓葬归为第一组。M10、M12、M15、M18、M21、M22、M24～M27、M29～M33、M36、M37、M39、M41、M42、M43、M46、M47、M50 共 24 座墓葬归为第二组。第一组为早期，第二组为晚期，M8、M9、M35 均仅出土 1 件 A 型陶豆残片，不能划分式别，无法参与分组分期

（表五）。

横岭遗址Ⅲ区山顶第③文化层和第④文化层由于分布极不均匀，包含物也不单纯，有不少分属两层的陶片可以拼接，M4 和 M10 填土陶片分别与 T2145④、T2446④层陶片可拼接，两个文化层的期别不太好划分，勉强把Ⅲ区山顶第③层归入晚期，把第④层归入早期。

Ⅰ区、Ⅱ区和Ⅲ区山下，主要根据层位关系，并结合部分可辨形陶器的型式特征，大致将Ⅰ区第③层，Ⅱ区第③层和第④层，Ⅱ区遗迹 H11～H13，Ⅲ区山下第③层和第④层，Ⅲ区山下遗迹 H5～H8、H10、H14、H15、H21 等归为晚期遗存。Ⅱ区第⑤层，Ⅱ区遗迹 H18、H19、H26～H28、H30、H32、H33，Ⅲ区山下第⑤层，Ⅲ区山下遗迹 H9 等归为早期遗存（表六）。个别灰坑遗迹缺乏可辨识的层位关系和遗物，不好划分期别。

由于横岭遗址的埋藏环境没有提取到理想的测年标本，仅有少量的木炭标本，北京大学考古文博学院加速器质谱碳 -14 测试报告中 T2448③样品年代显然偏晚，Ⅲ区山下 T2141H14 和山顶 T2344M19 两个样品树轮矫正后的年代分别落在公元前 2309～前 2192 年和公元前 2146～前 2034 年（表七），可供参考。但总体来说，一是样品属性不太理想，二是有效样品数量少，横岭遗址新石器时代晚期遗存尤其是墓葬的绝对年代目前还无法得出令人比较信服的结论。只能依据出土遗物，特别是典型陶器的型式特征，与其他文化谱系、绝对年代相对明确的遗址的比较研究来做大致推断。

表五　横岭遗址新石器时代墓葬登记表

编号	位置	层位	方向	墓口长、宽与墓深（米）	随葬器物	分期
M2	T1826 东南部	④→M2→⑤	150°	长2.33、宽0.64～0.72、深0.14～0.22	AⅠ圈足罐1、CaⅡ圈足罐1、AaⅠ豆圈足1、石刀1	早
M3	T1725 南部	⑤→M3→生土	92°	长1.77、宽0.52～0.53、深0.03～0.2	AaⅠ鼎1、AbⅡ豆1、石锛1	早
M4	T2145 东北部	④→M4→生土	98°	长1.88～2.01、宽0.76～0.8、深0.46～0.55	AaⅠ釜1、豆残片1、圜底罐残片1、石锛1	早
M5	T2145 东北角	④→M5→生土	99°	长1.57、宽0.46～0.56、深0.18～0.2	AbⅡ鼎1、豆残片1	早
M6	T2146 西北角	④→M6→生土	94°	长1.9、宽0.68～0.76、深0.26～0.31	AⅠ圈足罐1、AⅠ圜底罐3、AcⅡ豆1	早
M7	T2244 东隔梁北部	④→M7→生土	91°	长1.35、宽0.48～0.61、深0.21	AaⅠ釜口沿1	早
M8	T2246 西南角	③→M8→生土	89°	长1.84、宽0.48～0.52、深0.16～0.2	A豆残片1、石环1	不明
M9	T2246 中部偏南	③→M9→生土	96°	长1.95、宽0.41～0.61、深0.24～0.27	A豆残片1	不明
M10	T2246 中部偏北	③→M10→生土	103°	长1.87、宽0.51～0.56、深0.30～0.32	AⅣ圈足罐1、BⅡ釜1、AdⅡ豆1、石锛1	晚
M11	T2246 中部偏北	③→M11→生土	106°	长2.17、宽0.64～0.7、深0.11～0.16	AaⅠ釜1、BbⅠ豆1、AaⅡ豆1、石凿1	早

编号	位置	层位	方向	墓口长、宽与墓深（米）	随葬器物	分期
M12	T2246 西北角	③→M12→M13→生土	99°	长1.51、宽0.48～0.69、深0.15～0.17	BⅠ圜底罐1、CⅠ圜底罐1、豆残片1、石锛1	晚
M13	T2246 西北角	④→M13→生土	90°	长1.85、宽0.54～0.64、深0.27	AdⅠ豆1、AⅠ圜底罐1	早
M14	T2246 北部	④→M14→生土	96°	长1.89、宽0.52～0.61、深0.17～0.2	AⅢ圈足罐带把1、AⅡ圜底罐1、AdⅠ豆1、砺石1	早
M15	T2246 东隔梁北部	④→M15→M16→生土	90°	长1.95、宽0.5～0.57、深0.05～0.19	AⅢ圈足罐1、AcⅠ豆1、Ab鼎残片1	晚
M16	T2246 东隔梁北部	④→M15→M16→生土	88°	长2.01、宽0.62～0.65、深0～0.16	AⅠ圈足罐1、BaⅠ豆1	早
M17	T2246 东隔梁北部	④→M17→生土	92°	长2.08、宽0.46～0.56、深0.07～0.26	AbⅡ鼎1、AdⅠ豆1、石锛1	早
M18	T2344 东南部	④→M18→生土	66°	长1.34、宽0.41～0.58、深0.11～0.14	DⅡ圜底罐1、豆残片1	晚
M19	T2344 东隔梁南部	④→M19→生土	93°	长1.9、宽0.49～0.52、深0.1～0.34	AⅡ圜底罐1、AⅠ圈足罐1、玉镯1、豆残片1	早
M20	T2344 中部偏东	④→M20→生土	64°	长1.88、宽0.58～0.65、深0.19～0.35	BⅡ圜底罐残片1、AⅠ圈足罐1、豆残片1、石环1	早
M21	T2344 中部偏北	③→M21→生土	67°	长2.11、宽0.57～0.59、深0.24～0.37	BaⅡ豆1、AⅠ圜底罐1、AⅢ圈足罐1、C型鼎口1、足残片1、石锛1	晚
M22	T2344 东北角	③→M22→生土	71°	长1.93、宽0.58～0.64、深0.27～0.32	EⅡ圜底罐口沿1、AcⅡ豆残片1、AⅠ圈足罐1、石锛1	晚
M23	T2345 东南部	④→M23→生土	101°	长1.88、宽0.59～0.62、深0.05～0.14	AⅠ圈足罐1、AaⅡ鼎1、BⅠ釜1、豆残片1、石镞1、石锛1	早
M24	T2345 中部偏北	③→M24→M9→生土	90°	长2.3、宽0.65～0.71、深0.55～0.58	AⅢ圈足罐1、AⅢ圜底罐1、AaⅡ釜1、AaⅢ豆1、石杵1、石凿1、石锛1	晚
M25	T2346 西南部	③→M25→生土	93°	长1.63、宽0.45～0.52、深0.09～0.11	AcⅡ豆1、BⅠ鼎1、AⅢ圈足罐1、扁平小石斧1、石锛1	晚
M26	T2246 北隔梁中部	③→M26→生土	93°	长1.59、宽0.4～0.72、深0.09～0.13	AⅡ圈足罐1、Bc豆残片1、石锛1	晚
M27	T2346 南部	③→M27→生土	108°	长1.8～1.90、宽0.56～0.65、深0.14～0.18	AaⅠ豆1、AⅢ圈足罐带把1、AⅡ圜底罐1、纺轮1	晚

编号	位置	层位	方向	墓口长、宽与墓深（米）	随葬器物	分期
M28	T2346 东南部	④→M28→生土	102°	长2.15、宽0.69～0.87、深0.12～0.25	AⅠ圈足罐口、底1、Aa鼎口、足残片1、豆圈足残片1、石锛1	早
M29	T2346 西北部	④→M29→生土	82°	长2.2、宽0.52～0.69、深0.13～0.2	BⅣ圜底罐1、BⅠ圈足罐1	晚
M30	T2444 中部	③→M30→生土	86°	长2.12、宽0.6～0.7、深0.48～0.54	CbⅡ圈足罐1、AⅠ圜底罐1、CⅡ圜底罐口沿残片1、豆残片1	晚
M31	T2444 中部偏北	③→M31→生土	78°	长2.04、宽0.58～0.65、深0.23～0.32	AaⅡ豆1、AbⅠ釜1	晚
M32	T2444 东隔梁北部	③→M32→生土	88°	长2.3、宽0.7～0.8、深0.16～0.27	AⅡ圈足罐1、B鼎残片1、豆残片1、石锛1	晚
M33	T2445 西南部	③→M33→生土	90°	长1.83、宽0.54～0.62、深0.37～0.6	BbⅡ豆1	晚
M34	T2445 西南部	③→M34→生土	88°	长1.98、宽0.64～0.66、深0.45～0.49	AbⅡ釜1、AⅠ圈足罐1、AbⅠ鼎1、豆残片1、石镞1、石锛1	早
M35	T2445 东南部	③→M35→生土	92°	长2.49、宽0.98～1.02、深0.44～0.53	A豆残片1、石锛1	不明
M36	T2445 东隔梁南部	③→M36→生土	88°	长2.28、宽0.72～0.74、深0.44～0.54	EⅡ圜底罐1、AaⅡ豆1、石锛1	晚
M37	T2445 西部	③→M37→生土	92°	长2.3、宽0.7～0.81、深0.5～0.65	BⅠ圜底罐1、AaⅡ豆1	晚
M38	T2445 中部	③→M38→生土	98°	长2.8、宽0.84～1.04、深0.53～0.58	AaⅠ豆1、AⅠ圈足罐1、AdⅠ豆1、豆残片1、石锛2	早
M39	T2445 中部偏东	③→M39→生土	92°	长2.38、宽0.69～0.75、深0.52～0.58	AbⅢ釜1、BbⅣ豆1、石斧1	晚
M40	T2446 南部	③→M40→生土	115°	长2.04～2.34、宽0.5～0.59、深0.08～0.12	CbⅡ圈足罐1、石锤1	早
M41	T2446 中部	③→M41→生土	101°	长1.93、宽0.5～0.6、深0.35～0.4	CaⅢ圈足罐1、BbⅢ豆1、BⅢ圜底罐1、石锛1	晚
M42	T2446 东部	③→M42→M43→生土	88°	长1.63、宽0.42～0.67、深0.2～0.24	AⅡ圈足罐1、豆柄残片1、石锛1	晚
M43	T2446 中部偏东	③→M42→M43→生土	88°	残长1.34、宽0.53～0.6、深0.23～0.25	AⅡ圈足罐1、豆残片1、釜残片1、石锛1	晚
M44	T2344 北隔梁东部	③→M44→生土	91°	长2.3、宽0.51～0.67、深0.3～0.38	CbⅡ圈足罐1、DⅠ圜底罐残片1、AaⅡ豆1、AaⅠ釜1	早
M45	T2444 南部	③→M45→生土	91°	长1.99、宽0.52～0.75、深0.3～0.4	CbⅠ圈足罐1、BⅠ釜1、AaⅡ式豆1、豆残片1、不明陶器残件1、石锛1	早

续表

编号	位置	层位	方向	墓口长、宽与墓深（米）	随葬器物	分期
M46	T2345 东隔梁北部	③→M46→生土	98°	长1.98、宽0.5～0.6、深0.32～0.38	AⅡ圈足罐1、AaⅡ豆1、石锛2	晚
M47	T2345 东隔梁北部	③→M47→生土	106°	长1.46～1.63、宽0.49～0.7、深0.34～0.40	AⅢ圈足罐1、豆残片1、石锛1	晚
M48	T2246 北隔梁东部	④→M48→生土	72°	长1.53、宽0.41～0.56、深0.04～0.11	CbⅡ圈足罐1	早
M49	T2345 北部	③→M24→M49→生土	82°	长2.1、宽0.65～0.77、深0.26～0.29	EⅠ圜底罐1、AⅡ圈足罐1、AbⅡ釜、Ab鼎足残片1、AaⅠ豆1、石锛2	早
M50	T2347 东北角	③→M50→生土	100°	长2.05～2.2、宽0.42～0.62、深0.19～0.53	AⅠ圈足罐1、BⅡ鼎1、釜（或鼎）口沿残片1	晚
M51	T2447 东南部	③→M51→生土	98°	长2.08、宽0.92、深0.17～0.29	AbⅠ釜1	早
M52	T2348 东南部	④→M52→生土	100°	长1.8、宽0.6～0.65、深0.18～0.4	AⅡ圈足罐1、AbⅠ豆1	早

　　说明：此表随葬器物未列墓葬填土所出残件，亦不排除个别陶器残件属于"碎物葬"形式的随葬品。未标明具体型式者均为残件，型式不可辨。

表六　横岭遗址新石器时代灰坑、灰沟登记表

编号	位置	层位	尺寸（米）	出土器物	分期
H5	T2141中部偏东	③a→H5→⑤	长3.65、宽2.17、深0.13～0.29	侈口釜1、直领罐2	晚
H6	T2038西南部	③a→H6→③b	长径0.84、短径0.77、深0.11～0.4	立领罐2、卷沿罐2、折沿罐2、敞口釜2、敛口罐1、罐圈足1、器盖1	晚
H7	T1939中部	③b→H7→⑤	长径2.1、短径0.24～1.3、深0.15～0.3		晚
H8	T1937西北部	③c→H8→⑤	长径1.35、短径0.32～0.78、深0.28～0.3	陶纺轮1	晚
H9	T1939西北部	④→H9→⑤	长径2.2、短0.58～0.9、深0.25～0.3		早
H11	T1725东北部	③→H11→④	长径1.2、短径0.66、深0.12～0.2		晚
H12	T1725东南部	③→H12→④	长径0.8、短径0.74、深0.2		晚
H13	T1725东南部	③→H13→④	长径0.98、短径0.76、深0.12～0.16		晚
H14	T2141中部	③b→H14→③c	长径2.5、短径0.77～1.65、深0.08～0.26	有肩石锛1	晚
H15	T1834北部	③b→H15→③c	长1.04、宽0.22～0.54、深0.1～0.16		晚

编号	位置	层位	尺寸（米）	出土器物	分期
H18	T1826南壁东	④→H18→⑤	长1.7、宽1.4、深0.2～0.4	卷沿罐1、侈口釜1	早
H19	T1826东壁中	④→H19→⑤	长径5.2、短径1.1～2.6、深0.2～0.4	C型鼎足1、立领罐3、卷沿釜1、罐圈足1	早
H21	T2238东南部	③a→H21→生土	长径1.95、短径0.9～1.5、深0.1～0.22	石锛坯1	晚
H25	T2448西南部	③→H25→生土	长0.75、宽0.28～0.32深0.04～0.37		不明
H26	T2022北部	④→H26→生土	长1.63、宽0.69、深0.54	直领罐1、侈口釜1	早
H27	T2022中部	④→H27→生土	长0.95、宽0.4～0.5、深0.35～0.4	石锛1、石环1	早
H28	T2229东部	④→H28→生土	长0.6、宽0.36～0.52、深0.34		早
H30	T1826东壁南	④→H30→⑤	长1.52、宽1.24、深0.18～0.34		早
H32	T1826东壁北	⑤→H32→生土	长径1.7、短径0.8～0.9、深0.09～0.13	敞口罐1、石锛1、罐圈足1	早
H33	T1827西北角	④→H33→生土	长1.8、宽0.41～1.2、深0.48～0.68	石锛坯1、玉锛1、泥块1	早
H34	T2447东南部	③→H34→生土	直径0.64～0.76、深0.45～0.51		不明
H35	T2447东南角	③→H35→生土	长1.06、宽0.3～0.32、深0.35～0.39		不明
G4	T2145东南部	④→G4→生土	长3.6、宽0.37～0.85、深0.18～0.35		不明

表七　横岭遗址测年数据

Lab编号	样品	样品原编号	单位号	出土地点	碳-14年代（BP）	树轮校正后年代	
						1σ（68.2%）	2σ（95.4%）
BA182018	木炭	CH-1	2013CHT2448③	广州从化横岭遗址	1070±20	970AD（68.2%）1015AD	900AD(14.3%)922AD 948AD(81.1%)1019AD
BA182019	木炭	CH-2	2013CHT2448③		现代炭		
BA182020	木炭	CH-3	2013CHT2141：H14		3805±25	2286BC（68.2%）2203BC	2337BC（2.0%）2322BC 2309BC（83.1%）2192BC 2179BC（10.3%）2143BC
BA182021	木炭	CH-4	2013CHT2344M19		3715±20	2187BC（1.6%）2185BC 2141BC（16.7%）2121BC 2094BC（50.0%）2042BC	2196BC（11.6%）2170BC 2146BC（83.8%）2034BC

说明：所用碳-14半衰期为5568年，BP为距1950年的年代。

树轮校正所用曲线为 IntCal13 atmospheric curve (Reimer et al 2013)，所用程序为 OxCal v4.2.4 Bronk Ramsey (2013); r:5

1.Reimer, P.J., Bard, E., Bayliss, A., Beck, J.W., 2013. IntCal13 and Marine13 radiocarbon age calibration curves 0-50,000 years cal BP, Radiocarbon 55, 1869-1887.

2.Christopher Bronk Ramsey 2015, https://c14.arch.ox.ac.uk/oxcal/OxCal.html

第六章 文化属性

横岭遗址是广州地区首个大面积揭露的新石器时代遗址，遗迹现象和出土遗物都较为丰富，但是地层堆积所提供的层位关系较为简单，又缺乏有效的测年数据，所以对遗址年代和文化属性的判断需要通过与周边地区考古学文化的对比研究才能有更进一步的认识。以下主要以陶器为线索，选择珠江三角洲、粤北、粤东和闽东、浙西南等几个重点区域做比较研究。

一 与珠江三角洲地区比较

可以细分为流溪河流域、增江流域和环珠江口区域三个片区来比较。

横岭遗址位于流溪河中游，往北不太远即到流溪河上游的吕田盆地，有著名的狮象遗址，分布于从化区吕田镇狮象村东南的狮象岩与吕田河（即流溪河）南岸之间广袤平缓的台地上，遗址面积超过1万平方米。2002年年底至2003年年初发掘200平方米，发现1座新石器时代晚期墓葬，编号M1，属狮象遗址第二期文化遗存。M1随葬的立领圜底釜、直领圆腹圜底罐、高领鼓腹矮圈足罐、直领弧腹矮圈足罐以及敛口浅弧腹豆等[1]，分别与横岭遗址的M24：4、M18：2、M20：3、M41：1、M38：5等器形相近，具体的差别可能是年代早晚的不同，狮象M1年代估计与横岭晚期墓葬大致相当。狮象遗址第二期遗存地层和灰坑出土的不少典型陶器特征与横岭遗址同类器相似度非常高，二者显然属于同一个文化类型。狮象遗址位于吕田盆地西南部，背靠狮象岩，面向吕田河，地势平坦开阔，非常适宜早期人类生活繁衍。不仅遗址的面积相对较大，而且仅200平方米的试掘范围中即发现有灰坑、柱洞和墓葬等不同遗迹，说明狮象遗址至少是吕田盆地的一个中心聚落，其规模和等级应在横岭遗址之上。

从流溪河流域考古调查的成果来看，此类遗存在流溪河中上游地区分布不少（图二二二）[2]，年代上下限大致与横岭遗址早晚年代相当。其中，流溪河上游的吕田盆地、鸭洞河谷、桃园盆地、灌村盆地和流溪河中游的凤凰水流域、锦洞水谷地等是此类遗存分布相对密集的区域，流溪河中游的沙溪河流域也有一定数量的分布。桃源盆地所在流溪河支流小海河流域是同期遗存分布比较密集的区域，其西端的云台山遗址、圆墩岭遗址、牛步迳遗址、两仔山遗址、庙

[1] 广州市文物考古研究所：《铢积寸累：广州考古十年出土文物选萃》，文物出版社，2005年，第259～263页。广州市文物考古研究所：《广州考古六十年》，广东人民出版社，2013年，第10、11页。韩维龙、许永杰：《广州从化流溪河流域考古调查报告》，广州出版社，2017年，第92～94页。广州市文物考古研究院：《广州从化狮象遗址2002年试掘简报》，《东南文化》2023年第1期。

[2] 韩维龙、许永杰：《广州从化流溪河流域考古调查报告》，"图1009"，广州出版社，2017年，第629页。

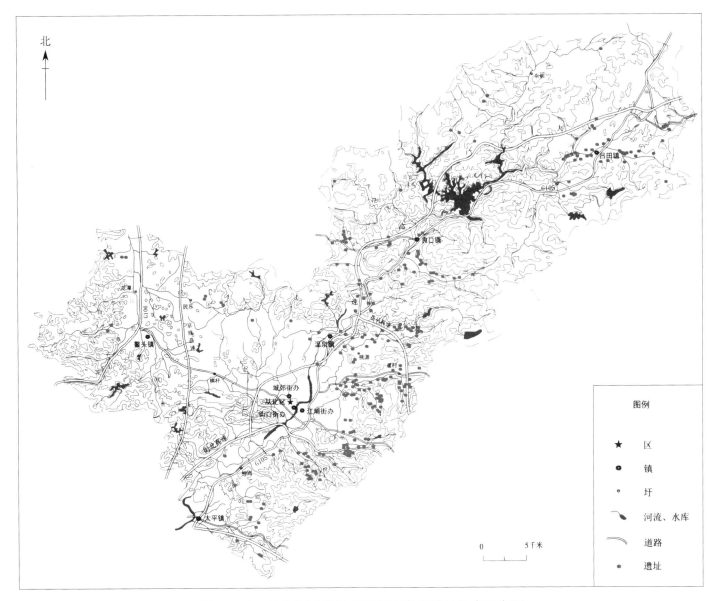

图二二二 从化新石器时代晚期至商代遗址分布示意图

山遗址、锣鼓山遗址等[1]几乎连为一片，构成了一个遗址群。除了上游的吕田盆地，新石器时代晚期至早商的遗存主要分布于流溪河干流的南部和东部，当与增江流域早期遗存相对密集的分布有一定关系。

增江流域同类遗存主要有增江中游东岸的浮扶岭墓地以 M223 等代表的浮扶岭第一期遗存[2]、增江下游流域的增城冯村松丁山遗址第一期遗存等[3]。浮扶岭 M223 分布于西部接近岗顶位置，大致呈西北—东南走向，长方形浅穴土坑墓，墓内随葬夹砂陶豆、夹砂陶鼎、泥质高领矮圈

[1] 韩维龙、许永杰：《广州从化流溪河流域考古调查报告》，广州出版社，2017 年，第 293～303 页。

[2] 张强禄：《广东增城浮扶岭墓地》，《中国文化遗产》2011 年增刊，第 468 页。

[3] 广州市文物考古研究院：《广州市增城区松丁山遗址先秦时期遗存发掘简报》，《四川文物》2022 年第 1 期。

足罐各 1 件。其中鼎和圈足罐的型式与横岭遗址一期遗存的同类器非常相似，说明其年代接近。松丁山遗址 2018 年发掘 400 平方米，发现 4 座墓葬、14 座灰坑和零星柱洞等遗迹。从简报公布的层位关系和出土遗物看，松丁山第一期遗存似可分为两段：早段以 M5、M6、M8、H4、H8、H9、H11、H13、H14 等遗迹和探方第④、⑤层等为代表。晚段以 H2、H7 和探方第③层等为代表。H8 和 H14 出土的卷边内折的鼎足和 H4 出土的非常矮的罐圈足，T0406 第④层出土的大喇叭口带镂孔豆圈足等[1]，都是横岭遗址一期遗存的特点。H7 出土的泥质灰陶黑彩陶片（H7①：10）和曲折纹折沿罐（H7②：7）等[2]，与横岭二期遗存的同类器特征相近。松丁山遗址有两个炭化水稻碳 -14 测年数据（BETA 实验室），标本分别采自 H7④层和 H4 填土，前者为距今 3850±30 年，经树轮校正后为距今 4382～4160 年，后者为距今 3820±30 年，经树轮校正后为距今 4248～4152 年，两个单位的测年数据与层位关系前后有矛盾。如果单从器物类型学的对比来看，松丁山第一期遗存早晚年代应与横岭遗址大致相当。

增江下游的金兰寺遗址以直口微敛、深弧腹、柄较细且中部起凸棱的陶豆和足下端向内卷折明显的盘口釜形鼎等为代表的第二期遗存[3]时代看似要更晚一些，其陶豆特征与狮象遗址同类器相似，表明它们可能处于同一个时期，年代当已进入夏纪年了。

广州市黄埔区原九佛镇—镇龙镇一带属于流溪河流域和增江流域的中间地带，这些年配合中新广州知识城的建设做过不少考古工作，发现有数量不少的新石器时代晚期遗存[4]，资料刊布相对较多的茶岭遗址明显能看到与横岭早期遗存相当的因素，尤其是扁平铲状微外弧的釜形夹砂陶鼎和敛口比较明显的泥质黑皮陶豆，以及器表绘有黑彩的泥质高领圈足罐等[5]，与横岭遗址早晚期遗存均有对应者。种种迹象表明，与横岭文化内涵相近的新石器时代晚期遗存在广州北部和东北部的流溪河流域和增江流域有较为广泛的分布，这可能与稻作为主的早期农业在珠江三角洲北部地区落地生根有关系，由此引发了珠江三角洲地区新石器时代晚期考古学文化的蓬勃发展。

距今四千五六百年至四千年前后的遗存在环珠江口地区有很多发现，粗略来看，像东莞园洲第一期（第④层为代表）[6]、香港涌浪遗址下文化层[7]、南海鱿鱼岗贝丘遗址第④层[8]、珠海宝镜

[1]　广州市文物考古研究院：《广州市增城区松丁山遗址先秦时期遗存发掘简报》，"图一五，1、4""图一一，2""图一二，1""图一四，2"，《四川文物》2022 年第 1 期，第 36、34、35 页。

[2]　广州市文物考古研究院：《广州市增城区松丁山遗址先秦时期遗存发掘简报》，"封二，4、2"，《四川文物》2022 年第 1 期。

[3]　曹耀文：《广东广州金兰寺贝丘遗址》，《大众考古》2021 年第 8 期。

[4]　广州市文物考古研究院：《广州市马头庄遗址先秦墓葬》，《文博学刊》2022 年第 1 期。张强禄：《广州黄埔甘草岭遗址发现良渚文化玉琮》，《中国文物报》2018 年 6 月 1 日第 8 版。张强禄：《广东广州黄埔茶岭新石器时代遗址》，《2018 中国重要考古发现》，文物出版社，2019 年，第 31～35 页。广州市文物考古研究院：《黄埔茶岭遗址》，《溯本求源：广东重要考古发现概览》，"图 25，7""图 25，11"，科学出版社，2021 年，第 83～85 页。黄碧雄：《广州黄埔陂头岭遗址发现新石器时代晚期窖穴和战国中晚期至南越国时期高等级越人墓地》，《中国文物报》2021 年 12 月 17 日第 8 版。

[5]　张强禄：《广东广州黄埔茶岭新石器时代遗址》，《2018 中国重要考古发现》，文物出版社，2019 年，第 34 页。

[6]　广东省文物考古研究所、东莞市博物馆：《广东东莞市圆洲贝丘遗址的发掘》，《考古》2000 年第 6 期。

[7]　香港古物古迹办事处：《香港涌浪新石器时代遗址发掘简报》，《考古》1997 年第 6 期。

[8]　广东省文物考古研究所、北京大学考古系实习队：《广东南海市鱿鱼岗贝丘遗址的发掘》，《考古》1997 年第 6 期。

湾遗址第二期早段[1]等遗存，都属于广东史前考古学文化编年中的新石器时代晚期阶段遗存，年代应与横岭类型遗存大体相当[2]。而以直口微敛、深弧腹、圈足较细且中部起凸棱的陶豆为代表的遗存时代要更晚一些，其特征与香港西贡沙下遗址[3]、珠海宝镜湾遗址第二期晚段遗存[4]等同类器相似，珠海后沙湾遗址第二期[5]、三水银洲第一期[6]等遗存大致也属于这个时期，年代大约相当于中原地区的夏纪年，甚或晚至夏商之际。

二 与粤北石峡文化比较

流溪河从大的水系上来说可以归入北江水系，由吕田盆地往上溯源就是粤北曲江石峡遗址，其资料刊布相对翔实、年代序列比较明确[7]，是横岭遗址可资比较的最重要的遗址。石峡遗址第二期遗存为石峡文化，年代大致距今4600～4200年[8]。石峡遗址墓葬区在遗址东部和东南部岗顶平缓处，共有102座墓葬，形制为东西向长方形或长方梯形竖穴土坑墓。墓坑经火烧烤过，形成红烧墓壁，填土中遗留灰炭层和炭条、炭块。有一次葬墓、二次葬墓、一次葬已迁墓等三类，流行二次迁葬，二次葬墓和一次葬已迁墓约占71%。二次葬随葬品占总数近91%，墓坑以大、中型为主。陶器陶质以泥质灰陶和夹砂橙黄、土黄陶为主，夹砂陶占52.79%，泥质陶占47.61%。盛行三足器、圈足器和圜底器，主要器类有三足鼎、圈足豆、三足盘和圈足盘、圜底釜、圈足罐等，是石峡文化墓葬常见的随葬品组合，曲折纹矮圈足罐占比很小。陶器器表以素面为主，占陶器73.9%，常见纹饰有绳纹、镂孔、刻划纹、附加堆纹、凹凸弦纹、压点纹等。几何印纹有大小

[1] 广东省文物考古研究所、珠海市博物馆：《珠海宝镜湾——海岛型史前文化遗址发掘报告》，科学出版社，2004年。

[2] 后沙湾遗址二期的陶片热释光测定年代为距今3898±390年，宝镜湾遗址二期遗存有夹砂陶片加速器质谱测年数据为距今4200±120年，碳-14测年数据为距今3460±170年，涌浪南LIB有7个碳-14测年数据，除Beta60313为距今4200±120年外，其余年代均在距今3810±70年至4170±80年（秦威廉：《涌浪南的新石器中期及晚期文化》（William Meaeham, *Middle and Late Neotithic at "Yung Long South"*），《东南亚考古论文集》，香港大学美术博物馆，1995年，第464、445～466页）。上述测年数据一是样品属性不太理想，二是检测时间都为20世纪90年代，所以测年数据的精确性值得怀疑。李海荣先生也认为宝镜湾遗址原报告第二期年代上限为距今4200年或稍后的推断偏晚，倾向于宝镜湾遗址第3段年代上限大约接近距今4800年或稍后，下限则超过距今4000年（深圳市文物考古鉴定所编著：《深圳咸头岭：2006年发掘报告》，文物出版社，2013年，第228、229页）。

[3] （香港）康乐及文化事务署古物古迹办事处：《香港的远古文化——西贡沙下考古发现》，（香港）政府物流服务署印，2005年，第146页。

[4] 广东省文物考古研究所、珠海市博物馆：《珠海宝镜湾——海岛型史前文化遗址发掘报告》，"图版一四，4"，科学出版社，2004年。李世源、邓聪主编：《珠海文物集萃》，香港中文大学中国考古艺术研究中心，2000年，第140页。

[5] 李子文：《淇澳岛后沙湾遗址发掘》，《珠海考古发现与研究》，广东人民出版社，1991年，第3～21页。

[6] 广东省文物考古研究所、北京大学考古学系、三水市博物馆：《广东三水市银洲贝丘遗址发掘简报》，《考古》2000年第6期。

[7] 广东省文物考古研究所、广东省博物馆、广东省韶关市曲江区博物馆：《石峡遗址——1973～1978年考古发掘报告》，文物出版社，2014年。李岩：《石峡文化墓地研究》，《从石峡到珠三角：中国南方史前先秦考古研究》，科学出版社，2020年，第1～80页。从目前广东英德岩山寨遗址刊布的资料看，石峡文化起始的年代至少要早到距今约4800年。

[8] 朱非素：《试论石峡遗址与珠江三角洲古文化的关系》，《广东省文物考古研究所建所十周年文集》，岭南美术出版社，2001年。李岩：《石峡文化墓地研究》，《从石峡到珠三角：中国南方史前先秦考古研究》，科学出版社，2020年，第57页。

方格纹、条纹、重圈纹、曲折纹，占陶器花纹 0.5%，印痕较浅，其中曲折纹较清晰，是受珠江三角洲地区同时期几何印纹制作方法影响的产品[1]。

朱非素先生认为石峡文化晚期墓随葬的曲折纹矮圈足陶罐形制、花纹均受珠江三角洲和海滨同时期文化影响，形制为鼓腹、矮圈足，器表先在颈肩之间压印一周斜条纹，此种斜条纹与园洲一组和二组[2]、银洲一组[3]、鱿鱼岗一期[4]、香港涌浪上文化层[5]出土陶罐、陶釜颈肩之间斜条纹装饰相同，罐身通体饰曲折纹做法亦来自南部。珠江三角洲同期文化遗存不流行三足器，因受石峡文化影响，曾出土过盘口釜形鼎和瓦形鼎足，是带有珠江三角洲本地花纹和形制的釜罐下接石峡文化流行的瓦形足，此类瓦形足综合了珠三角和石峡文化的特色。从典型陶器特征可以反映出粤北石峡文化、珠江三角洲中心地区银洲一组等和珠江口岛屿涌浪上文化层等为代表的遗存，是新石器时代晚期后段处在三个不同地区、有各自发展变化轨迹的三种不同类型的考古学文化，它们之间有交流影响，各具本地特色[6]。但就目前的考古发现来说，陶罐腹部加条状附加堆纹很可能也是来自珠三角地区，而珠三角北部地区为数不少的陶鼎，确应受石峡文化影响而产生。

从墓葬形制和随葬品组合来看，石峡遗址石峡文化遗存与横岭类型遗存有很大差别，但墓葬均东西向排列、流行二次葬是二者在丧葬习俗方面的共性，英德岩山寨遗址石峡文化墓葬[7]也表现出这方面的共性特征。石峡文化最具特色的陶器是各类鼎、三足盘和圈足豆，三足器和圈足器不是珠三角新石器时代文化的本地传统，横岭墓葬陶鼎和豆的直接来源或与粤北石峡文化有关。石峡文化夹砂陶鼎有 231 件，占随葬陶器的 20.4%，分为盘形鼎、盆形鼎、釜形鼎。泥质三足盘 149 件，有瓦形、联裆梯形、联裆三角形足三种。圈足盘数量达 151 件，绝大多数圈足饰大小形状各异的镂孔装饰，常见器表为磨光黑皮。豆有 260 件，绝大多数为素面或磨光黑皮，少数于弧腹外壁饰一周附加堆纹，棱座豆比较常见。还有 117 件夹砂盖豆，这是横岭遗址不常见的器类。

石峡文化早期墓葬 M9、M77、M114、M129、M131 随葬的三足盘（M9：16、M77：21、M77：37、M77：23、M114：20、M114：24、M129：20、M131：6）的梯形足，M124 的盘形

[1]　广东省文物考古研究所、广东省博物馆、广东省韶关市曲江区博物馆：《石峡遗址——1973～1978 年考古发掘报告》，文物出版社，2014 年，第 393～396、601 页。

[2]　广东省文物考古研究所、东莞市博物馆：《广东东莞市圆洲贝丘遗址的发掘》，《考古》2000 年第 6 期。

[3]　广东省文物考古研究所、北京大学考古学系、三水市博物馆：《广东三水市银洲贝丘遗址发掘简报》，《考古》2000 年第 6 期。

[4]　广东省文物考古研究所、北京大学考古系实习队：《广东南海市鱿鱼岗贝丘遗址的发掘》，《考古》1997 年第 6 期。

[5]　香港古物古迹办事处：《香港涌浪新石器时代遗址发掘简报》，《考古》1997 年第 6 期。

[6]　广东省文物考古研究所、广东省博物馆、广东省韶关市曲江区博物馆：《石峡遗址——1973～1978 年考古发掘报告》，文物出版社，2014 年，第 396 页。

[7]　刘锁强、唐博豪、景雅琴：《重大新发现聚焦文明起源 英德岩山寨闪耀史前岭南》，"广东文物考古"微信公众号，2021 年 12 月 2 日。广东省文物考古研究院、北京大学考古文博学院、清远市博物馆等：《广东英德岩山寨遗址石岭地点 2019 年发掘简报》，《文博学刊》2022 年第 4 期。

鼎（M124：4），以及石峡文化中期墓葬 M47 的三足盘（M47：11、M47：12）的足等 [1] 与横岭
M23：4 鼎足有点类似，均外弧，前者相对较短、较宽、外撇较明显，但与器底相接的做法完全
不一样，石峡为联裆足，横岭则是鼎足直接粘接罐底上，与石峡瓦形足的鼎和三足盘做法类似。
石峡文化早期墓葬 M89、M79、M2 随葬的三足盘（M89：9、M79：5、M79：8、M2：3）[2] 的瓦
形足足面外卷，下端闭合，与横岭遗址 H19 所出夹砂鼎足形状接近。

横岭遗址陶豆绝大多数也是磨光黑皮，但其外腹壁多有制作粘接痕而无附加堆纹。石峡文化
早期 M9、M114 随葬的陶豆（M9：8、M114：1）、M129 和 M131 的器盖（或为陶豆）（M129：15、
M131：4）[3] 圈足形状与横岭 M17：3 近似，宽把喇叭口，足面不起凸棱，但前者柄较细。M124
的陶簋（M124：9）[4] 与横岭 M10：4、M38：3 陶豆器形也相似。

石峡文化中期墓葬 M4、M24、M29 随葬的圈足盘（M4：5、M4：1、M24：7、M29：49）[5]
器形与横岭 M10：4、M38：3、M38：1、M49：6 相似度较高，只是横岭 M10：4 和 M38：3 圈
足较粗、较矮，M38：1 和 M49：6 圈足有镂孔和细弦纹及凸棱，敛口程度二者也有所不同。石
峡 M29 圈足盘（M29：11）的圈足开窗式镂孔 [6] 与横岭 M24：6、M45：6 相似，圈足形状则与
M17：3 近似，前者圈足较高。石峡 M29 的豆（M29：49）[7] 与横岭 M10：4 相似，差别在于前
者豆柄较细，圈足略高，后者敛口较大，子母口没有前者明显，石峡 M29：49 与横岭 M24：6 也
近似，只是前者圈足无凸棱和窗式镂孔。

石峡文化晚期墓葬也出有与横岭墓葬类似的随葬品，只在具体形态上有差别。石峡文化晚期
7 段的 M45、M54、M78、M91、M118 等墓葬随葬的陶豆和圈足罐是需特别关注的典型器物。首
先看陶豆，M45 的 Bd 型 I 式豆（M45：22）和 M54 陶豆（M54：34、M54：35）[8] 器形分别与
横岭 M38：1 和 M15：2 类似，只是后者敛口更甚，内圜底，外腹壁有接痕，圈足有镂孔和凸棱，
当属于此型陶豆早期特征。石峡 M91、M118 的圈足盘和豆（M91：1、M91：2、M118：20）[9]
与横岭 M10：4 相似，后者也是口较敛，外腹壁有粘接痕无附加堆纹，圈足较粗。M118 的圈足盘

[1] 广东省文物考古研究所、广东省博物馆、广东省韶关市曲江区博物馆：《石峡遗址——1973～1978 年考古发
掘报告》，"彩版二四，5""图版一二七，7""彩版二五，1""图版一二八，2""图版一二九，4""图版一二八，3""图
版一二九，6""彩版二四，6""图版一二七，5""图版九三，4""图版一二六，2、3"，文物出版社，2014 年。

[2] 广东省文物考古研究所、广东省博物馆、广东省韶关市曲江区博物馆：《石峡遗址——1973～1978 年考古发
掘报告》，"图版一二六，4～7"，文物出版社，2014 年。

[3] 广东省文物考古研究所、广东省博物馆、广东省韶关市曲江区博物馆：《石峡遗址——1973～1978 年考古发
掘报告》，"彩版二八，6""彩版三二，3 右""图版一六二，5 右""图版一六四，1"，文物出版社，2014 年。

[4] 广东省文物考古研究所、广东省博物馆、广东省韶关市曲江区博物馆：《石峡遗址——1973～1978 年考古发
掘报告》，"图三二三，8"，文物出版社，2014 年，第 380 页。

[5] 广东省文物考古研究所、广东省博物馆、广东省韶关市曲江区博物馆：《石峡遗址——1973～1978 年考古发
掘报告》，"图版一五二，1""图版一三八，2""图版一五二，2"，文物出版社，2014 年。

[6] 广东省文物考古研究所、广东省博物馆、广东省韶关市曲江区博物馆：《石峡遗址——1973～1978 年考古发
掘报告》，"彩版二六，6"，文物出版社，2014 年。

[7] 广东省文物考古研究所、广东省博物馆、广东省韶关市曲江区博物馆：《石峡遗址——1973～1978 年考古发
掘报告》，"图版一五二，2"，文物出版社，2014 年。

[8] 广东省文物考古研究所、广东省博物馆、广东省韶关市曲江区博物馆：《石峡遗址——1973～1978 年考古发
掘报告》，"图版一五一，3""图版一五一，1""图二二〇，5"，文物出版社，2014 年，第 221 页。

[9] 广东省文物考古研究所、广东省博物馆、广东省韶关市曲江区博物馆：《石峡遗址——1973～1978 年考古发
掘报告》，"图版一四三，2""图版一五二，4""图版一五二，6"，文物出版社，2014 年。

（M118：6、M118：9）[1] 圈足开窗式镂孔与横岭 M24：6、M45：6 相似，圈足形状则与 M17：3 近似，均为宽把喇叭口，足面不起凸棱，但前者较高，M118：8 亦是如此。泥质高领圈足罐在石峡文化数量不算多，但特征鲜明，与横岭类型和粤东虎头埔文化有着密切的联系。M45 和 M78 的圈足罐（M45：31、M45：30、M78：4）[2] 器形与横岭圈足罐相似，但前者器形更匀称，腹更鼓或浑圆，一道附加堆纹饰于腹中部最大径处，纹饰以曲折纹为主，而横岭圈足罐领部偏长，附加堆纹多偏下，纹饰以斜向条纹为主，且有不少器腹表面和口沿内外绘有黑彩，二者应该有年代早晚和地域不同的差别。

　　除了墓葬，石峡遗址文化层中也出有不少与横岭类型相似的石峡文化典型陶器。如盘形鼎（T7C③：277、T37③：278、T67③：1）和三足盘（T3D③：1）[3] 的足与横岭 M23：4 鼎足有点类似，均外弧，只是前者相对较短、较宽、外撇较大，足面稍内凹。石峡圈足盘（T2F③：25）[4] 圈足开窗式镂孔也与横岭 M24：6、M45：6 相似，器形则与横岭 M17：3 近似。一些豆的口沿（T53③：14、T3C③：223、T5B③：106）[5] 敛口都比较明显，表现出与横岭陶豆一致的特点。圈足罐（T29③H17：9、T33③：11、T6C③：99、T6C③：138）[6] 与横岭圈足罐 M48：1、M40：1、M44：2、M23：2、M30：2 等相似，差别主要在于圈足和领口高矮。石峡夹砂陶瓦形鼎足（T4B③：3）[7] 与横岭 H19 所出夹砂陶鼎足（H19：1）相似。

　　玉器方面，石峡文化中有少量的镯、环与横岭遗址同类器形式几乎完全相同。如石峡文化中期墓葬 M51、M59 随葬的宽边玉镯（M51：8、M59：39）[8] 与横岭玉镯（M19：1），C 型玉环（M33：1、M88：1、M69：3、M104：1、M45：15）[9] 与横岭玉环（M18 填：1）等都表现出高度的同源性，说明年代差距不会很大。但横岭遗址玉器的数量、种类、材质等与石峡遗址都不具可比性，聚落的等级和地位不能相提并论。

　　石峡遗址 T6C③层出土的直口高领圆肩、口如盘状的夹砂陶罐（T6C③：138，T6C③：99）[10]

　　[1]　广东省文物考古研究所、广东省博物馆、广东省韶关市曲江区博物馆：《石峡遗址——1973～1978 年考古发掘报告》，"彩版二八，1""图版一三九，4"，文物出版社，2014 年。
　　[2]　广东省文物考古研究所、广东省博物馆、广东省韶关市曲江区博物馆：《石峡遗址——1973～1978 年考古发掘报告》，"彩版三一，3""图版一五九，2""图二一二，2"，文物出版社，2014 年，第 214 页。
　　[3]　广东省文物考古研究所、广东省博物馆、广东省韶关市曲江区博物馆：《石峡遗址——1973～1978 年考古发掘报告》，"图版一七，1、2、3""图版一八，1"，文物出版社，2014 年。
　　[4]　广东省文物考古研究所、广东省博物馆、广东省韶关市曲江区博物馆：《石峡遗址——1973～1978 年考古发掘报告》，"图版一八，3"，文物出版社，2014 年。
　　[5]　广东省文物考古研究所、广东省博物馆、广东省韶关市曲江区博物馆：《石峡遗址——1973～1978 年考古发掘报告》，"图六九，7、8、12"，文物出版社，2014 年，第 87 页。
　　[6]　广东省文物考古研究所、广东省博物馆、广东省韶关市曲江区博物馆：《石峡遗址——1973～1978 年考古发掘报告》，"图版一八，4、5""图六五，17、16"，文物出版社，2014 年，第 81 页。
　　[7]　广东省文物考古研究所、广东省博物馆、广东省韶关市曲江区博物馆：《石峡遗址——1973～1978 年考古发掘报告》，"图六四，9"，文物出版社，2014 年，第 79 页。
　　[8]　广东省文物考古研究所、广东省博物馆、广东省韶关市曲江区博物馆：《石峡遗址——1973～1978 年考古发掘报告》，"彩版一六，5""图版八六，1"，文物出版社，2014 年。
　　[9]　广东省文物考古研究所、广东省博物馆、广东省韶关市曲江区博物馆：《石峡遗址——1973～1978 年考古发掘报告》，"图版八六，2～6"，文物出版社，2014 年。
　　[10]　广东省文物考古研究所、广东省博物馆、广东省韶关市曲江区博物馆：《石峡遗址——1973～1978 年考古发掘报告》，"图六五，16、17"，文物出版社，2014 年，第 81 页。

与横岭遗址Ⅱ区④层所出罐口沿（T1624④：14，T1922④：11）相似，石峡墓葬随葬品中则不见此型陶罐。石峡文化中期墓葬 M59 随葬的盘形口泥质黑胎黑皮陶瓮（M59：13）[1]在石峡墓葬中仅出此 1 件，《石峡遗址——1973～1978 年考古发掘报告》中指出此瓮口沿形制为珠江三角洲地区同期古文化遗存陶器形制特征之一。[2]而此类口沿在横岭遗址罐釜类陶器中发现不少，当属珠三角本地陶器特征之一。《石峡遗址——1973～1978 年考古发掘报告》提到地层中出土不少陶豆是墓葬中所不见，可能为实用器，而圈足罐多为圈足很矮的青灰色硬陶，其中高领、削肩和小口、削肩曲折纹罐，为墓中所不见。[3]李岩先生认为石峡遗址 T29③H17：09、T33③：11 直领矮圈足罐和 T2F③：25 圈足盘等为代表的遗存年代上要早于石峡文化，属石峡第一期文化后段，时间距今约 4600～5000 年，其陶器属于以横岭遗址墓葬材料为代表的横岭类型。[4]上述矮圈足罐当与崧泽文化的壶有关，在广东出现的或在距今 5000 年前后。[5]石峡第一期文化遗存中有 2 件泥质陶平底杯（T81④：274、T66④：275）[6]，底部形态分别与横岭遗址 T1725④：18 和 T2138④：12、T2038③b：28 接近。尤其是石峡 T81④：274 与横岭 T1725④：18 相似度非常高，江苏江阴南楼遗址崧泽文化墓葬中也见有此型平底杯（M11：1、M13：5、M13：4、M20：9）[7]，但器身高很多，不知是否也有渊源关系。

由于石峡遗址文化层与石峡文化墓葬之间没有层位关系，无法从地层学方面给予时代早晚的有力支撑，且石峡地层所出很多典型陶器又与墓葬随葬品不同，其型式特征的不同则有可能是年代早晚差异，也有可能是生活实用器与随葬明器的不同。横岭遗址墓葬随葬陶器与地层所出陶器从质地、器形大小和种类等方面也表现出很多不同，应反映出明器与实用器的属性差异。芮国耀先生在对良渚墓葬随葬陶器进行分析的基础上发现，随葬的陶器组合与生活用的陶器组合并不一致，前者器形较小，制作也粗劣，具有明器化的现象[8]。石峡遗址地层所出上述陶器的属性也不排除为实用器的可能，其代表的遗存年代可能会在石峡文化早期，能否早于主要以墓葬为代表的石峡文化，目前似乎还缺乏足够的依据。

从上述横岭墓葬与石峡文化墓葬典型器物的对比来看，横岭类型遗存早、晚两期的年代大致可以对应石峡遗址石峡文化早、中两期。同横岭遗址一样，石峡遗址的碳 -14 测年也是非

[1] 广东省文物考古研究所、广东省博物馆、广东省韶关市曲江区博物馆：《石峡遗址——1973～1978 年考古发掘报告》，"图三二二，4"，文物出版社，2014 年，第 379 页。

[2] 广东省文物考古研究所、广东省博物馆、广东省韶关市曲江区博物馆：《石峡遗址——1973～1978 年考古发掘报告》，文物出版社，2014 年，第 376 页。

[3] 广东省文物考古研究所、广东省博物馆、广东省韶关市曲江区博物馆：《石峡遗址——1973～1978 年考古发掘报告》，文物出版社，2014 年，第 89 页。

[4] 李岩：《石峡文化墓地研究》，《从石峡到珠三角：中国南方史前先秦考古研究》，科学出版社，2020 年，第 2～4 页。

[5] 李岩：《好川文化的南界及与赣粤闽地区交流的初步考察》，《从石峡到珠三角：中国南方史前先秦考古研究》，科学出版社，2020 年，第 327 页。

[6] 广东省文物考古研究所、广东省博物馆、广东省韶关市曲江区博物馆：《石峡遗址——1973～1978 年考古发掘报告》，"图二〇，1、2"，文物出版社，2014 年，第 27 页。

[7] 南京博物院、上海大学文物与考古研究中心、江阴博物馆：《南楼：2006 年度发掘报告》，"图一一七""图一二二，2、4""图一三六，9"，中国社会科学出版社，2018 年，第 124、131、153 页。

[8] 芮国耀：《良渚文化陶器内涵及其礼器化现象探讨》，《浙江省文物考古研究所学刊（第八辑）：纪念良渚遗址发现七十周年学术研讨会文集》，科学出版社，2006 年，第 422 页。

常不足的。李岩先生认识到石峡文化墓葬虽然有三个测年数据，但无论是按照《石峡遗址——1973～1978年考古发掘报告》的分期，还是其《石峡文化墓地研究》的分期，显然都是矛盾的。他主要依据器物类型学的研究成果，把石峡文化墓葬开始的年代定在距今4600～4500年，下限则参考好川文化的年代，略晚于良渚文化，暂定为约距今4200年，也就是说石峡遗址石峡文化墓葬的年代大约在距今4600～4200年。[1]

　　参照这个年代推断，再结合上述部分典型器物的类型学排比，目前把横岭遗存的年代暂定在距今4600～4300年，起始的年代约与石峡遗址石峡文化早期相当，结束的年代似要早于以石峡M45等为代表的石峡文化晚期遗存。粤北和平县上正村老院遗址新石器时代晚期遗存中出土的泥质黑皮陶圈足盘和圈足盆[2]与横岭M10∶4、M39∶3陶豆质色及型式均比较接近，横岭地层出土B型陶豆口沿中亦可见到与老院圈足盆完全相同者，说明老院遗址和横岭类型遗存年代可能接近，老院遗址采集的炭样和炭化稻米测年数据为距今4400～4100年[3]，但因详细的资料尚未公布，测年数据对应的遗迹出土典型陶器的具体形态不清楚，老院遗址的测年数据也只能作为参考。

三　与粤东虎头埔文化比较

　　无论是横岭遗址还是石峡遗址，出土遗物中辨识度比较高的泥质灰陶直领矮圈足罐都比较容易与粤东虎头埔文化联系在一起。以普宁虎头埔窑址[4]为代表的虎头埔文化，陶器以泥质灰陶最多，夹砂陶数量相当有限。器表多拍印几何形纹饰，以斜条纹和曲折纹最为常见，也可见圆圈纹、长方格纹、叶脉纹、细绳纹和附加堆纹等，少数器物的口沿部还发现刻划符号和黑彩花纹。遗址中采集和发掘出的陶片数量较大，但器形绝大多数都是侈口矮圈足罐，几乎全是泥质陶，烧制火候很高，质地坚硬。陶器多呈浅灰色或者灰白色，相比之下深灰色和红褐色的陶器数量不多。器物颈部以下一般都有拍印或压印的几何形纹饰。[5]《普宁市虎头埔新石器时代遗址发掘报告》中把虎头埔遗址中的陶罐分为两组，其中第一组器物肩、腹部一般都装饰一至数道泥条附加堆纹，第二组肩部多数不再装饰附加堆纹或者仅在下腹部饰一周附加堆纹。报告编写者综合考虑虎头埔文化的遗存特点，并参照周边地区其他遗址的碳-14测年数据，认为其年代距今4000～3600年[6]。

[1]　李岩：《石峡文化墓地研究》，《从石峡到珠三角：中国南方史前先秦考古研究》，科学出版社，2020年，第57页。

[2]　广东省文物考古研究所、中山大学人类学系、和平县博物馆：《和平上正村古遗址群》，"图25-7""图25-11"，《溯本求源：广东重要考古发现概览》，科学出版社，2021年，第73、74页。

[3]　Yang X, Chen Q, Ma Y, et al. New radiocarbon and archaeobotanical evidence reveal the timing and route of southward dispersal of rice farming in south China J. *Science Bulletin*, 2018, 63(22): 1495-1501.

[4]　广东省博物馆、汕头地区文管站、普宁县博物馆：《广东普宁虎头埔古窑发掘简报》，《文物》1984年第12期。揭阳考古队、揭阳市文化局：《揭阳的远古与文明——榕江先秦两汉考古图谱》，公元出版有限公司，2003年。揭阳考古队、揭阳市文化广电新闻出版局：《揭阳考古（2003—2005）》，科学出版社，2005年。

[5]　魏峻：《普宁市虎头埔新石器时代遗址发掘报告》，《揭阳考古（2003—2005）》，科学出版社，2005年，第25、40页。

[6]　魏峻：《普宁市虎头埔新石器时代遗址发掘报告》，《揭阳考古（2003—2005）》，科学出版社，2005年，第48、49页。

从圈足罐的形态来看，虎头埔遗址第一组的垂腹罐[1]与横岭大口垂腹罐（M23：2、M30：2、M40：1、M44：1）相似，均直口微敞，但后者均有比较明显的附加堆纹，与石峡遗址的垂腹圈足罐（T33③：11）[2]也很相似。小口鼓腹罐Ⅲ T0202⑤：1[3]与横岭 T2141③：8 器形非常接近，差别主要在于唇部和器表纹饰。Ⅳ T0203②：2[4]与横岭 M43：1 相似，横岭 M24：1 如果去掉耳錾也同此器形。虎头埔遗址第二组的圈足罐（Y2：1）[5]为敞口立领微内弧，圆鼓腹，矮圈足外撇，腹最大径饰一道附加堆纹，器腹与揭东县埔田镇世德堂出米石遗址出土的圈足罐[6]几乎完全一样，唇和领则略有不同，与石峡晚期 M45：30 圈足罐非常相似，领也是微内弧，与横岭直领或微敞领的特征稍有差异。揭东出米石遗址圈足罐领微敞，与横岭圈足罐的口沿比较相似，尚不确定是否为早期特征。揭阳市磐东镇南河狮头崎遗址泥质硬灰陶矮圈足罐为侈口矮领、折肩、下腹折收，肩、下腹各有一周附加堆纹，颈部以下至底部拍印细斜条纹[7]。器形与横岭 M41：1 几乎完全一样，差别在于后者领部较长，器表拍印竖向粗条纹。

根据李岩先生对虎头埔文化直领矮圈足罐的类型学研究[8]，以及普宁葫芦山遗址[9]、揭西乌岽岭遗址[10]、潮阳鸡龙山遗址[11]等新的考古材料的公布，虎头埔文化年代上限应超过距今 4500 年，约与石峡遗址石峡文化早中期相若，下限约为距今 3600 年或夏商之际。其中乌岽岭遗址、鸡龙山遗址一期等遗存代表了虎头埔文化的早中期阶段，葫芦山遗址、虎头埔遗址、宝山崀遗址[12]则代表了晚期阶段。横岭遗址釜罐器表上的纹饰在上述遗址同类器上均可见到，葫芦山遗址也发现有与横岭遗址同形的羊角形把手，部分泥质罐口沿内外和器腹也有彩绘，颜色多为赭色。乌岽岭遗址陶器以泥质陶居多，夹砂数量也不少，可辨器形除罐、釜之外还有豆。其垂腹

[1] 魏峻：《普宁市虎头埔新石器时代遗址发掘报告》，《揭阳考古（2003—2005）》，"图四五，1～5""彩版八，1～5"，科学出版社，2005 年，第 44 页。

[2] 广东省文物考古研究所、广东省博物馆、广东省韶关市曲江区博物馆：《石峡遗址——1973～1978 年考古发掘报告》，"图七〇，2""图版一八，5"，文物出版社，2014 年，第 89 页。

[3] 魏峻：《普宁市虎头埔新石器时代遗址发掘报告》，《揭阳考古（2003—2005）》，"图四四，1""彩版九，1"，科学出版社，2005 年，第 44 页。

[4] 魏峻：《普宁市虎头埔新石器时代遗址发掘报告》，《揭阳考古（2003—2005）》，"图四四，7"，科学出版社，2005 年，第 44 页。

[5] 魏峻：《普宁市虎头埔新石器时代遗址发掘报告》，《揭阳考古（2003—2005）》，"图一八，7""彩版九，3"，科学出版社，2005 年，第 18 页。

[6] 揭阳考古队、揭阳市文化局：《揭阳的远古与文明——榕江先秦两汉考古图谱》，"图 28"，公元出版有限公司，2003 年，第 53 页。赵善德：《虎头埔文化与岭南考古研究》，《揭阳考古（2003—2005）》，"图一，4"，科学出版社，2005 年，第 212 页。

[7] 揭阳考古队、揭阳市文化局：《揭阳的远古与文明——榕江先秦两汉考古图谱》，"图 30"，公元出版有限公司，2003 年，第 54 页。

[8] 李岩：《虎头埔文化诹议》，《考古学研究（十）——庆祝李仰松先生八十寿辰论文集》，科学出版社，2012 年，第 603～610 页。

[9] 广东省文物考古研究所：《广东普宁葫芦山遗址发掘简报》，《东南文化》2020 年第 3 期。

[10] 广东省文物考古研究所：《广东省揭西县乌岽岭遗址发掘简报》，《江汉考古》2020 年第 1 期。

[11] 广东省文物考古研究院：《广东潮阳鸡龙山遗址的发掘》，《江汉考古》2022 年第 5 期。

[12] 徐坚：《揭东县宝山崀遗址试掘报告》，《揭阳考古（2003—2005）》，科学出版社，2005 年，第 103～111 页。

罐 TN1W3③：2[1] 与虎头埔遗址第一组的垂腹罐[2] 和横岭垂腹罐（M30：2、M40：1）非常相似，只是前者腹部无附加堆纹。乌岽岭鼓腹罐 H9：5[3] 与横岭鼓腹罐（T2141③：8）比较接近，只是前者最大腹径靠上，仅饰一道附加堆纹。A 型陶釜（TS1E3③：1、TN3E2③：1）[4] 与横岭陶釜（M11：1、M24：5）非常相似，只是前者为灰色或浅灰色硬陶，后者为灰褐或红褐陶，质地稍硬。鸡龙山遗址一期遗存 M1 随葬的敛口陶豆（M1：2、M1：3）[5] 与横岭遗址二期遗存 M10 陶豆（M10：4）造型相似。乌岽岭遗址有 2014 年年底 BATA 实验室提供的测年数据，年代跨度为距今 5000～4500 年，发掘简报未刊布详细的测年样品数量和数据，但从陶器的形态特征判断测年数据可信度还是比较高的。宝山岽遗址除比较多的泥质圈足罐之外，也发现有泥质灰陶豆盘残片，并有夹砂陶鼎足和口沿，口沿多呈子口，A 型鼎足呈扁平舌状，有的在鼎足上部有两个压印。粤东虎头埔文化遗存中目前发现的鼎和豆数量不多，且多残器，其文化来源是粤北石峡文化还是福建昙石山文化，甚或珠三角横岭类型尚不清楚。

虎头埔文化发现和命名的时间虽然比较早，年代跨度也比较大，但一直以来规模相对比较大、遗迹现象和层位关系比较丰富的遗址尚未发现或正式发掘，其年代序列和各期段具体文化面貌还不是很清楚，"关于虎头埔文化的年代数据，也是未来田野考古工作的关注点"[6]。但其与闽江下游的昙石山文化关系密切确是学界共识，昙石山文化无疑是认识虎头埔文化乃至石峡文化的一个镜像。

四　与福建昙石山文化比较

昙石山文化得名于闽江北岸的闽侯县昙石山遗址，1954 年发现并开始发掘，至 2009 年前后共进行过十次正式发掘[7]，1954～2004 年前后九次共计发掘面积 1882.5 平方米，清理新石器时代至商周时期墓葬 86 座，还有沟、陶窑、陶灶、柱洞和灰坑等遗迹。根据层位关系和器物类型学排比，昙石山遗址分为四大期，年代推定第一期约距今 5500～5000 年，第二期约距今 5000～4300 年，第三期约距今 4300～3500 年，第四期相当于中原商代至西周时期。所有墓葬都属于第二大期，又可分为前后连续、没有太大缺环的五段，"昙石山文化"即以昙石山遗址第二大期遗存命名。直领圈足罐是横岭类型、虎头埔文化、昙石山文化（昙石山文化中的"罐""壶"和部分

[1] 广东省文物考古研究所：《广东省揭西县乌岽岭遗址发掘简报》，"图八，3"，《江汉考古》2020 年第 1 期。

[2] 魏峻：《普宁市虎头埔新石器时代遗址发掘报告》，《揭阳考古（2003—2005）》，"图四五，1～5""彩版八，1～5"，科学出版社，2005 年，第 44 页。

[3] 广东省文物考古研究所：《广东省揭西县乌岽岭遗址发掘简报》，"图八，9"，《江汉考古》2020 年第 1 期。

[4] 广东省文物考古研究所：《广东省揭西县乌岽岭遗址发掘简报》，"图九，1、4"，《江汉考古》2020 年第 1 期。

[5] 广东省文物考古研究院：《广东潮阳鸡龙山遗址的发掘》，"图版二，2、3"，《江汉考古》2022 年第 5 期，第 17 页。

[6] 李岩：《虎头埔文化诹议》，《从石峡到珠三角：中国南方史前先秦考古研究》，科学出版社，2020 年，第 200 页。

[7] 福建博物院、福建省昙石山遗址博物馆：《昙石山遗址：福建省昙石山遗址 1954～2004 年发掘报告》，海峡出版发行集团、海峡书局，2015 年，第 8～12 页。福建省昙石山遗址博物馆：《2009 年昙石山遗址考古发掘简报》，《福建文博》2013 年第 2 期。

"杯")普遍存在的典型陶器,也是最具可比性的器类。

昙石山文化二期的带把杯（M147∶8）、三期和四期的杯（M125∶8、M9∶2）[1]与横岭 M10∶2 器形很相近,区别仅在于器表装饰、把手和系。圈足罐（M35∶3、M4∶8）、壶（M15∶1、M20∶2）[2]等与横岭 M2∶1、M34∶3、M50∶1、M6∶1、M19∶4、M20∶3 等圈足罐器形类似。昙石山二期圈足罐（M106∶2、M139∶1）[3]与横岭 M14∶1、M26∶1、M43∶1、M49∶3 等圈足罐器形类似。昙石山文化四期的角把红彩绘圈足罐（M10∶1、M10∶2）[4]也是需要特别关注的,虽然其器形与横岭圈足罐相似度不高,但引人注目的角形把手和点彩在横岭遗址和葫芦山遗址[5]均可见到相同者。2009 年第十次发掘的 M149 是昙石山遗址随葬品最多的墓葬,其中的泥质灰白陶壶（M149∶2）[6]与昙石山 M24∶1[7]甚为相似,彩绘圈足罐（M149∶1、M149∶4）[8]与 M125∶4、M120∶1[9]器形几乎完全一样,结合其他典型陶器特征推断,M149 的年代亦不晚于昙石山遗址第二大期四段。福建闽侯溪头遗址下文化层[10]也属于昙石山文化,其陶器纹饰和陶壶等器形与粤东虎头埔文化和横岭遗址相似度也比较高。揭阳磐东镇南河狮头崎遗址采集 1 件泥质硬浅灰陶矮圈足罐[11],与溪头墓地圜底罐（M22∶2）[12]相比,除无圈足外其他特征相同。虎头埔遗址第一组遗存中的圈足罐与溪头遗址早期墓葬出土陶壶（M41∶3、M36∶1、M12∶1、M50∶1）[13]等亦比较接近,也是腹部多饰交错条纹,最大径处饰凸棱一周,溪头 M50∶1 还饰红色彩绘。

[1] 福建博物院、福建省昙石山遗址博物馆：《昙石山遗址：福建省昙石山遗址 1954～2004 年发掘报告》,"图二九九,2""图二五六,7""图一八二,4",海峡出版发行集团、海峡书局,2015 年,第 364、328、281 页。

[2] 福建博物院、福建省昙石山遗址博物馆：《昙石山遗址：福建省昙石山遗址 1954～2004 年发掘报告》,"图二一一,4、图版六七,4""图一七三,2、图版六八,1""图一九一,4""图一二九,3、图版七四,2",海峡出版发行集团、海峡书局,2015 年,第 296、275、285、161 页。

[3] 福建博物院、福建省昙石山遗址博物馆：《昙石山遗址：福建省昙石山遗址 1954～2004 年发掘报告》,"图二二四,2、图版六八,2""图二八三,1、图版六八,6",海峡出版发行集团、海峡书局,2015 年,第 304、352 页。

[4] 福建博物院、福建省昙石山遗址博物馆：《昙石山遗址：福建省昙石山遗址 1954～2004 年发掘报告》,"图一八四,1、图版六八,4""图一八四,2、图版六八,5",海峡出版发行集团、海峡书局,2015 年,第 282 页。

[5] 广东省文物考古研究所：《广东普宁葫芦山遗址发掘简报》,《东南文化》2020 年第 3 期。发掘者从彩绘和角形把手注意到粤东虎头埔文化与福建昙石山文化的紧密联系。

[6] 福建省昙石山遗址博物馆：《2009 年昙石山遗址考古发掘简报》,"图二三,1""图二四",《福建文博》2013 年第 2 期,第 31 页。

[7] 福建博物院、福建省昙石山遗址博物馆：《昙石山遗址：福建省昙石山遗址 1954～2004 年发掘报告》,"图二〇一,2""图版七六,6",海峡出版发行集团、海峡书局,2015 年,第 290、446 页。

[8] 福建省昙石山遗址博物馆：《2009 年昙石山遗址考古发掘简报》,"图九""图十",《福建文博》2013 年第 2 期,第 28 页。

[9] 福建博物院、福建省昙石山遗址博物馆：《昙石山遗址：福建省昙石山遗址 1954～2004 年发掘报告》,"图二五七,9""图二四八,4""图版六九,5、6",海峡出版发行集团、海峡书局,2015 年,第 329、323、439 页。

[10] 福建省博物馆：《福建闽侯白沙溪头新石器时代遗址第一次发掘简报》,《考古》1980 年第 4 期。福建省博物馆：《闽侯溪头遗址第二次发掘报告》,《考古学报》1984 年第 4 期。

[11] 揭阳考古队、揭阳市文化局：《揭阳的远古与文明——榕江先秦两汉考古图谱》,"图 30",公元出版有限公司,2003 年,第 54 页。

[12] 福建省博物馆：《闽侯溪头遗址第二次发掘报告》,"图二七,15",《考古学报》1984 年第 4 期,第 487 页。

[13] 福建省博物馆：《闽侯溪头遗址第二次发掘报告》,"图二五,7、8、9、11",《考古学报》1984 年第 4 期,第 484 页。

　　石峡遗址石峡文化晚期墓葬 M54 的高领扁鼓腹圈足罐（M54：13）[1]与溪头遗址晚期墓葬 M34 出土圈足罐（M34：3）[2]极为相似，只是前者腹更扁，与长江中游地区屈家岭文化常见的高领扁鼓腹高圈足彩陶罐颇有相似之处。被认为是石峡遗址石峡文化最晚期墓葬的 M45 出土的曲折纹圈足罐（M45：31、M45：30）[3]与昙石山遗址圈足罐（M102：1、M139：1）也有点类似，只是后者领较长、腹稍鼓，器表饰绳纹。总体来看，昙石山文化的圈足罐类陶器领部普遍较长，器身素面者不少，饰纹者以竖向和斜向绳纹占绝大多数，几乎不见曲折纹，与虎头埔文化和横岭类型不同，这也暗示曲折纹的源头不在闽江下游。

　　昙石山文化目前认定的年代为距今 5000～4300 年，虽然主要根据昙石山遗址第二期遗存划分为前后五段，但仅从个别器物类型学的比较研究，还无法将横岭类型或虎头埔文化及石峡文化的早晚期与昙石山文化的五段分别对应起来。所以参照昙石山文化讨论横岭类型的绝对年代，也只能谨慎地将横岭类型的下限定在距今约 4300 年，溪头遗址和闽西北明溪县南山遗址 [4]同类遗存测年数据的下限也都在距今约 4300 年当可支持这个推论。未来南山遗址详细发掘资料和遗迹对应的测年数据的全面刊布无疑将有力推动对昙石山文化各期段绝对年代的认识。

　　李岩先生把横岭类型的年代推定为约距今 5000～4600 年，认为其开始的年代大体在崧泽文化与良渚文化之间，比较多的文化因素也来自环太湖地区的崧泽—良渚文化系统。横岭类型的年代上限是否能早到距今 5000 年，目前从福建的材料也得不出有说服力的结论。但李岩先生把石峡文化和横岭类型的研究视角指向长江下游的良渚文化乃至崧泽文化，是把广东新石器时代晚期考古学文化置于东南和华南这样大背景下来考察的。赵辉教授在 2023 年 11 月 16 日广西桂林"岭南地区早期文明化进程暨甑皮岩遗址发掘 50 周年"会议上的发言中提到，"横岭类型独特的器物类型、颇高的制作工艺和很高的专门化程度乃至商品化生产，其出现在岭南，都给人非常突兀的感觉。在采集经济社会中是如何形成这样一个文化的，我觉得这是一个今后需要深入研究的问题。"[5]所以，对横岭类型年代和文化因素来源的认识也要与长江下游及至长江中游更广阔的空间中新石器时代晚期考古学文化发展的进程联系起来看。

五　与浙西南好川文化比较

　　南山遗址地处闽西北的武夷山东麓，"武夷山脉、仙霞岭是钱塘江、瓯江、闽江和赣江的主

---

[1] 广东省文物考古研究所、广东省博物馆、广东省韶关市曲江区博物馆：《石峡遗址——1973～1978 年考古发掘报告》，"图二二〇，9""图版一五八，4"，文物出版社，2014 年，第 221 页。

[2] 福建省博物馆：《闽侯溪头遗址第二次发掘报告》，"图二七，19"，《考古学报》1984 年第 4 期，第 487 页。

[3] 广东省文物考古研究所、广东省博物馆、广东省韶关市曲江区博物馆：《石峡遗址——1973～1978 年考古发掘报告》，"图二一八，2、彩版三一，3""图二一八，4，图版一五九，2"，文物出版社，2014 年，第 219 页。

[4] 中国社会科学院考古研究所东南工作队、福建博物院、明溪博物馆：《福建明溪县南山遗址 4 号洞 2013 年发掘简报》，《考古》2017 年第 10 期。中国社会科学院考古研究所东南工作队、福建博物院、明溪县博物馆：《福建明溪县南山遗址》，《考古》2018 年第 7 期。

[5] 赵辉：《浅议岭南地区的中国化进程》，《文博学刊》2024 年第 1 期，第 7 页。

要支流信江的发源地与分水岭，也是各水系交通联系的枢纽和文化交流的纽带与桥梁。"[1]而主要分布于浙西南瓯江流域的好川文化则是探寻良渚文化发展走向和考察闽、赣、粤新石器时代晚期后段考古学文化互动关系的重要线索。遂昌县好川墓地位于岭头岗岗顶，残存的80座墓葬顺山脊呈西北至东南走向分布，多数墓坑长宽比例接近，有的呈方形。陶豆占出土陶器总数的57%，是好川墓地出现频率最高、数量最多、形式变化最丰富复杂的陶器，垂棱、镂孔是其特点，构成好川墓地最突出的文化特征。发现有46件印纹陶罐，占出土陶器总数的6.04%，多为夹砂陶，个别为泥质陶，拍印纹样有条纹、曲折纹、叶脉纹等。"朱红彩在好川墓地与曲折纹陶器同时出现，当与昙石山文化不无关系。所不同的是，好川墓地朱红彩多见于陶豆、三足盘和陶杯上，条带、圆斑是好川墓地施彩的主要方法与纹样，施彩一般在口沿、圈足等比较显眼的部位。"[2]好川墓地的相对年代大约在良渚文化晚期至夏末商初，绝对年代约为距今4300～3700年，前后延续600年左右。

好川墓地条纹、曲折纹陶器被认为是受昙石山文化影响的结果，其中B型印纹陶罐表现得最为明显。好川墓地第五期墓葬A型Ⅱ式印纹陶罐（M4∶35、M13∶3）[3]与昙石山遗址昙石山文化印纹陶罐（M125∶4、M120∶1、M149∶1、M149∶4）[4]较为相似，差别主要在于器表装饰和圈足高矮。好川A型Ⅰ式印纹陶罐（M69∶1、M18∶11、M31∶2、M51∶24、M52∶9）[5]等与昙石山遗址1E型印纹陶罐和1F型陶壶器身相近，口沿则存在明显差别，后者形态更接近粤东虎头埔文化直领矮圈足罐，但好川M69∶1印纹陶罐[6]与昙石山文化晚期的闽侯县洋里乡大坪顶遗址第二期遗存M1出土泥质硬灰陶圈足罐（M1∶2）[7]颇为相似，只是前者腹较圆鼓。好川B型圜底印纹陶罐在昙石山文化基本不见同类型器物，但在闽北浦城县牛鼻山遗址上文化层发现有与其类似的印纹陶罐（M16∶6、M13∶1）[8]，说明浙南、闽北间的交流更为密切。

除了印纹陶器，好川Ⅰ式鼎（M8∶5）和B型Ⅰ、Ⅱ式三足盘（M2∶4、M14∶6）[9]如同昙石山文化敞口宽折沿釜下加三个扁条形足，只是前者为圜平底。好川M51∶14三足盘[10]与昙石山遗址三期M130∶4鼎近似，差别主要表现在口沿和底部。好川第二期墓葬M32的陶簋（M32∶9、

[1]　浙江省文物考古研究所、遂昌县文物管理委员会：《好川墓地》，文物出版社，2001年，第121页。

[2]　浙江省文物考古研究所、遂昌县文物管理委员会：《好川墓地》，文物出版社，2001年，第121、122页。

[3]　浙江省文物考古研究所、遂昌县文物管理委员会：《好川墓地》，"图八五，12""图一○五，1"，文物出版社，2001年，第141、171页。

[4]　福建博物院、福建省昙石山遗址博物馆：《昙石山遗址：福建省昙石山遗址1954～2004年发掘报告》，"图二五七，9""图二四八，4"，海峡出版发行集团、海峡书局，2015年，第329、323页。福建省昙石山遗址博物馆：《2009年昙石山遗址考古发掘简报》，"图九""图一○"，《福建文博》2013年第2期，第28页。

[5]　浙江省文物考古研究所、遂昌县文物管理委员会：《好川墓地》，"彩版一○，3""图版二八，2""图版四一，2""图版六五，6""图版六六，2"，文物出版社，2001年。

[6]　浙江省文物考古研究所、遂昌县文物管理委员会：《好川墓地》，"彩版一○，3"，文物出版社，2001年。

[7]　福建省昙石山遗址博物馆：《闽江下游流域史前遗址考古调查与研究》，"图版15，3"，科学出版社，2018年。

[8]　福建省博物馆：《福建浦城县牛鼻山新石器时代遗址第一、二次发掘》，"图二一，1、2"，《考古学报》1996年第2期。

[9]　浙江省文物考古研究所、遂昌县文物管理委员会：《好川墓地》，"图九二，13""彩版七，1、2"，文物出版社，2001年，第152页。

[10]　浙江省文物考古研究所、遂昌县文物管理委员会：《好川墓地》，"图一七一，7"，文物出版社，2001年，第256页。

M32：11）[1] 与昙石山遗址 A Ⅰ 式陶簋（M140：4、M121：6、M142：8）[2] 也有相似之处。好川大口尊（M29：4）[3] 与昙石山陶壶（M125：2、M126：1、M136：1）[4] 类似，只是后者有圈足，而好川三期墓葬 M14 出土陶尊（M14：16）[5] 与昙石山遗址昙石山文化三期 M136 所出陶壶（M136：1）形体近似，差别主要在于折腹位置、圈足高矮和器表装饰。好川墓地陶杯（M58：11）[6] 与昙石山文化 2F 型陶杯（M125：5、M109：2、M9：2、M122：1）[7] 等估计也有渊源关系。

好川墓地泥质灰胎黑皮陶占相当数量，磨光黑皮陶也是良渚文化最具特色的文化因素之一，在闽江下游的昙石山文化也有少量发现。闽西北南山遗址也有黑皮陶的发现，南山遗址山顶发掘区第四期遗存磨光黑皮陶豆（X1：9）[8] 器形与好川 M52：16、M31：9 陶豆有相同之处。好川墓地钵形陶豆（M62：8、M31：14）与南山遗址第三期遗存陶豆（H4：5）[9] 当属同源器物。好川墓地部分 A 型陶杯（M36：2、M38：2、M44：8、M44：9）[10] 等的造型与南山遗址第四期遗存 M2 出土的陶壶（M2：1）[11] 也有异曲同工之处，可能也存在同源关系。南山遗址的资料尚未全部刊布，具体文化面貌和特征尚不明晰，但就目前简报所披露的信息来看，其与好川文化的联系紧密程度要高过昙石山文化，黑皮陶上绘红彩也是二者共有的文化因素，这显然与其地处闽西北毗邻浙西南有关，闽江下游的昙石山文化对好川文化的影响是经由武夷山东麓的闽西北地区实现的。南山遗址第一至四期新石器时代晚期遗存的年代为距今 5800～4300 年，年代要早于好川墓地，这从上述典型陶器类型学的对比中也能反映出来。

根据目前的研究成果，好川文化可以分为好川类型和曹湾山类型[12]。位于温州市鹿城区藤桥镇渡头村的曹湾山遗址是好川文化在瓯江下游的重要遗存，清理出好川文化墓葬 35 座，均大致呈

————————

[1]　浙江省文物考古研究所、遂昌县文物管理委员会：《好川墓地》，"图版四四，2、4"，文物出版社，2001 年。

[2]　福建博物院、福建省昙石山遗址博物馆：《昙石山遗址：福建省昙石山遗址 1954～2004 年发掘报告》，"图版七八，1～3"，海峡出版发行集团、海峡书局，2015 年。

[3]　浙江省文物考古研究所、遂昌县文物管理委员会：《好川墓地》，"彩版一九，2"，文物出版社，2001 年。

[4]　福建博物院、福建省昙石山遗址博物馆：《昙石山遗址：福建省昙石山遗址 1954～2004 年发掘报告》，"图版七三，1、3""图版七一，5"，海峡出版发行集团、海峡书局，2015 年。

[5]　浙江省文物考古研究所、遂昌县文物管理委员会：《好川墓地》，"图版二五，5"，文物出版社，2001 年。

[6]　浙江省文物考古研究所、遂昌县文物管理委员会：《好川墓地》，"图版七四，4"，文物出版社，2001 年。

[7]　福建博物院、福建省昙石山遗址博物馆：《昙石山遗址：福建省昙石山遗址 1954～2004 年发掘报告》，"图版一〇一，3、2、5、4"，海峡出版发行集团、海峡书局，2015 年。

[8]　中国社会科学院考古研究所东南工作队、福建博物院、明溪县博物馆：《福建明溪县南山遗址》，"图二五"，《考古》2018 年第 7 期。

[9]　中国社会科学院考古研究所东南工作队、福建博物院、明溪县博物馆：《福建明溪县南山遗址》，"图一八"，《考古》2018 年第 7 期。

[10]　浙江省文物考古研究所、遂昌县文物管理委员会：《好川墓地》，"彩版一八，1""图版四九，2""图版五二，3、4"，文物出版社，2001 年。

[11]　中国社会科学院考古研究所东南工作队、福建博物院、明溪县博物馆：《福建明溪县南山遗址》，"图二四"，《考古》2018 年第 7 期。

[12]　仲召兵、裘佳欢：《好川文化进展与思考》，见浙江省博物馆编《东方博物（第七十六辑）》，中国书店，2020 年。浙江省文物考古研究所、温州市文物考古研究所、温州博物馆：《曹湾山》，文物出版社，2022 年，第 231～233 页。仲召兵、刘团徽：《浙南近十年史前考古进展与思考》，《东南考古研究（第五辑）》，厦门大学出版社，2023 年。

东西向，为窄长方形竖穴土坑墓。发掘者将曹湾山墓地分为连续发展的三期四段、二期与好川墓地四期、山崖尾墓地二期相当或接近，三期与山崖尾墓地四期接近，绝对年代距今约 4500～4200 年。[1] 曹湾山墓地二期早段 M14 矮领扁鼓腹矮圈足印纹灰陶罐（M14：2）[2] 与横岭 M2：1、M19：1、M20：1、M34：3、M50：1 等矮领鼓腹圈足罐形态非常接近，曹湾山文化层中出土的罐、瓮、壶的口沿有不少也与横岭遗址同类器相似，大致呈东西向排列的窄长方形竖穴土坑的墓葬形制也表现出曹湾山类型在墓葬形制方面与横岭类型的相似度要高于好川类型。

《好川墓地》报告中提到"石峡文化丰富多样的文化面貌，多元的文化内涵，是良渚文化、昙石山文化、樊城堆文化共同影响作用于当地土著文化的结果。良渚文化、昙石山文化向岭南的传播路线与樊城堆文化向岭南的传播通过陆路不同，可能是通过沿海通道实现的。珠江三角洲地区是文化传播的中间带"。[3] 好川墓地三期墓葬印纹陶罐（M51：24）[4] 为夹砂红褐陶，器表拍印"之"字形曲折纹，肩、腹各饰一道泥条状附加堆纹。器形虽与石峡文化晚期墓葬印纹陶罐（M45：30）接近，但质色与口沿还是相差甚大，可能既有地域的差别，也有时代的差别。从印纹陶器特征来看，好川文化印纹陶器起始的时代要略晚于粤东虎头埔文化和珠三角北部的横岭类型，结合昙石山遗址、大坪顶遗址、南山遗址等的碳 -14 测年数据，也可佐证横岭类型的年代要略早于好川文化，约与昙石山文化中晚期和石峡遗址石峡文化相当。

六　与良渚文化、崧泽文化、屈家岭文化比较

"石峡文化墓葬中玉钺、玉琮、玉龙首环、玉环形琮、宽带玉环、玉锥形器和贯耳壶的发现和出土，引起考古学界的关注。上述玉器形制，显然具有良渚文化的特征。推测石峡文化先民，于太湖地区良渚文化中期、晚期时，两地曾有过直接交往。"[5] 横岭随葬的宽边玉镯（M19：1）追本溯源应该也是源自环太湖流域的良渚文化，如上海福泉山遗址（M9：29）[6]、江苏无锡邱承墩遗址（M3：15、JS1①：9）[7]、江苏兴化蒋庄遗址（M100：4）[8]、浙江余杭瑶山遗址（M11：67、M7：6、M7：37、M7：39、M10：26、M10：27）[9]、桐庐小青龙遗址（M15：3）[10]

[1]　浙江省文物考古研究所、温州市文物考古研究所、温州博物馆：《曹湾山》，文物出版社，2022 年。

[2]　浙江省文物考古研究所、温州市文物考古研究所、温州博物馆：《曹湾山》，"图 3-10B、彩版一四，3"，文物出版社，2022 年，第 18 页。

[3]　浙江省文物考古研究所、遂昌县文物管理委员会：《好川墓地》，文物出版社，2001 年，第 124 页。

[4]　浙江省文物考古研究所、遂昌县文物管理委员会：《好川墓地》，"图版六五，6"，文物出版社，2001 年。

[5]　广东省文物考古研究所、广东省博物馆、广东省韶关市曲江区博物馆：《石峡遗址——1973～1978 年考古发掘报告》，文物出版社，2014 年，第 396 页。

[6]　上海市文物管理委员会、黄宣佩：《福泉山——新石器时代遗址发掘报告》，"彩版二七，5"，文物出版社，2000 年。

[7]　南京博物院、江苏省考古研究所、无锡市锡山区文物管理委员会：《邱承墩：太湖西北部新石器时代遗址发掘报告》，"图二三二、二三三""图一一二、一一三"，科学出版社，2010 年，第 98、99、49 页。

[8]　南京博物院：《江苏兴化蒋庄遗址良渚文化高等级墓葬发掘简报》，《东南文化》2022 年第 5 期，"彩插七，2"。

[9]　浙江省文物考古研究所：《瑶山》，"彩图 492、204、208、210、399、400"，文物出版社，2003 年，第 301、249、250、285 页。

[10]　浙江省文物考古研究所、桐庐博物馆：《小青龙》，"彩版 3-39，5"，文物出版社，2017 年。

等都出有同类型玉镯，时代约在良渚文化中期前后，横岭此型玉镯估计也是良渚文化间接影响下的产物。但此"间接"是沿海路经闽江下游、粤东抵达珠江三角洲的，还是顺武夷山两麓经粤北影响到珠江三角洲北部的，目前还说不清楚。"应该说，好川墓地与石峡墓地的关系是间接的，良渚文化、昙石山文化是两地间联系的纽带和桥梁，是以良渚文化、昙石山文化的向外传播为载体实现的。好川文化、石峡文化都吸收融合了良渚文化、昙石山文化的某些因素，属文化发展的互动、同步现象。"[1] 史前文化的传播、交流、融合的现实情况远比想象的要复杂，未解之谜很多。

虽然从部分随葬器物上能看到好川文化、昙石山文化、石峡文化相互间的交流和影响，但在墓葬形制尤其是排列方向和墓坑长宽比例方面显示出明显的不同。好川墓地残存的80座墓葬多数顺岭头岗山脊呈西北至东南走向分布，大部分墓坑长宽比例接近，原墓坑深度较深。曹湾山墓葬大致呈东西向排列的窄长方形竖穴土坑的墓葬形制表现出与横岭墓葬更高的相似度，不知是否因为二者都地处沿海。昙石山文化墓葬平面形状以长方形居多，宽窄均有，大致呈东北—西南、西北—东南或东—西方向排列，墓坑普遍不深。闽北牛鼻山遗址的墓葬虽然排列方向与昙石山文化大体一致，但墓坑宽度均较宽，表现出与好川文化更多的相似性，闽西北南山遗址山顶发掘区发现5座墓葬，简报报道的M2为长方形浅坑，东西向排列，更接近闽江下游昙石山文化的特点。石峡遗址石峡文化墓葬多为东西向长方形竖穴土坑，墓坑经火烧烤过，流行二次迁葬，二次葬墓多为深穴，其次是中等深穴，一次葬墓多为浅穴，少数为中等深穴，总体来说墓穴较深。但良渚文化墓葬基本上都是竖穴土坑墓，一般为南北向略偏西，墓主头向多朝南略偏东。以单人一次葬为主，多为仰身直肢。北向墓葬和东西向墓很少[2]。环太湖地区的江淮东部、宁绍平原及金衢盆地等地区墓向以朝东或东北为主，这些地区墓葬头向自马家浜时期以来一直以东向为主，显示出与环太湖地区不一样的地域特色[3]。但杭州湾北岸的上海奉贤柘林遗址发现良渚文化晚期墓葬20座，均为长方形浅土坑竖穴墓，墓向皆东偏南，葬式多为单人仰身直肢葬，仅发现1座二次葬，反映出与宁波地区、浙南、苏中等良渚文化边缘区墓向相似的特征。[4] 珠江三角洲北部的横岭、茶岭、甘草岭、浮扶岭等新石器时代晚期墓地所发现的墓葬几乎都是大致东西向排列的长方形浅穴土坑墓，珠三角腹地的南海市鱿鱼岗贝丘遗址第一期遗存墓葬也是东西向排列的浅穴长方形土坑墓。从这些墓葬的排列方向，不知是否可以印证至少在新石器时代晚期始，长江下游地区就存在通过浙东南、闽东一带沿海路与珠江三角洲的文化交往？或者可以认为，良渚文化、昙石山文化对珠江三角洲的影响或是沿海路直接进入环珠江口地区的，或是经粤东沿东江水系南下的。而良渚文化对粤北石峡文化的影响主要是经浙西南—闽北、闽西北，顺武夷山两麓穿过南岭通道实现的？好川文化好川类型、牛鼻山类型与石峡文化的共性要远大于横岭类型，从文化因素和地理

[1] 浙江省文物考古研究所、遂昌县文物管理委员会：《好川墓地》，文物出版社，2001年，第125页。

[2] 陈明辉：《良渚文化与良渚文明》，《浙江考古（1979～2019）》，文物出版社，2019年，第146页。

[3] 陈明辉：《环太湖地区史前时期头向传统的区域差异及演变——兼谈良渚古城崛起的背景》，《博物院》2019年第2期。注：长江下游史前文化区的划分可参阅仲召兵：《长江下游地区崧泽文化圈的形成》，"图一"，《浙江省文物考古研究所学刊（第十一辑）：浙江省文物考古研究所建所四十年文萃》，文物出版社，2019年，第180页。

[4] 柘林遗址考古队：《良渚文化晚期临海遗址的考古成果——上海奉贤柘林遗址考古发掘取得的阶段性收获原创》，"文博中国"微信公众号，2022年7月19日。

位置环境的远近异同等都说明南岭山地与沿海三角洲平原远古文化有着本质差异。

目前经过系统整理并公布的考古发现和测年数据还不太能有效地反映出良渚文化、昙石山文化经珠江三角洲地区对石峡文化影响的明显证据，存在的主要疑虑在于横岭类型的年代是否能早到石峡文化早期，甚至早于石峡文化？横岭类型的某些文化因素是否源于崧泽文化晚期—良渚文化早期？而不是通常所认为的进入距今约5000年以后，珠江三角洲北部的考古学文化主要受到粤北山地同期文化的刺激和影响发展起来的，且良渚文化对珠江三角洲考古学文化的影响都是通过粤北石峡文化实现的？现阶段的材料显然是无法解决这些疑虑的，但李岩先生提出横岭类型个别文化因素的来源可能与崧泽文化晚期有关的观点，的确是拓展了看问题的深度和广度，提供了更多解决疑惑的视角。

罐、釜、豆、鼎是横岭墓葬随葬陶器的主要器类。崧泽文化晚期至末期的主要陶器组合是鼎、豆、罐、壶，鼎以釜形鼎为主流，鼎足以铲形为主，杭嘉地区釜形鼎绝大多数为鱼鳍形，而环太湖的其他地区普遍见有铲形。陶豆圈足上普遍饰弦纹、镂孔、刻划纹等装饰，盛行饰弧边三角形与圆形组合图案的镂孔，且敛口浅弧腹的豆外腹壁多见凸棱。崧泽文化末期流行在釜形鼎、盆形鼎的腹部黏附一周泥条，鼎足则是太湖腹地盛行凿形鼎足和铲形鼎足，而余杭地区仍以鱼鳍形足为主，少见凿形足。细高把的凸棱豆是崧泽文化末期最具代表性的陶豆类型，大口尊的出现与流行是此期又一个重要特点[1]。横岭类型鼎足主要都是正装铲状梯形足，具体形态虽与崧泽文化铲形鼎足有很大差异，但不见鱼鳍形和凿形鼎足。南河浜遗址部分陶鼎的铲形足（M2：3、M24：1、M74：3、M87：4）[2]与横岭遗址铲状梯形足也有相似之处。陶豆多为敛口浅腹、豆盘外腹壁有凸棱、圈足多饰弦纹和镂孔[3]，如嘉兴南河浜遗址部分陶豆（M40：1、M49：12）[4]、江阴南楼遗址M9和M18出土的陶豆[5]在横岭墓葬也能找到相似者。圈足罐一侧带角状把手的数量在横岭类型里虽然不多，但珠三角本地和粤北石峡文化都找不到源头，而崧泽文化带把陶器却比较常见。凡此种种，或可视为崧泽文化的遗风。崧泽文化末期流行的釜形鼎、盆形鼎腹部黏附一周泥条的做法在昙石山文化釜、鼎上也可见到，昙石山文化圈足罐一侧安装角形把手估计也和崧泽文化有关，并将此做法渐次传播至粤东虎头埔文化和珠三角横岭类型。

此外，横岭类型鼎足有不少足面侧边内卷或内折，此类卷边或折边的梯形鼎足在安徽萧县金寨遗址西区G6也有不少发现（G6⑦：166、G6⑦：167、G6⑦：154、TE5N27⑥B：6、H74：13）[6]，金寨遗址主体文化因素为大汶口文化晚期，同时可见典型的屈家岭文化、大河村文化和

[1] 仲召兵：《崧泽文化》，《浙江考古（1979～2019）》，文物出版社，2019年，第104、105页。

[2] 浙江省文物考古研究所：《南河浜——崧泽文化遗址发掘报告》，"图版三七，4""图版七〇，1""图版一五九，4""图版一七六，5"，文物出版社，2005年。

[3] 李岩先生在观摩横岭墓葬出土陶器时，特意强调这一点。

[4] 浙江省文物考古研究所：《南河浜——崧泽文化遗址发掘报告》，"图版一〇一，1""图版一二〇，4"，文物出版社，2005年。

[5] 南京博物院、上海大学文物与考古研究中心、江阴博物馆：《南楼：2006年度发掘报告》，"图一一三，1、2""图一三二，9、10""彩版九一，3""彩版九二，3""彩版一二九，1、4"，中国社会科学出版社，2018年，第119、146页。

[6] 安徽省文物考古研究所、萧县博物馆：《安徽萧县金寨新石器时代遗址西区2016年发掘简报》，"图六，5、6、7"，《东南文化》2020年第3期。安徽省文物考古研究所、萧县博物馆：《安徽萧县金寨新石器时代遗址北区2017年发掘简报》，"图一三，8、9"，《东南文化》2020年第3期。

良渚文化因素，西区 G6 废弃堆积的形成年代距今 5000～4700 年。横岭墓葬所出陶豆（M10：4、M38：5）器形类似于湖北石首走马岭遗址 H74 所出陶豆（H74④：25）[1]，圈足上的半圆形镂孔装饰也见于横岭陶豆上，走马岭遗址 H74④遗存属屈家岭上层文化，年代距今 4800～4500 年。此处列举江淮东部和江汉平原的两个遗址，并非一定要与珠江三角洲北部的横岭遗址扯上关系，只是隐约感觉到长江中游地区的屈家岭文化可能也曾经洞庭湖流域或赣鄱流域穿越南岭通道对粤北和珠三角考古学文化产生过影响，只是目前发现或公布的材料还不够充分，还不太容易辨识出来自长江中游地区屈家岭文化的明显因素。李海荣先生关注到湘西怀化高坎垅遗址屈家岭文化晚期遗存的 M46 出土的矮圈足豆（M46：11）[2] 与石峡第一期文化的敛口圈足盘形制相似，[3] 此陶豆与走马岭 H74④：25 陶豆也非常相似，只是圈足较矮，与横岭 M10：4、M38：5 更为接近。华容车轱山遗址屈家岭晚期遗存 M31 出土陶壶（M31：3）、陶杯（M31：10）、陶碗（M31：12）整体造型及陶豆圈足镂孔（M31：5），以及 T4④ 和 M165 出土的陶杯（T4④：3、M165：5）等 [4]，均在横岭遗址所出同类器中找到相似之处。这些线索或许反映出洞庭湖流域的屈家岭文化至少在其中晚期阶段越过南岭影响到了粤北甚至珠江三角洲北部。

────────────

[1]　武汉大学历史学院考古系、石首市走马岭考古遗址公园管理所：《湖北石首市走马岭新石器时代城址的发掘》，"图二九，5、图三一"，《考古》2018 年第 9 期。

[2]　湖南省文物考古研究所、怀化地区文物工作队：《怀化高坎垅新石器时代遗址》，"图二〇，2、图版贰，5"，《考古学报》1992 年第 3 期。

[3]　深圳市文物考古鉴定所：《深圳咸头岭：2006 年发掘报告》，文物出版社，2013 年，第 260～262 页。

[4]　湖南省文物考古研究院、科技考古与文物保护利用湖南省重点实验室：《华容车轱山——新石器时代遗址发掘报告》，"图版一四，2""图版一五，1、3""图版一四，4""图版二〇三，2、5"，文物出版社，2023 年。

后　记

　　《从化横岭——新石器时代遗址发掘报告》终于要付梓出版了，按照大多数考古人的说法——压在心头的一座大山终于搬走了，我本人对此也颇有同感，虽然只是其中的一座大山。

　　这个十一年前配合高速公路建设进行的抢救性考古发掘，田野工作的结束只是完成前面的一部分工作，考古资料的整理和公开发表才是考古发掘工作的最终完成。对于横岭遗址2013年度考古发掘项目来说，本报告的出版算是阶段性成果的体现，后期还会以论文和简报的形式陆续公布横岭遗址新石器时代陶器科技考古的成果和横岭遗址历史时期遗存的考古发现。

　　除了珠三角本地的文化因素，横岭新石器时代遗址是目前所见粤东虎头埔文化因素集中出现最西边的遗址，其中部分陶器和玉石器又可看到来自粤北石峡文化的影响，所以在发掘过程当中就受到很多专家学者的关注和指导，都希望在田野工作结束之后尽快进行室内整理和材料公布。但由于诸多主客观原因，尤其是整理场地的局限和地层出土陶器拼对的难度很大，整理工作的进度一直不尽如人意。好在2022年第4期的《文博学刊》"纪念石峡遗址发现50周年"专刊上我们发表了《广东从化横岭遗址新石器时代墓葬发掘简报》，算是发掘报告正式出版之前的墓葬资料较为全面地公布，同时也促使我们加快报告的编撰进度。

　　在资料的整理和报告的编撰过程中，本人深刻感触到广州地区新石器时代晚期到夏商之际的史前阶段考古发现资料公布及其相关研究的不足，典型陶器类型学研究和对应的绝对年代测年数据都极度缺乏，分区明确、序列演化清晰的考古学文化谱系还没有完全建立起来。因此，本报告的宗旨是尽可能全面客观地介绍材料，哪怕有疑问、认识不到位的也予以公布，特别是地层当中出土的陶器残件。陶器的分类和典型陶器的分型分式以及在此基础上的分期断代因为附加有很多主观的因素，肯定存在型式划分不正确和判断有误的地方，将来随着英德岩山寨、黄埔陂头岭、茶岭、甘草岭等遗址考古发掘资料的陆续公布，从化横岭发掘报告的内容还存在进一步修正的地方。

　　横岭遗址资料整理和报告编撰除了我们自己整理团队的辛勤付出之外，更离不开诸多专家学者的关心和指导，尤其是长期关注横岭遗址发掘资料整理的李岩学长，对报告的编写体例、发掘资料的刊布、陶石器科技考古检测分析等都给出参考意见，并且在其《石峡文化墓地研究》文章中提出了以横岭遗址墓葬材料为代表的"横岭类型"的命名。虽然本人并不完全赞同李岩学长对"横岭类型"绝对年代的判断，但并不影响我们之间深厚的学术情谊，所以在本人的盛邀之下，李岩学长为本报告题写书名并作序，奖掖后学的拳拳心意让人钦佩。本报告的责编秦彧对报告文字、插图、彩版提出了一些很好的修改意见。

　　借此后记，本人再次对参与资料整理的诸多同仁以及指导报告编写的专家学者表示诚挚的谢意！

张强禄

2024年6月

彩　版

1. 横岭北坡远景

2. 横岭Ⅲ区清表工作

彩版一　横岭遗址

1. 发掘现场全站仪布方

2. 发掘现场测绘

彩版二　发掘现场布方与测绘

彩版三　横岭遗址发掘区全景（上北下南）

1. Ⅲ区山下发掘现场

2. 采用1/2解剖法清理墓葬

彩版四 横岭遗址发掘现场

1. 发掘现场绘图

2. Ⅲ区山顶清理墓葬陶器

彩版五　横岭遗址发掘现场

1.发掘现场全站仪测量

2.发掘现场测绘工作

彩版六　横岭遗址发掘现场

1.出土石器现场鉴定岩性

2.出土文物现场修复工作

彩版七　出土文物现场鉴定与修复

1.广州市陈建华市长等参观考古发掘现场

2.向建设单位赠送锦旗

彩版八 地方领导与单位对考古工作的支持

1. T1624③：16

2. T1726⑤、T1826④

3. T1826④、T2144①

4. T1826④、T2144①

5. T1826④、T2144①

6. T1826⑤：68

7. T2026④：12

8. T2238④、T2230③

彩版九　横岭陶器制作工艺

1. 横岭陶釜纹饰及烟炱痕T1940③（曲折纹）

2. 横岭陶釜纹饰及烟炱痕T1940③（条纹）

彩版一〇　横岭陶釜纹饰及烟炱痕

1. T1726②：2（条纹）

2. T2026④：1（涡纹）

3. T1825④：8（重菱格突块纹）

4. T2029③：7（曲折纹）

5. T1825③：1（交错条纹加附加堆纹）

6. T1826④：2（条纹加附加堆纹）

7. T1926②：3（交错条纹）

8. T1926④：1（斜条纹加附加堆纹）

彩版一一　Ⅱ区陶器纹饰标本

1. T2026④：1（涡纹）

2. T2026④：4（条纹）

3. T1926④、T1825④、T2026②（交错条纹、曲折纹加横条纹）

4. T2026④、T1926④：43、T1727④、T1826④（条纹）

5. T1825④：32、T1926⑤、T1826⑤东隔梁、T1926⑤（条纹、
条纹加附加堆纹、曲折纹加附加堆纹）

6. T1826④：13、T1826③东隔梁、T2028④、T2026④（条纹加
附加堆纹、曲折纹加附加堆纹）

7. T1727④、T2235④、T1826H19：2、T2026④（曲折纹、梯格
纹、条纹加附加堆纹、交错条纹加附加堆纹）

8. T1624③：18（梯格纹）

彩版一二　Ⅱ区陶器纹饰标本

1. T2141④（叶脉纹加曲折纹）

2. T2141③：6（交错条纹）

3. T2235④：4（绳纹）

4. Ⅲ采（条纹加附加堆纹）

5. T1926④：42（曲折纹）

6. Ⅲ采、T1939③a（曲折纹、条纹加附加堆纹）

7. T1939③a、T2038③、T1937③、T2036③（条纹、曲折纹、
梯格纹、涡纹、条纹加附加堆纹）

8. T2238④：11（条纹）

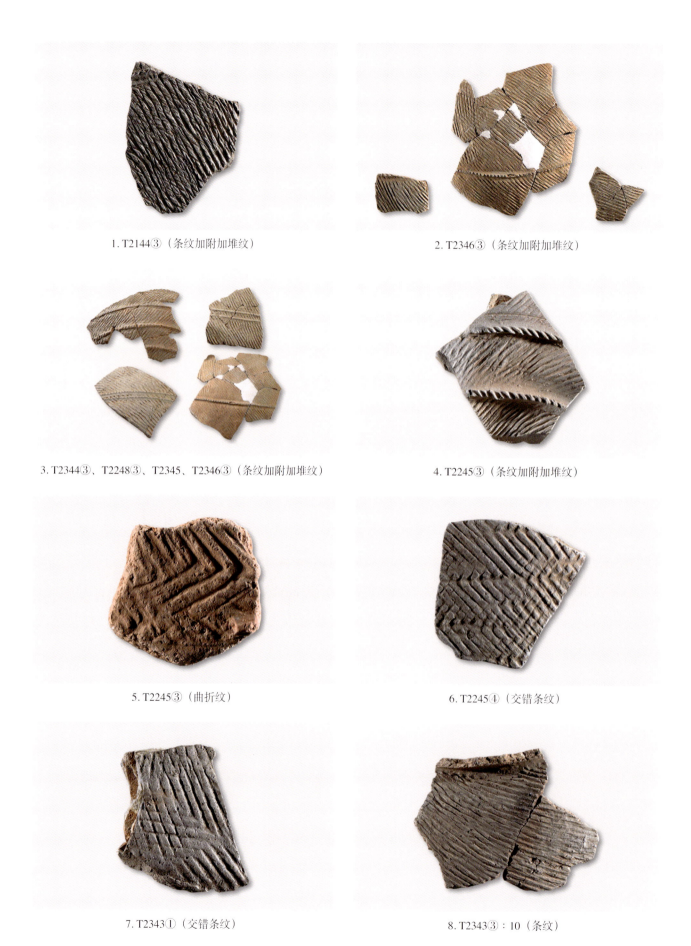

1. T2144③（条纹加附加堆纹）

2. T2346③（条纹加附加堆纹）

3. T2344③、T2248③、T2345、T2346③（条纹加附加堆纹）

4. T2245③（条纹加附加堆纹）

5. T2245③（曲折纹）

6. T2245④（交错条纹）

7. T2343①（交错条纹）

8. T2343③：10（条纹）

彩版一四　Ⅲ区山顶陶器纹饰标本

1. 陶器口沿内壁刻划符号

2. 陶器口沿内壁黑彩线绘

3. 陶器器表黑线彩绘标本

彩版一五　横岭陶器刻划符号与黑彩彩绘

彩版一六　Ⅰ区发掘全景（上北下南）

1. I区发掘现场（西—东）

2. I区T1211北壁

彩版一七　I区发掘现场

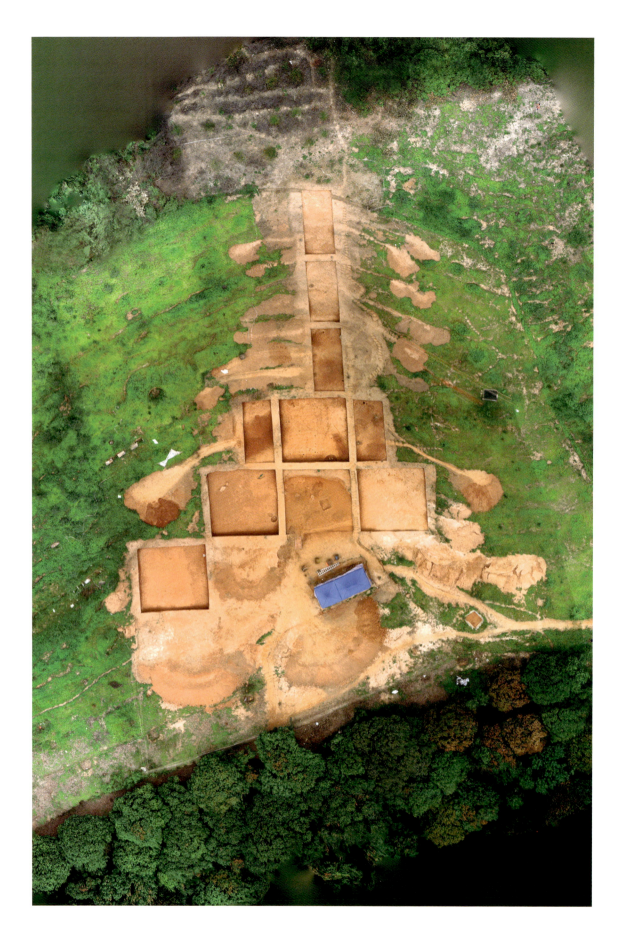

彩版一八　Ⅱ区发掘全景（上北下南）

1. Ⅱ区发掘现场（西南—东北）

2. Ⅱ区发掘现场（北—南）

彩版一九　Ⅱ区发掘现场

1. Ⅱ区发掘现场（北—南）

2. Ⅱ区发掘现场（北—南）

彩版二〇　Ⅱ区发掘现场

1. Ⅱ区T2022发掘完全景（东—西）

2. Ⅱ区T2022探沟西壁

彩版二一　Ⅱ区T2022发掘现场

1. Ⅱ区T2126探沟西壁

2. Ⅱ区T2230东壁

彩版二二　　Ⅱ区地层堆积

1. Ⅱ区T1826东壁

2. Ⅱ区T1826北壁

彩版二三　Ⅱ区地层堆积

1. Ⅱ区T1826南壁

2. Ⅱ区T1826西壁

彩版二四　Ⅱ区地层堆积

1. Ⅱ区T1624北壁

2. Ⅱ区T1624东壁

彩版二五　Ⅱ区地层堆积

1. M2墓口（东北—西南）

2. M2全景（东北—西南）

3. M2出土器物场景

4. M2出土器物场景

彩版二六　M2发掘现场

1. 圈足罐M2：1

2. 圈足罐M2：2

3. 圈足豆柄M2：3

4. 石刀（？）M2：4

彩版二七　M2出土遗物

1. M3墓口（南—北）

2. M3（东—西）

3. M3出土器物场景

4. M3出土器物场景

彩版二八　M3发掘现场

1. 陶鼎M3：1

2. 陶豆M3：2

3. 有肩石锛M3：3

彩版二九　M3出土遗物

1. H11坑口填土解剖（南—北）

2. H11坑底平面（南—北）

3. H18坑底平面（南—北）

彩版三〇　H11、H18发掘现场

1. H13坑底平面（东南—西北）

2. H19坑底平面（西—东）

3. 陶鼎足H19:1

4. 石锛H32:1

5. 陶泥块H33:2

6. 陶泥块H33:2

彩版三一　H13、H19及H19、H32、H33出土遗物

1. 双肩石锛打制坯H33：3

2. 玉锛H33：1

3. H26坑底平面（西—东）

4. 有肩石锛H27：1

5. 石环H27：2

彩版三二　H26及H27、H33出土遗物

1. 小口立领罐T1825④：15

2. 小口立领罐T1826④：25

3. 小口立领罐T1826④：26

4. 小口立领罐T1826④：56

5. 小口立领罐T1922④：16

6. 小口立领罐T2026②：11

彩版三三　Ⅱ区地层出土小口立领罐

1. 小口立领罐T1727④：6

2. 小口立领罐T1825④：30

3. 小口立领罐T2230③a：13

4. 小口立领罐T1922④：11

5. 小口立领罐T1827⑤：1

6. 小口立领罐T1825④：4

彩版三四　Ⅱ区地层出土小口立领罐

1. 小口卷沿罐T1826④：28

2. 小口卷沿罐T1826④：28

3. 小口卷沿罐T1922④：19

4. 大口卷沿罐T1922④：22

5. 小口卷沿罐T2229④：3

彩版三五　Ⅱ区地层出土小口卷沿罐、大口卷沿罐

1. 大口折沿罐T1826⑤：68

2. 大口折沿罐T1825④：10

3. 敛口罐T1926④：28

4. 敞口釜T1624③a：9

5. 盘口釜T1922③a：12

彩版三六　Ⅱ区地层出土陶器

1. 陶鼎足T1922④：26

2. 陶鼎足T1826④：64

3. 陶豆柄T1826④：46

4. 平底杯T1725④：18

5. 陶纺轮T1922④：1

6. 陶纺轮T1922④：3

彩版三七　Ⅱ区地层出土陶器

1. 有段石锛T1624④：1

2. 有肩石锛T2229④：4

3. 有肩石锛Ⅱ采：7

4. 有肩石锛Ⅱ采：7

5. 有肩石锛T1624④：3

6. 有肩石锛T1624④：3

彩版三八　Ⅱ区地层出土石锛

1. 有肩石锛T1926⑤：8

2. 有肩石锛T1926④：4

3. 有肩石锛T1624④：2

4. 有肩石锛T2229④：2

5. 有肩石锛T1827④：5

6. 有肩石锛T1827④：5

彩版三九　Ⅱ区地层出土石锛

1. 有肩石锛T2230③a：5

2. 有肩石锛T2230③a：5

3. 有肩石锛T1826④：13

4. 有肩石锛T2126④：3

5. 大型石锛刃部残件T1922④：23

6. 石锛坯原石T2230③a：12

彩版四〇　Ⅱ区地层出土石锛

1. 无肩无段石锛T2230③a：2

2. 无肩无段石锛T2230③a：2

3. 无肩无段石锛T2230③a：8

4. 无肩无段石锛T2230③a：8

5. 无肩无段石锛T2230③a：6

6. 无肩无段石锛Ⅱ采：8

彩版四一　Ⅱ区地层出土石锛

1. 石锛坯T1926④∶2

2. 石锛坯T1826④∶8

3. 石锛坯T1827⑤∶3

4. 石锛坯T1827⑤∶3

5. 石锛坯T1926③a∶1

6. 石锛坯T1926③a∶1

彩版四二　Ⅱ区地层出土石锛坯

1. 穿孔石斧T1826⑤：15

2. 无孔扁平石斧T1926④：3

3. 无孔扁平石斧T1922④：7

4. 无孔扁平石斧T1922④：7

5. 无孔扁平石斧T1725④：6

6. 无孔扁平石斧T1726⑤：2

彩版四三　Ⅱ区地层出土石斧

1. 无孔扁平石斧T2126③a：4

2. 无孔扁平石斧T2022④：1

3. 无孔扁平石斧T1726③a：4

4. 穿孔石斧T1825⑤：2

5. 石凿T2229④：5

6. 石凿T1825④：1

彩版四四　Ⅱ区地层出土石斧、石凿

1. 石镞坯T1826④：6

2. 石镞坯T1826④：6

3. 石镞坯T1826④：12

4. 石锤T1922①a：5

5. 石锤T1725③a：7

6. 石锤T1725③a：7

7. 石球T1826⑤：23

8. 石球T1827④：7

彩版四五　Ⅱ区地层出土石器

1. 砺石T1624③a：6

2. 砺石T1726④：7

3. 砺石T1826④：7

4. 石环T1926⑤：5

5. 石环T1826③a：3

彩版四六　Ⅱ区地层出土砺石、石环

1. 石环T2230③a：7

2. 石环T1926⑤：6

3. 石环T1926⑤：10

4. 石环T1922③a：4

5. 石环T2230①a：1

6. 石环T1725③a：3

7. 石环T1725③a：1

8. 石环T1826③a：1

彩版四七　Ⅱ区地层出土石环

1. 石环芯T1926⑤：7

2. 石环芯Ⅱ采：6

3. 石环芯T1827⑤：2

4. 石环芯T1827⑤：2

5. 石环芯T1725④：2

6. 石环芯T1826④：16

彩版四八　Ⅱ区地层出土石环芯

1. 不明石器T1310①a：1

2. 不明石器T1922③a：2

3. 不明石器T1922③a：2

4. 不明石器T1826④：2

5. 不明石器T1826⑤：18

6. 不明石器T1826⑤：18

7. 不明石器T1725⑤：8

8. 不明石器T1624③a：5

9. 不明石器T2229③a：1

10. 不明石器T2230③a：14

彩版四九　Ⅱ区地层出土不明石器

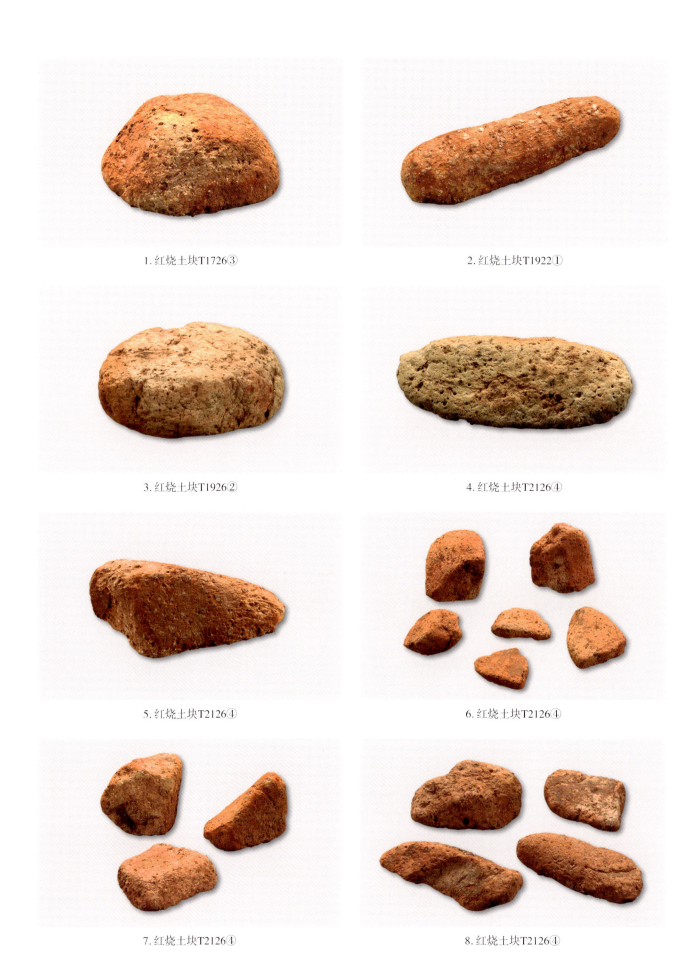

1. 红烧土块T1726③

2. 红烧土块T1922①

3. 红烧土块T1926②

4. 红烧土块T2126④

5. 红烧土块T2126④

6. 红烧土块T2126④

7. 红烧土块T2126④

8. 红烧土块T2126④

彩版五〇 Ⅱ区地层出土红烧土块

彩版五一　Ⅲ区发掘现场中期航拍（上北下南）

1. Ⅲ区发掘区全景（西—东）

2. Ⅲ区山下发掘探方全景（西—东）

彩版五二　Ⅲ区发掘现场

1. Ⅲ区山下T2338发掘完全景（南—北）

2. Ⅲ区山下T2235西壁

彩版五三　Ⅲ区山下发掘现场

1. Ⅲ区山下T2036东壁

2. Ⅲ区山下T2038东壁

彩版五四　Ⅲ区山下地层堆积

1. T2141北壁

2. T2141东壁

彩版五五　Ⅲ区山下地层堆积

1. T1938北壁

2. T1938南壁

彩版五六　Ⅲ区山下地层堆积

1. T1940东壁

2. T1834东壁

彩版五七　Ⅲ区山下地层堆积

1. T1834南壁

2. T1834西壁

彩版五八　Ⅲ区山下地层堆积

1. H5填土解剖（西—东）

2. H5坑底面（东—西）

彩版五九　Ⅲ区山下灰坑

1. H6坑底面（西—东）

2. H7坑底面（西—东）

3. H8坑底平面（南—北）

4. 陶纺轮H8：1

彩版六〇　Ⅲ区山下灰坑及出土遗物

1. H9坑底面（北—南）

2. H14坑底面（西南—东北）

3. 有肩石锛H14：1

彩版六一　Ⅲ区山下灰坑及出土遗物

1. H21填土解剖（南—北）

2. H21坑底出土石锛坯

3. 石锛坯H21：1

彩版六二　Ⅲ区山下灰坑及出土遗物

1. T1939④层遗迹分布平面（南一北）

2. T1940④层柱洞分布平面（东一西）

彩版六三　Ⅲ区山下遗迹

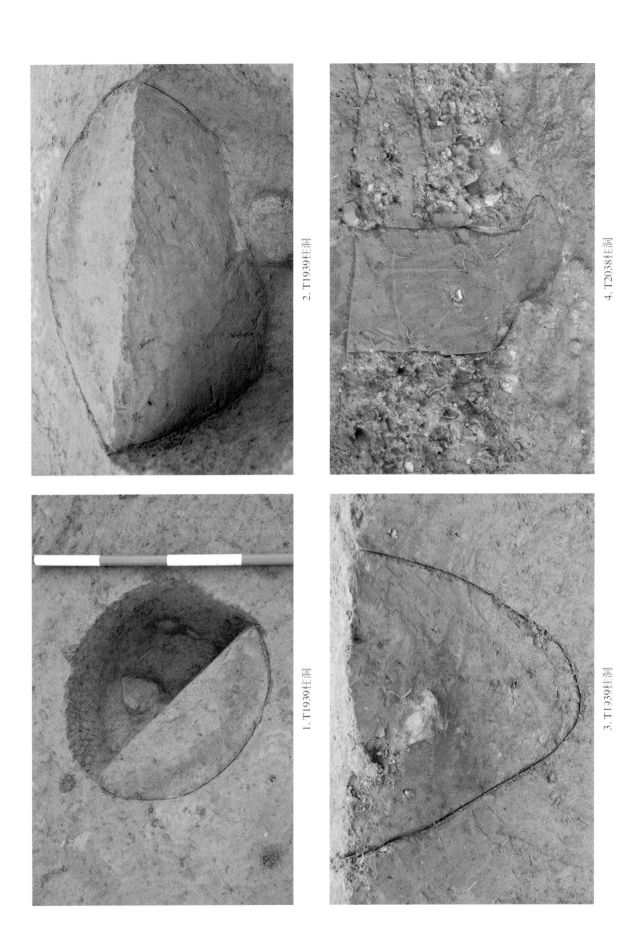

2. T1939柱洞

4. T2038柱洞

1. T1939柱洞

3. T1939柱洞

彩版六四　Ⅲ区山下遗迹

1. 小口立领罐T2138③a：5

2. 小口立领罐T1937③a：6

3. 小口立领罐T1940③a：15

4. 小口立领罐把手T2238④：12

5. 小口立领罐T1937③a：7

6. 小口立领罐T2141④：8

7. 小口立领罐T2141③a：10

8. 小口立领罐T2036③a：4

彩版六五　Ⅲ区山下地层出土小口立领罐

1. 小口立领罐T2038③b：16

2. 小口立领罐T2141④：12

3. 小口立领罐T1939③a：28

4. 大口立领罐T2038③a：7

5. 小口卷沿罐T2036③b：13

6. 小口卷沿罐T1938③a：6

7. 小口卷沿罐T1939③a：13

8. 小口卷沿罐T2036③b：9

彩版六六　Ⅲ区山下地层出土陶罐

1. 大口卷沿罐T2141③b：14

2. 大口卷沿罐T2038③a：11

3. 大口卷沿罐T2038③a：6

4. 大口卷沿罐T1939③a：16

5. 大口卷沿罐T2238③a：5

6. 大口折沿罐T1940③a：13

7. 大口折沿罐T2038③b：8

8. 大口折沿罐T1937③a：8

彩版六七　Ⅲ区山下地层出土陶罐

1. 有肩石锛T1939③a：2

2. 有肩石锛T2141③a：4

3. 有肩石锛T1940③a：10

4. 有肩石锛T1940③a：10

5. 有肩石锛T1939③a：1

6. 有肩石锛T1939③a：1

彩版六八　Ⅲ区山下地层出土石锛

1. 无肩无段石锛T1938③a：4

2. 无肩无段石锛T1939③a：4

3. 无肩无段石锛T1940③a：5

4. 石锛坯H2：1

5. 石锛坯T2141③a：5

6. 石锛坯T2038③a：2

彩版六九　Ⅲ区山下地层出土石锛

1. 石斧T2338④：1

2. 石斧T2338④：1

3. 石矛T1939③a：5

4. 石镞T1940③a：8

5. 石杵T1939③a：10

6. 石杵T1937③a：4

彩版七〇　Ⅲ区山下地层出土石器

1. 石杵T2338④：2

2. 石杵T2338④：2

3. 石杵T1937③a：5

4. 石球T2036④：2

5. 石球T1940③a：2

6. 石球T1940③a：9

彩版七一　Ⅲ区山下地层出土石器

1. 石环T1939③a：6

2. 石环T2141③a：3

3. 石环T1937③a：1

4. 石环芯T1940③a：12

5. 石环芯T2138③a：1

6. 玉锛T1940③a：7

7. 玉环T2138③b：11

8. 红烧土T1938③a：11

彩版七二　Ⅲ区山下地层出土石器、玉器、红烧土

彩版七三　III区山顶墓地发掘现场航拍全景（上北下南）

1. Ⅲ区山顶墓地发掘现场

2. Ⅲ区山顶T2445④层下遗迹开口平面（北—南）

彩版七四　Ⅲ区山顶墓地发掘现场

1. Ⅲ区山顶T2344东壁

2. Ⅲ区山顶T2347南壁

彩版七五　Ⅲ区山顶地层堆积

1. Ⅲ区山顶T2244西壁

2. Ⅲ区山顶T2447北壁

彩版七六　Ⅲ区山顶地层堆积

1. Ⅲ区山顶T2246北壁

2. Ⅲ区山顶T2246南壁

彩版七七　Ⅲ区山顶地层堆积

1. Ⅲ区山顶红砂岩表面结构

2. Ⅲ区山顶墓葬排列局部（西—东）

彩版七八　Ⅲ区山顶墓地

1. M5（西—东）

3. 陶鼎M5：1

2. M5随葬陶鼎

4. M6（西—东）

彩版七九　M5、M6及出土遗物

1. M6随葬器物

2. 圈足罐M6：1

3. 圜底罐M6：2

4. 圜底罐M6：3

5. 圜底罐M6：5

彩版八〇　M6及出土遗物

1. M8（西—东）

3. 石环M8：2

2. M8石环出土场景

4. M9（东—西）

彩版八一　M8、M9及出土遗物

1. M10（东南—西北）

3. M7（东—西）

2. M10随葬器物

彩版八二　M10、M7

1. 石锛M10：1　　　　　　2. 陶釜M10：3　　　　　　3. 陶豆M10：4

4. 圈足罐M10：2　　　　　　　　　5. 圈足罐M10：2

6. 圈足罐M7填：2

彩版八三　M10、M7出土遗物

1. M12（西—东）

2. M12随葬器物

3. 圜底罐M12：4

4. 圜底罐M12：1

5. 石锛M12：3

彩版八四　M12及出土遗物

1.M13（东—西）

3.圜底罐M13：2

4.圜底罐M13：2口部

2.M13随葬器物

5.陶豆M13：1

彩版八五　M13及出土遗物

1. M14（西—东）

3. 圈足罐M14：1

4. 圜底罐M14：3

5. 陶豆M14：4

2. M14随葬器物

6. 砺石（或磨盘）M14：2

彩版八六　M14及出土遗物

1.M15（东—西）

3.陶豆M15：2

2.圈足罐M15：1

4.M26（东—西）

彩版八七　M15、M26及出土遗物

1. 圈足罐M26：1

3. 石锛M26：3

2. 陶豆M26：2

4. M48（西南—东北）

5. 圈足小罐M48：1

彩版八八　M48及M26出土遗物

1. M18（东南—西北）

2. 圜底罐M18∶2

3. M19（东—西）

4. 圈足罐M19∶4

5. 圜底罐M19∶2

6. 玉镯M19∶1

彩版八九　M18、M19及出土遗物

1. M20（西南—东北）

2. 圈足罐M20：3

3. 石环M20：4

4. M23（东南—西北）

彩版九〇　M20、M23及出土遗物

1.圈足罐M23：2

3.陶鼎M23：4

2.陶釜M23：6

4.石锛M23：3

5.石锛M23：3

彩版九一　M23出土遗物

1. M25（东—西）

2. M25随葬器物

3. 圈足罐M25：3

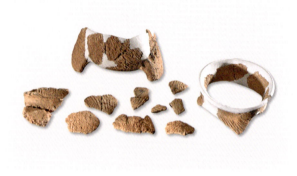

4. 陶鼎M25：2

5. 石锛M25：5

6. 石斧M25：4

彩版九二　M25及出土遗物

1. M27（东南—西北）

3. 圈足罐M27：2

4. 圜底罐M27：3

2. M27随葬器物

5. 陶豆M27：1

彩版九三　M27及出土遗物

1. M52（东—西）

4. M46（西—东）

2. 圈足罐M52：1

5. 圈足罐M46：2

3. 陶豆M52：2

6. 陶豆M46：3

彩版九四　M52、M46及出土遗物

1. M22（西南—东北）

4. M47（东南—西北）

2. 陶罐口沿M22：1

5. 圈足罐M47：3

3. 石锛M22：2

6. 石锛M47：1

彩版九五　M22、M47及出土遗物

1. M45（西—东）

4. 石锛M45：2

2. 圈足罐M45：1

5. M33（西—东）

3. 不明陶器M45：5

6. 陶豆M33：1

彩版九六　M45、M33及出土遗物

1. M34（东—西）

2. M34随葬器物

彩版九七　M34

1. 圈足罐M34：3

2. 陶釜M34：1

3. 陶鼎M34：2

4. 石锛M34：5

5. 石锛M34：5

6. 石镞M34：4

彩版九八　M34出土遗物

1. M41（西—东）

2. M41随葬器物

3. 圈足罐M41：1

4. 石锛M41：3

5. 陶豆M41：2

彩版九九　M41及出土遗物

1. M42（西—东）

2. M42随葬器物

3. 圈足罐M42：1

4. 石锛M42：2

5. 石锛M42：2

1. M43（西—东）

3. 圈足罐M43：1

4. 石锛M43：2

2. M43随葬器物

5. 石锛M43：2

彩版一〇一　M43及出土遗物

1. M4（东—西）

2. M4墓底随葬圜底罐

3. 陶釜M4：1

4. 圜底罐M4：4

5. 石锛M4：2

彩版一〇二　M4及出土遗物

1. M11（东南—西北）

2. M11（西南—东北）

6. 陶豆M11：2

3. 陶釜11：1

4. 陶釜M11：1口沿

5. 陶豆M11：3

7. 石凿M11：4

彩版一〇三　　M11及出土遗物

1. M17（西—东）

3. 陶豆M17：3

4. 石锛M17：1

2. 陶鼎M17：2

5. 石锤M17填：1

彩版一〇四　M17及出土遗物

1. M16（东—西）

4. M28（东—西）

2. 圈足罐M16：2

5. 圈足罐M28：3

3. 陶豆M16：1

彩版一〇五　M16、M28及出土遗物

1. M21（西南—东北）

2. 圈足罐M21：3

4. 陶豆M21：1

3. 圜底罐M21：2

5. 陶鼎M21：4

彩版一〇六　M21及出土遗物

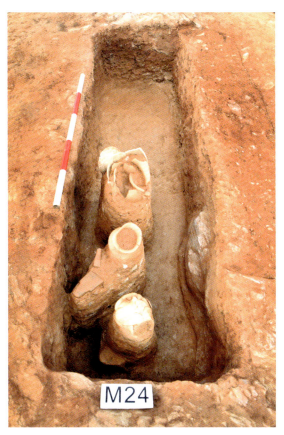

1. M24（西—东）

2. 圈足罐M24：1

3. 圜底罐M24：4

4. 陶豆M24：6

5. 陶釜M24：5

6. 石锛M24：3

7. 石凿M24：2

8. 石杵M24：7

彩版一〇七　M24及出土遗物

1. M44（西—东）

2. M44随葬器物

3. 圈足罐M44：1

4. 陶釜M44：4

彩版一〇八　M44及出土遗物

1. M49（西—东）

4. 陶釜M49：4

5. 陶豆M49：6

2. 圈足罐M49：2

6. 石锛M49：3

3. 圜底罐M49：1

7. 石锛M49：7

彩版一〇九　M49及出土遗物

1. M29（东—西）

4. M50（东—西）

2. 圜底罐M29：1

5. 圈足罐M50：1

3. 圈足罐M29：2

6. 陶鼎M50：2

彩版一一〇　M29、M50及出土遗物

1. M35（东—西）　　　　　　3. M36（西—东）

2. 石锛M35∶2

4. 圜底罐M36∶1

5. 陶豆M36∶3

6. 石锛M36∶2

彩版一一一　　M35、M36及出土遗物

1. M40（西北—东南）

2. 圈足罐M40：1

3. 石锤M40：2

4. M51（东—西）

5. M51随葬器物

6. 陶釜M51：1

彩版一一二　M40、M51及出土遗物

1. M30（东—西）

4. M32（西—东）

2. 圈足罐M30：2

5. 圈足罐M32：2

3. 圜底罐M30：3

6. 圈足罐M32：2

彩版一一三　M30、M32及出土遗物

1. M37（东—西）

2. M37随葬器物

3. 圈底罐M37：1

4. 陶豆M37：2

彩版一一四　M37及出土遗物

1. M38（西—东）

3. 陶豆 M38：1

4. 陶豆 M38：5

2. 圈足罐 M38：4

5. 石锛 M38：2

6. 石锛 M38：6

彩版一一五　M38及出土遗物

1. M39（西—东）

2. M39随葬器物

3. 陶釜M39：2

4. 陶豆M39：3

5. 石斧M39：1

彩版一一六　M39及出土遗物

1. M31（西—东）

2. M31随葬器物

3. 陶釜 M31 : 2

4. 陶豆 M31 : 1

1. G4沟底（东南—西北）

2. H34坑底面（南—北）

3. H35（南—北）

彩版一一八　G4与H34、H35

1. 小口立领罐T2344④：1

2. 小口立领罐T2345③：2

3. 小口立领罐T2245③：6

4. 小口立领罐T2442①：2

5. 小口立领罐T2447③：2

6. 小口立领罐T2248③：6

7. 大口卷沿罐T2348①：1

8. 大口卷沿罐T2343④：6

彩版一一九　Ⅲ区山顶地层出土陶罐

1. 罐圈足T2144③：10

2. 敞口釜T2347③：1

3. 敞口釜T2144④：5

4. 敞口釜T2145③：6

5. 敞口釜T2145③：6

6. 敞口釜T2249③：24

7. 敞口釜T2249③：24

8. 陶鼎足T2145③：20

彩版一二〇　Ⅲ区山顶地层出土陶器

1. 有段石锛T2144④：1

2. 有肩石锛T2346④：5

3. 有肩石锛T2246①：3

4. 有肩石锛T2345①：1

5. 有肩石锛T2249③：10

6. 有肩石锛T2447④：3

彩版一二一　Ⅲ区山顶地层出土石锛

1. 有肩石锛T2145④：2

2. 有肩石锛T2146④：1

3. 无肩无段石锛T2246④：5

4. 石锛坯T2346③：4

5. 石锛坯T2348③：2

彩版一二二　Ⅲ区山顶地层出土石锛

1. 石斧 T2249①：1

2. 石斧 T2249③：6

3. 石斧 T2346③：6

4. 石凿 T2249③：7

5. 石凿 T2245④：4

6. 石刀半成品或坯 T2246④：2

彩版一二三　Ⅲ区山顶地层出土石器

1. 石镞T2245③∶1

2. 石镞T2249③∶3

3. 石锤T2346③∶3

4. 石环T2249③∶11

5. 石环芯T2145③∶1

6. 不明石器T2244③∶2

7. 不明石器T2244③∶2

8. 不明石器T2145①∶5

9. 陶泥块T2447③∶10

彩版一二四　Ⅲ区山顶地层出土遗物